A SEGUNDA VIDA DE
BRÁS CUBAS

Patrick Pessoa

A SEGUNDA VIDA DE BRÁS CUBAS

A filosofia da arte de Machado de Assis

Rocco

Copyright © 2008 *by* Patrick E. C. Pessoa

Direitos desta edição reservados à
EDITORA ROCCO LTDA.
Av. Presidente Wilson, 231 – 8º andar
20030-021 – Rio de Janeiro, RJ
Tel.: (21) 3525-2000 – Fax: (21) 3525-2001
rocco@rocco.com.br
www.rocco.com.br

Printed in Brazil/Impresso no Brasil

preparação de originais
ILANA FELDMAN

CIP-Brasil. Catalogação-na-fonte.
Sindicato Nacional dos Editores de Livros, RJ.

P567s

Pessoa, Patrick E.C. (Patrick Estellita Cavalcanti)
    A segunda vida de Brás Cubas: a filosofia da arte de Machado de Assis/Patrick Pessoa. – Rio de Janeiro: Rocco, 2008.

Originalmente apresentada como tese do autor (doutorado – Universidade Federal do Rio de Janeiro, 2007).
Inclui bibliografia
ISBN 978-85-325-2366-2

1. Assis, Machado de, 1839-1908. 2. Brás Cubas (Personagem fictício). 3. Literatura e filosofia. 4. Filosofia na literatura. I. Título.

08-2327

CDD – 801
CDU – 82:1

Para a Anita e o Bernardo

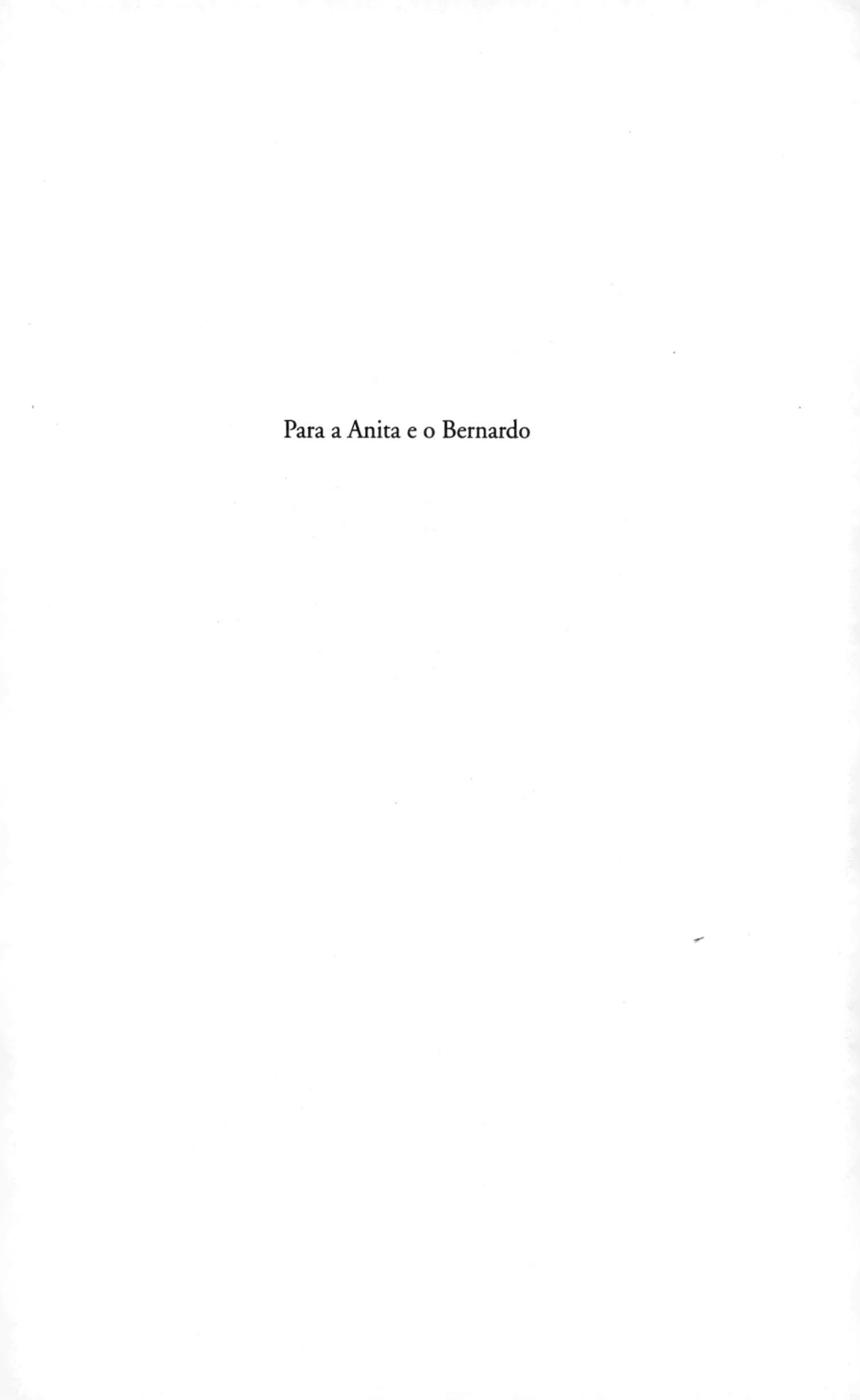

"O pensamento é profundo por se aprofundar no seu objeto, e não pela profundidade com que é capaz de reduzi-lo a uma outra coisa."

Theodor Adorno

"Tornara-me objetivo para mim mesmo. Mas não podia distinguir se com isso me achara, ou me perdera."

Barão de Teive

SUMÁRIO

Prefácio	11
Apresentação	13
Introdução:	
O problema da autonomia da obra de arte	21
A oposição tradicional entre filosofia e literatura	22
Breve história do descredenciamento filosófico da arte	24
Platão e a expulsão dos poetas da cidade ideal	24
Hegel e a arte como versão menos profunda da verdade	25
Kant e o problema do desinteresse na experiência estética	27
Interpretações canônicas da obra de Machado de Assis	30
Crítica da crítica machadiana tradicional	33
Para além do descredenciamento filosófico da arte machadiana	35
O conceito de autonomia como especificidade em Roberto Schwarz	37
O conceito de autonomia como reflexividade em Kant	42
O mistério de Brás Cubas	42
Capítulo 1	
Como ler as Memórias póstumas de Brás Cubas	
O problema da interpretação em geral	45
O problema da autoria das *Memórias póstumas*	47
O problema da exemplaridade das *Memórias póstumas*	55
O problema da autonomia das *Memórias póstumas*	56
O problema da reflexão nas *Memórias póstumas*	60
O problema da arbitrariedade do ponto de partida da interpretação	68
"A obra em si mesma é tudo": o conceito de fenomenologia segundo Brás Cubas	70
Rumo a uma leitura fenomenológica das *Memórias póstumas*	75

CAPÍTULO 2
ANATOMIA DE UM DEFUNTO AUTOR
    O realismo fenomenológico de Machado de Assis   79
    O "defunto autor" e a posição do narrador nas
    Memórias póstumas   82
    Antes da melancolia: o nascimento de Brás Cubas   89
    A consciência boquiaberta: a origem de Brás Cubas   101
    Na Tijuca: o desabotoar da flor amarela   112
    Eugênia e a borboleta preta   121
    Marcela e a sege   131
    A teoria das edições humanas   138
    Virgília e a alucinação   140
    Que (não) escapou a Aristóteles   144
    Depois da melancolia: da volúpia do aborrecimento
        ao desdém dos finados   147

CAPÍTULO 3
A TRAGÉDIA DE BRÁS CUBAS
    Entre Brás Cubas e Brás Cubas: a eterna contradição humana   157
    Entre o drama e a narração: o que não escapou a Brás Cubas   160
    Entre a poética da tragédia e a filosofia do trágico   166
    A estrutura das *Memórias póstumas de Brás Cubas*   170
    Brás Cubas como herói trágico   174
    Brás Cubas como tragediógrafo   181
    Brás Cubas como porta-voz da Natureza   189
    O sentido retórico-cosmológico do delírio de Brás Cubas   192
    O crepúsculo dos ídolos   202
    A tragédia do narrador   219
        O conceito de ironia (instável) segundo Wayne Booth   222
        O conceito de ironia segundo Georg Lukács   225
        Roberto Schwarz e a interpretação como violência   227
        Crítica ao relativismo hermenêutico   232
        O parentesco entre a crítica (de arte) e a paranóia   234
        Para além da paranóia: a tragédia da linguagem   236
    O saldo de Brás Cubas   245

EPÍLOGO:
DA AUTONOMIA À SOBERANIA DA OBRA DE ARTE   251

NOTAS   263

REFERÊNCIAS BIBLIOGRÁFICAS   281

PREFÁCIO

"A obra em si mesma é tudo", diz Brás Cubas a seus futuros leitores, que ele aposta não passem de dez, talvez cinco. Contrariando o prognóstico do defunto autor, várias gerações de intérpretes, anônimos ou famosos, se debruçaram sobre suas páginas. Muitos escreveram e publicaram suas leituras. Seria este lento porém constante crescimento de uma fortuna crítica em torno das *Memórias póstumas de Brás Cubas* apenas uma mera pátina, que deixa intacta a obra que lhe serve de chão? Ou ela se transforma junto com essas leituras? Se um leitor, além de ser transformado por uma obra de arte, é também capaz de transformá-la, não será necessário repensar a imagem da arte e da crítica como dois caminhos que desde sempre se bifurcam? O livro de Patrick Pessoa enfrenta essas questões. O gesto de sua leitura é filosófico. "Toda interpretação filosófica deveria ser ao mesmo tempo uma filosofia da interpretação", diz o lema deste trabalho, que procura mostrar, com seu próprio exemplo, que um texto crítico pode ser uma autêntica reflexão a respeito do ato de interpretar obras de arte dos mais diferentes registros. Isso é feito sem ignorar a longa tradição de estudos sobre a obra machadiana, sem negligenciar um conjunto de críticas que perfaz, por si só, uma vertente do pensamento no Brasil.

Pronunciar-se sobre qualquer escrito de Machado de Assis é entrar num barco, em curso desde o século XIX, lotado de nomes, às vezes ilustres, da cultura brasileira. A reflexão aqui desenvolvida ganha seu lugar ao perguntar de onde vêm e o que querem a "pena da galhofa e a tinta da melancolia" de Brás, o cínico herdeiro dos privilégios dos Cubas, interpretando-as como a precisa construção de uma tipologia do ressentimento moderno.

A empreitada de Brás Cubas, assim, revela-se como uma meticulosa vingança contra o tempo, a passagem e a perda, contra a morte – ou a vida – em seu sentido mais amplo. Uma empreitada cujo maior êxito, segundo Patrick Pessoa, é fracassar, legando a tantas gerações de leitores a herança de um mistério: entender como a obra em questão, em si mesma, se conecta com tudo.

BERNARDO BARROS COELHO DE OLIVEIRA,
Professor de filosofia da Universidade Federal
do Espírito Santo

APRESENTAÇÃO

Por que ler os clássicos? Ítalo Calvino encerra o belo ensaio que escreveu em torno dessa pergunta desdenhando qualquer explicação utilitarista e afirmando pura e simplesmente que ler os clássicos é melhor do que não ler os clássicos. Um clássico, segundo ele, é um livro que nunca terminou de dizer aquilo que tinha para dizer e, talvez por isso, um livro que já sempre chega até nós trazendo consigo as marcas das leituras que precederam a nossa. Nesse sentido, toda releitura de um clássico é uma leitura de descoberta como a primeira, assim como toda primeira leitura de um clássico é na realidade uma releitura.[1]

O que Calvino omite em seu ensaio é o fato de que, ao contrário do que acontece com a leitura dos livros que estão na ordem do dia, usualmente determinada pelos imperativos do mercado, a leitura dos clássicos tem a peculiaridade de colocar em questão o próprio ato de ler. Ler um clássico implica no leitor a necessidade de refletir não apenas sobre o sentido daquilo que lê, mas igualmente sobre o sentido de ler aquilo. Um exercício gostoso para quem tem um clássico nas mãos é investigar o que faz daquele livro, justamente daquele livro e não de milhares de outros, um clássico. As conclusões desse exercício serão tão variadas quanto variados serão os leitores. Mas uma coisa é certa: o que faz de um clássico um clássico não é, ao menos não primeiramente, o fato de pertencer a um cânone qualquer. O que faz de um clássico um clássico é o modo como o lemos. A resposta para a pergunta de Calvino, portanto, depende da reflexão sobre uma outra pergunta, que é o ponto de partida deste livro sobre Machado de Assis, o maior clássico brasileiro.

Como ler os clássicos? Em um conto intitulado "Pierre Menard, autor do Quixote", Borges fornece uma explicação singular acerca do modo como os clássicos merecem ser lidos. Trata-se da história de Pierre Menard, um diletante francês do início do século XX que, ao longo de toda a sua vida, acalentou uma única aspiração: compor o *Quixote*.

Não queria compor outro Quixote – o que é fácil – mas o *Quixote*. Inútil acrescer que nunca visionou qualquer transcrição mecânica do original; não se propunha copiá-lo. Sua admirável ambição era produzir páginas que coincidissem – palavra por palavra e linha por linha – com as de Miguel de Cervantes. (...) O método inicial que imaginou era relativamente singelo. Conhecer bem o espanhol, recuperar a fé católica, guerrear contra os mouros ou contra o turco, esquecer a história da Europa entre os anos de 1602 e de 1918, *ser* Miguel de Cervantes. (...) [Mas uma consideração logo forçou-o a abandonar esse método inicial.] (...) Ser no século vinte um romancista popular do século dezessete pareceu-lhe uma diminuição. Ser, de alguma maneira, Cervantes e chegar ao Quixote afigurou-se-lhe menos árduo – por conseguinte menos interessante – que continuar sendo Pierre Menard e chegar ao Quixote através das experiências de Pierre Menard.[2]

Para quem conhece o fantástico mundo de Borges, nem é preciso dizer que, ao cabo de sua vida, Pierre Menard conseguiu realizar o seu intento. Legou-nos um *Quixote* que, embora idêntico ao escrito por Cervantes, não era a sua reprodução integral. Como seria de se esperar de um contemporâneo do dadaísmo e do surrealismo, Menard transmitiu-nos tão-somente uma série de fragmentos, que, embora batessem palavra por palavra e linha por linha com as de Miguel de Cervantes, possuíam não obstante um caráter descontínuo e aforismático necessariamente ausente de uma obra do início do século dezessete.

Comparando as duas obras, escreve o narrador:

> O texto de Cervantes e o de Menard são verbalmente idênticos, mas o segundo é quase infinitamente mais rico. (Mais ambíguo, dirão os seus detratores; mas a ambigüidade é uma riqueza.) Constitui uma

revelação cotejar o "Dom Quixote" de Menard com o de Cervantes. Este, por exemplo, escreveu (D. Quixote, primeira parte, nono capítulo): ... *a verdade, cuja mãe é a história, êmula do tempo, depósito das ações, testemunha do passado, exemplo e aviso do presente, advertência do futuro.* Redigida no século dezessete, redigida pelo 'engenho leigo' de Cervantes, essa enumeração é um mero elogio retórico da história. Menard, em compensação, escreve: ... *a verdade, cuja mãe é a história, êmula do tempo, depósito das ações, testemunha do passado, exemplo e aviso do presente, advertência do futuro.* A história, mãe da verdade; a idéia é espantosa. Menard, contemporâneo de William James, não define a história como uma indagação da realidade, mas como sua origem. A verdade histórica, para ele, não é o que sucedeu; é o que pensamos que sucedeu. As cláusulas finais, *exemplo e aviso do presente, advertência do futuro* – são descaradamente pragmáticas. Vívido também é o contraste dos estilos. O estilo arcaizante de Menard – no fundo estrangeiro – padece de alguma afetação. Não assim o do precursor, que com desenfado maneja o espanhol corrente de sua época.[3]

A comparação entre a obra de Menard e a de Cervantes torna clara a posição de Borges no que diz respeito ao modo como se deve ler um clássico da estirpe do *Quixote*... e das *Memórias póstumas de Brás Cubas*. Pierre Menard é o autor do *Quixote* na medida em que, como intérprete de Cervantes, procede de forma análoga a um intérprete dos grandes clássicos da música. Contra uma corrente dominante da crítica de arte, calcada no estudo obsessivo dos fatores pretensamente objetivos que explicariam o modo como uma obra deve ser interpretada – corrente que, diga-se de passagem, é responsável pela avalanche de biografias que soterram as prateleiras das livrarias –, Menard se recusa a "esquecer a história da Europa entre os anos de 1602 e de 1918", se nega a buscar uma plena identificação com o autor da obra e o seu entorno, a apagar os rastros da diferença entre a sua posição histórica e a posição histórica de Cervantes. Ao repetir "palavra por palavra e linha por linha" determinados fragmentos do clássico espanhol sem ceder à tentação de renunciar a suas próprias experiências, de encobrir a sua própria perspectiva, de "*ser* Miguel de Cervantes", Menard torna audíveis certas ressonâncias da obra cervantina que permaneceriam necessariamente ocultas a ouvidos historicistas. Ao risco de autoritarismo que acompanha aqueles críticos que julgam dispor de uma série de informações que lhes permitiriam determinar com precisão o que teria querido dizer um certo autor, Menard prefere galhardamente assumir o risco de anacronismo. E Borges o recompensa por isso, ao mostrar ironicamente que a sua interpretação de Cervantes, que descobre no *Quixote* o parentesco entre verdade e história, é muito mais rica – ou ambígua, "mas a ambigüidade é uma riqueza" – do que a interpretação que busca limitar a potência significativa do clássico espanhol com base em supostos conhecimentos objetivos acerca de sua gênese.

A convicção de que o autor e o leitor de uma obra de arte são indissociáveis, e portanto de que o crítico de arte tem de assumir o caráter poético de seu ofício, é o pressuposto deste livro, cujo título merece um breve esclarecimento.

A segunda vida de Brás Cubas. A idéia para este livro nasceu da superposição de duas obras de Machado de Assis: o conto "A segunda vida"[4] e o romance *Memórias póstumas de Brás Cubas*.

"A segunda vida" estrutura-se em torno do diálogo entre Monsenhor Caldas e José Maria, um homem aparentemente desequilibrado que lhe conta como, após a sua morte, foi recebido com uma grande festa no céu. O motivo da festa era que a sua alma completava mais um milheiro de almas lá chegadas, o que lhe garantia o privilégio de "tornar à terra para cumprir uma vida nova". A princípio, escaldado pelas experiências da vida anterior, José Maria respondeu "agradecendo e recusando, mas não havia recusar. Era uma lei eterna. A única liberdade que me deram foi a escolha do veículo; podia nascer príncipe ou condutor de ônibus." Ainda frustrado pela impossibilidade de não nascer, ele fez então uma exigência que causou um "riso universal" entre os santos. Declarou que lhe "era indiferente nascer mendigo ou potentado, com a condição de nascer experiente". Mesmo que a contragosto – Jó chegou inclusive a lhe dizer que aquele desejo era um disparate! – os santos aceitaram a exigência, e José Maria renasceu em um meio não muito diferente daquele em que vivera a sua primeira vida.

A sua segunda vida, em que mamou pouco e chorou o menos que pôde, "para não apanhar pancada"; em que começou a andar tarde, "por medo de cair"; em que simplesmente não conseguiu se casar com a mulher amada, por conta da reflexão de que "o amor podia acabar depressa e ficar apenas o fastio", foi, como ele próprio a define, "uma mocidade expansiva e impetuosa, enfreada por uma experiência virtual e tradicional", uma vida, em suma, semelhante à de Eurico, sempre "atado ao próprio cadáver".

Essa pequena narrativa machadiana, em que José Maria conta tudo aquilo que não fez na sua segunda vida, naturalmente me evocou o célebre capítulo "das negativas" que fecha as *Memórias póstumas de Brás Cubas*, no qual o defunto autor gaba-se de tudo o que não realizou. Da comparação entre Brás Cubas, que se regozija por não ter deixado filhos, não haver transmitido "a nenhuma criatura o legado de nossa miséria", e José Maria, que experimenta como um castigo o direito de renascer, surgiu-me a seguinte questão: se fosse dada a Brás Cubas a mesma oportunidade que foi dada a José Maria, o que aconteceria? O que sucederia se, renascido cem anos após a sua primeira morte, na mesma cidade do Rio de Janeiro e em uma classe social semelhante, esse Brás redivivo tivesse acesso a tudo o que sobre ele escreveram os Menards tupiniquins? Renunciaria ele à sua visão de mundo niilista, que muitos críticos tomaram como a filosofia do próprio Machado de Assis?

A filosofia da arte de Machado de Assis. A tentação de atribuir uma filosofia a um autor de ficção como Machado de Assis não é pequena. Afinal, sua obra é das mais pródigas em referências aos grandes vultos da história da filosofia, e não poucos dentre os seus personagens nutrem a pretensão de ser filósofos. Será, no entanto, que o simples fato de haver muitos filósofos e muitas filosofias na obra de Machado de Assis nos autoriza a falar em uma pretensa "filosofia de Machado de Assis"?

Como será discutido na introdução deste livro, há algo de paradoxal na tentativa de muitos dos críticos da obra machadiana de lhe conferirem maior respeitabilidade atribuindo a seu autor uma filiação filosófica determinada, seja aos céticos, aos moralistas franceses ou a Schopenhauer. Ao defenderem a idéia de que a grandeza de um autor de ficção está associada ao fato de possuir uma filosofia, tais críticos, conscientemente ou não, acabam por rebaixar a literatura, convertendo-a em mera ilustração da "profundidade" dos filósofos. Ao mesmo tempo, porém, eis o paradoxo, tampouco fazem jus à dignidade da filosofia, que consiste justamente na prontidão para investigar o óbvio, para questionar os próprios pressupostos. Sob essa ótica, uma abordagem da filosofia de Machado de Assis que seja ela própria filosófica deve antes de mais nada formular a seguinte questão: como é possível abordar filosoficamente um clássico da literatura como as *Memórias póstumas de Brás Cubas* sem desconsiderar a proximidade entre filosofia e literatura e ao mesmo tempo sem negligenciar a sua diferença?

Tendo em vista que a exigência de preservar a autonomia da obra de arte é o fio condutor deste trabalho, seria um contra-senso buscar um método de leitura das *Memórias póstumas de Brás Cubas* antes de analisar a obra em si mesma. Assim, no primeiro capítulo deste trabalho, mostrar-se-á como o próprio Brás Cubas, já no prólogo ao leitor com que abre as suas memórias póstumas, nos fornece uma série de preciosas indicações acerca do modo como se deve ler o seu livro. No segundo capítulo, aplicar-se-á o método do próprio Brás Cubas à sua narrativa, reconstruindo-a passo a passo com o intuito de entender a gênese do defunto autor e da filosofia que ele nos quer transmitir através de suas memórias. No terceiro capítulo, finalmente, tornar-se-á claro por que é insustentável qualquer confusão entre autor e personagem, justificando-se assim por que a arte de Machado de Assis contém uma filosofia que transcende qualquer tentativa de identificar o seu autor a uma corrente filosófica determinada, de apaziguar o estranhamento que a sua leitura nos provoca.

Agradecimentos. Uma primeira versão de *A segunda vida de Brás Cubas* foi apresentada como tese de doutorado em Filosofia à Universidade Federal do Rio de Janeiro. Seus primeiros cinco leitores, os membros da banca examinadora reunida no dia 25 de maio de 2007, foram Gilvan Fogel (orientador do doutorado, meu grande mestre na arte de casar filosofia e literatura), Fernando Rodrigues (orientador do mestrado, exemplar na escuta dos alunos e no cuidado com as palavras), Bernardo Barros Coelho de Oliveira, Alberto

Pucheu e Rosa Maria Dias. A eles, cujas observações e sugestões foram de inestimável valor, os meus agradecimentos. Tiveram importância igualmente decisiva para a elaboração deste livro Christoph Menke, meu orientador durante o ano de pesquisa na Universidade de Potsdam, e os amigos Pedro Caldas, Pedro Amaral, Alexandre Costa, Vladimir Vieira e Tomás Prado. Agradeço também a todos os colegas de percurso na filosofia cujas pegadas são discerníveis neste trabalho, assim como aos meus alunos do IFCS, do Colégio São Vicente de Paulo e dos grupos de estudo de segunda-feira (Marussia Lobo, Glória Moura, Ivete P. de Souza, Branca Brum, Maria Celina V. de Araújo, Maria Elvira Lopes e Gilson Maurity) e de quinta-feira (John e Sandra Harris, Pedro Fernandez e Márcia Manfrini, João Matheus e Isabel Doval, Márcia Couri, Ângela Adriano, Lúcia Gomes, Celina Carpi e Branca Heloísa), pelas constantes provocações. Naturalmente, agradeço à CAPES, pelas bolsas concedidas no Brasil e no exterior, e à Paula Kleve, por me ouvir em alguns dos momentos mais difíceis da elaboração deste trabalho. A toda a equipe de produção da Editora Rocco, por apostar no livro, Natalie Araújo Lima, pela gentileza ao longo da preparação dos originais, e Ilana Feldman, pela competente revisão, o meu muito obrigado. À Zilda e à minha família, agradeço pelo suporte técnico e afetivo nos últimos trinta e dois anos. Finalmente, agradeço à Anita, por criar junto comigo o Bernardo, cujo nascimento foi o estímulo imprescindível para que também este livro pudesse nascer.

Citações. As referências das *Memórias póstumas de Brás Cubas*, obra mais citada ao longo de todo este livro, aparecerão no próprio corpo do texto, entre parênteses, através da abreviatura MP, sempre seguida pelo número do capítulo citado em algarismos romanos, em obediência à opção do próprio Machado de Assis. Dada a enorme quantidade de edições das *Memórias póstumas de Brás Cubas*, assim como a pequena extensão de seus capítulos, optou-se por omitir o número da página da edição utilizada. As referências das demais obras citadas poderão ser encontradas no fim do livro. As poucas notas explicativas que se mostraram indispensáveis aparecerão como notas de rodapé.

INTRODUÇÃO
O problema da autonomia da obra de arte

> "Toda interpretação filosófica deveria ser ao mesmo tempo uma filosofia da interpretação."
>
> FRIEDRICH SCHLEGEL[1]

O primeiro problema com que se confronta aquele que propõe um casamento entre a filosofia e a literatura é a dificuldade de, ao efetuá-lo, não deixar que o primeiro beijo oficial dos recém-casados seja também a sentença de morte de um amor que, se houvesse permanecido clandestino, provavelmente teria durado para sempre. Com o intuito de resolver esse problema, as universidades modernas pregam a necessidade da especialização e, como outrora os patriarcas das famílias abastadas, exigem que seus filhos se casem apenas com seus iguais. A tática das universidades modernas, entretanto, é antes uma fuga do que uma resolução do problema, já que o tabu que impõem aos especialistas em filosofia e em literatura não raro serve apenas para fomentar o seu desejo. Qual de nós nunca deparou com um professor universitário que, na penumbra de sua alcova (ou sala de aula), não se comprouvesse em louvar entusiasticamente as prendas de sua amante?

A ambigüidade que marca a relação entre filosofia e literatura está na base deste livro, cuja proposta é apresentar uma interpretação filosófica de uma obra de arte literária, as *Memórias póstumas de Brás Cubas*, de Machado de Assis. Seu pressuposto, portanto, é o de que amantes podem ser esposas, e esposas devem ser amantes. Se, como escreveu Nietzsche,[2] a verdade é mesmo uma mulher, essa mulher precisa ser necessariamente uma "esposamante".[3]

A assunção desse pressuposto, entretanto, de forma alguma implica a crença de que a união entre filosofia e literatura seria inevitável, como se ambas fossem pura e simplesmente indistinguíveis. Pelo contrário. Se este trabalho, sem dúvida, brota de uma preocupação com os efeitos deletérios do fenômeno da especialização e por isso assume o risco de, combatendo-os, acabar por não ser nem filosofia nem crítica literária, "nem carne nem peixe",[4] por outro lado, ele parte da convicção de que não há como interpretar (filosoficamente) uma obra de arte (literária) sem abordar explicitamente o problema da autonomia da obra de arte. Esse problema, cujos termos deverão ficar mais claros ao cabo desta introdução, é indissociável da consciência do caráter intrinsecamente violento de qualquer interpretação (filosófica) e da necessidade de o intérprete assumir a tarefa sisífica de manejar uma tal violência.

Ainda que preliminar e provisoriamente, o problema da autonomia da obra de arte, que deverá acompanhar todos os desdobramentos deste estudo sobre o nosso maior romancista (do século XIX), ganha inteligibilidade por meio das seguintes perguntas: em que medida uma interpretação filosófica de uma obra de ficção é possível? Até que ponto é desejável? Qual é a contribuição que filosofia e literatura podem trazer uma à outra sem que a filosofia sufoque a obra de arte com filosofemas que lhe são estranhos e sem que a literatura acabe convertida em mera ilustração de conceitos filosóficos já acabados e de uso disseminado? De que maneira a mediação da filosofia pode servir à intensificação da experiência estética de uma obra literária como a machadiana? E, finalmente, de que maneira essa obra, preservando embora a sua própria (*autós*) lei (*nómos*), a sua autonomia, pode contribuir para a especulação filosófica contemporânea?

A oposição tradicional entre filosofia e literatura

O encaminhamento dessas questões depende de um esclarecimento provisório do que se está aqui entendendo por "interpretação filosófica" e por "obra de arte literária". Depende, em última instância, da discussão dos conceitos de filosofia e de literatura, os quais só conquistaram a relativa autonomia de que hoje dispõem ao cabo de uma história longa e conflituosa que se confunde com a própria história da filosofia, cujos reflexos, como seria de se esperar, estão presentes na compreensão cotidiana desses termos.

Em uma abordagem preliminar, pode-se reconstruir a compreensão cotidiana desses termos da seguinte forma: literatura é diversão, deleite, prazer imediato, sensorial, um prazer que remete, talvez, ao prazer que já o homem mais antigo sentia ao ouvir o líder espiritual da tribo contar uma boa história. Filosofia, por outro lado, é trabalho, dificuldade, dureza, um exercício áspero que, algumas vezes, é verdade, pode até redundar em prazer, mas cuja fruição, ao contrário do que acontece com a literatura, nunca é imediata, requerendo antes uma série de pré-conhecimentos. Em um mundo que cultua os prazeres imediatos, que identifica esses prazeres à própria felicidade, poder-se-ia rudemente afirmar: a literatura diverte; a filosofia aborrece.

Nessa pré-compreensão vulgar, repousa já uma primeira diferenciação, ainda que implícita, entre a própria natureza do gênero filosofia e a própria natureza do gênero literatura. Mais do que isso: filosofia e literatura são pensadas como gêneros à parte. Sob essa perspectiva, o gênero literatura incluiria tudo o que é da ordem da poesia, da imagem, da metáfora, do sentimento, do contraditório, da fabulação, da criação, em suma, do ficcional; já o gênero filosofia, por sua vez, incluiria tudo o que é da ordem do prosaico, do conceito, da representação clara e distinta, fria e imparcialmente racional, do coerente, do real, em suma, do verdadeiro. De um lado, sensação; de outro, razão. De um lado, mentira; de outro, verdade. De um lado, o mito; de outro, o *lógos*.

Ao se estabelecer essa diferença genérica entre filosofia e literatura, porém, está sendo negligenciada a própria etimologia da palavra gênero. Falar em gêneros é falar em gênese, origem, princípio. A tarefa, portanto, não é levantar antes as características mais salientes de filosofia e de literatura, para, apenas em um segundo momento, definir dois gêneros que se opõem. Trata-se, ao contrário, de perguntar pela gênese de ambas e, mais especificamente, pela origem dessa concepção vulgar que opõe filosofia e literatura tão radicalmente, reservando à filosofia uma relação com a verdade de que a obra de arte literária, dado o caráter de entretenimento a que hoje está relegada pela indústria cultural, estaria privada.

Breve história do descredenciamento filosófico da arte

Platão e a expulsão dos poetas da cidade ideal

As origens dessa concepção podem ser reportadas, não sem alguma arbitrariedade e uma pitada de reducionismo, à filosofia platônica e, mais especificamente, à compreensão platônica da arte como imitação (*mímesis*). No livro X da *República*, justificando por quê, "quanto à poesia, somente se devem receber na cidade hinos aos deuses e encômios aos varões honestos e nada mais",[5] escreve o filósofo:

> (...) o imitador não tem conhecimentos que valham nada sobre aquilo que imita, (...) a imitação é uma brincadeira sem seriedade; e os que se abalançam à poesia trágica, em versos iâmbicos ou épicos, são todos eles imitadores, quanto se pode ser. (...) o poeta imitador instaura na alma de cada indivíduo um mau governo, lisonjeando a parte irracional, que não distingue entre o que é maior e o que é menor, mas julga, acerca das mesmas coisas, ora que são grandes, ora que são pequenas, que está sempre a forjar fantasias, a uma enorme distância da verdade. (...) Contudo não é essa a maior acusação que fazemos à poesia: mas o dano que ela pode causar até às pessoas honestas, com exceção de um escassíssimo número, isso é que é o grande perigo. (...) Os melhores de entre nós, quando escutam Homero ou qualquer poeta trágico a imitar um herói que está aflito e se espraia numa extensa tirada cheia de gemidos, ou os que cantam e batem no peito, sabes que gostamos disso, e que nos entregamos a eles, e com toda seriedade elogiamos o poeta, como sendo bom, por nos ter provocado, até ao máximo, essas disposições. (...) Mas quando sobrevém a qualquer de nós um luto pessoal, reparaste que nos gabamos do contrário, se formos capazes de nos mantermos tranqüilos e de sermos fortes, entendendo que esta atitude é característica de um homem, ao passo que aquela, que há pouco louvamos, o é de uma mulher?[6]

A justificativa platônica para a célebre expulsão dos poetas da cidade ideal apóia-se em dois argumentos: por um lado, Platão afirma que os conhecimentos transmitidos pela poesia não seriam válidos, que os poetas não possuiriam conhecimentos efetivos sobre as realidades que representam,[7] que as suas obras, meras fantasias, estariam a uma enorme distância da verdade; por outro lado, ele afirma que, lisonjeando a parte irracional da alma, ou seja, os sentidos, os poetas desviariam o homem do caminho da verdade e da justa conduta, mantendo-o preso a ilusões que não deixariam de ser o que são apenas por serem prazerosas. Se o primeiro argumento destitui Homero da função de pedagogo da Grécia, transmitindo-a para os filósofos, que estariam muito mais próximos da verdade, o segundo define a arte como uma "brincadeira sem seriedade", como um entretenimento potencialmente perigoso, na medida em que não apenas afasta os homens da busca pela verdade, mas igualmente de uma existência orientada pelos padrões éticos mais justos. Em ambos os argumentos, permanece inquestionada a idéia de que a arte nada mais seria do que a cópia imperfeita de uma realidade extra-estética, unicamente acessível por intermédio da razão e apenas obscurecida pela contribuição dos artistas, excessivamente presos ao mundo sensível, mundo do engano e da ilusão.

O duplo caráter presente na condenação platônica da poesia, apesar das emendas que recebeu já de Aristóteles, permaneceu como a tônica dominante nas considerações filosóficas subseqüentes acerca da relação entre filosofia e literatura. Os dois maiores sistemas filosóficos da Modernidade, o de Kant e o de Hegel, apropriaram-se cada qual de um dos supramencionados aspectos da condenação platônica, e uma breve apresentação de suas respectivas concepções da relação entre arte e filosofia nos facultará uma compreensão proveitosa da situação contemporânea do problema, ponto de partida deste trabalho.

Hegel e a arte como versão menos profunda da verdade

O caráter teleológico do sistema hegeliano, em que a história universal é pensada à moda de um romance de formação (*Bildungsroman*), cujo enredo progride à medida que a alienação peculiar a cada figura da consciência é superada dialeticamente pela figura da consciência que lhe sucede, confere à arte um lugar bastante determinado. Na introdução a seus cursos de estética, escreve o filósofo:

Ao atribuirmos à arte uma alta posição, devemos lembrar que ela não é, seja quanto ao conteúdo seja quanto à forma, o modo mais alto e absoluto de tornar conscientes os verdadeiros interesses do espírito. Pois justamente a sua forma já a restringe a determinado conteúdo. Somente certo círculo e estádio da verdade pode ser manifestado no elemento da obra de arte. Para ser autêntico conteúdo da arte, a verdade ainda deve possuir a determinação de poder transitar para o sensível e de poder nele ser adequada a si, como é o caso, por exemplo, dos deuses gregos. Em contrapartida, há uma versão mais profunda da verdade, na qual ela não é mais tão aparentada e simpática ao sensível para poder ser expressa e recebida por meio desse material. A concepção cristã de verdade é desse tipo. Mas sobretudo o espírito do mundo atual, ou melhor, o espírito de nossa religião e de nossa formação racional se mostra como tendo ultrapassado o estádio no qual a arte constitui o modo mais alto de o absoluto se tornar consciente. O caráter peculiar da produção artística e de suas obras já não satisfaz nossa mais alta necessidade. Ultrapassamos o estádio no qual se podia venerar e adorar obras de arte como divinas. A impressão que elas provocam é de natureza reflexiva e o que suscitam em nós necessita ainda de uma pedra de toque superior e de uma forma de comprovação diferente. O pensamento e a reflexão sobrepujaram a bela arte.[8]

Na marcha do espírito universal rumo à autoconsciência absoluta de si mesmo, a arte, de acordo com Hegel, aparece como um estádio menos desenvolvido da verdade, a qual careceria da pedra de toque da filosofia para alcançar sua versão mais profunda. A justificativa dessa concepção baseia-se no pressuposto de que a filiação inexorável da arte ao sensível representa uma diminuição de sua verdade, na medida em que a verdade, e aqui Hegel não poderia ser mais platônico, "não é mais tão aparentada e simpática ao sensível para poder ser expressa e recebida por meio desse material". A arte, sob essa ótica, aparece como uma espécie de filosofia primitiva, e, como tal, cumpre seu poder pedagógico de esclarecer determinadas idéias filosóficas por intermédio de exemplos concretos, seja através de uma escultura ou de um romance, ao preço de uma redução de sua complexidade. A concepção hegeliana da arte, portanto, se não apóia a expulsão dos poetas da cidade ideal, já que todos os momentos da verdade seriam momentos necessários, confina-os ao jardim de infância.

Kant e o problema do desinteresse na experiência estética

Kant, ao contrário de Hegel, não se comprometerá com a idéia platônica de que a verdade da arte e a verdade da filosofia devem ser avaliadas segundo um mesmo critério, que, tendo sido forjado por filósofos metafísicos, é francamente desfavorável à arte. Em seu sistema transcendental, reservará um lugar específico para a arte, topologicamente distinto dos lugares ocupados pela razão pura e pela razão prática.

Na *Crítica da faculdade do juízo*, Kant se esforçará por mostrar que os juízos referentes ao belo, seja na natureza ou na arte, ao contrário dos juízos sintéticos *a priori* analisados na *Crítica da razão pura*, não são juízos determinantes, não permitem determinar o que, dada a estrutura da subjetividade transcendental, as coisas (enquanto fenômenos) são. Tais juízos tampouco devem ser mesclados "com o que pode ser fundamento de determinação da faculdade da apetição, porque esta tem seus princípios *a priori* em conceitos da razão".[9]

Mas, se os juízos referentes ao belo não serviriam nem para o conhecimento teórico da realidade nem para o aprimoramento do comportamento humano no mundo, perguntar-se-ia, então, quais seriam a sua natureza e função no âmbito do sistema transcendental? Qual seria o princípio *a priori* da faculdade do juízo, sem o qual ela não poderia ser tomada como uma faculdade distinta das demais?

A resposta que Kant oferece para essas perguntas coloca-o em um plano diferente dos filósofos que o antecedem, como Platão, e também de seu sucessor imediato, Hegel. Ele afirma que o sentimento de prazer e desprazer é "o enigmático no princípio da faculdade do juízo"[10] e que tal enigma, em vez de ser solucionado com o rebaixamento *a priori* do prazer e do desprazer como aquilo que impede um conhecimento objetivo, frio e imparcial da realidade (Platão) ou um conhecimento da "versão mais profunda da verdade" (Hegel), deve ser desvendado genealogicamente, através de uma investigação de sua origem.

A argumentação kantiana desenvolvida na introdução à *Crítica da faculdade do juízo* mostrará que existe uma relação necessária entre os sentimentos de prazer e desprazer e o caráter especificamente reflexionante dos juízos referentes ao belo. Para fundamentar essa relação, Kant mostrará em primeiro lugar que o prazer derivado da experiência estética não deve ser confundido nem com o prazer individual, que depende da constituição fisiológica particular de cada sujeito, nem com o prazer derivado do fato de uma determinada obra de arte atender aos interesses práticos, à ideologia de seu autor ou de seus possíveis espectadores. Em sentido kantiano, o prazer associado à experiência estética é necessariamente um prazer desinteressado, um prazer que, não podendo ser explicado com base em quaisquer condicionamentos ou interesses particulares, deve poder reivindicar para si alguma universalidade, sem a qual, aliás, não faria sentido falar em obras de arte belas, mas apenas em obras de arte "belas para mim", ou, no vocabulário da *Crítica da faculdade do juízo*, agradáveis ou úteis.

O postulado de que o prazer associado à experiência estética é necessariamente desinteressado permite a Kant situar suas análises no plano transcendental, o único em que ele se sente realmente confortável.[11] O filósofo mostrará então que o prazer associado à experiência estética do belo tem sua origem em um "jogo livre" entre as faculdades transcendentais da imaginação e do entendimento. Tal jogo livre só seria posto em movimento à medida que, diante de uma obra de arte, o espectador percebesse que os elementos sensíveis sintetizados por sua imaginação, embora a princípio conformes às exigências de unidade do entendimento necessárias à aplicação de um conceito que permitiria determinar o seu significado, ainda assim, dada a sua riqueza, impossibilitariam a apreensão do sentido da obra em um conceito determinado. Desse modo, feita a tentativa de apreender a obra de arte nas correntes de um conceito determinado, de lhe conferir um sentido unívoco, o espectador fracassaria, e o movimento de interpretação teria de ser reiniciado. Apesar desse fracasso, a experiência estética continuaria sendo prazerosa, pois revelaria que, a despeito de sua variegada multiplicidade, a natureza – de que na experiência estética a obra de arte aparece como porta-voz – apresenta-se de acordo com as nossas limitadas possibilidades de apreendê-la, *como se* tivesse sido engendrada de acordo com uma finalidade, a de respeitar as exigências de unidade do entendimento humano. Por isso, conclui Kant, o princípio *a priori* da faculdade do juízo, que legitima a sua autonomia com relação às razões pura e prática, é o princípio da finalidade sem fim.*

O problema é que, a despeito do esforço kantiano para redimir os sentimentos de prazer e desprazer evocados por uma obra de arte, chamando a atenção para o fato de que eles são potencialmente universalizáveis na medida em que toda a comunidade de falantes dispõe das mesmas faculdades transcendentais cujo jogo livre constitui a experiência estética, a posição da arte em seu sistema permanece ambígua. Se, contra a vertente hegeliana de interpretação do texto de Platão, Kant demonstra a impropriedade de se julgar a arte segundo

---

* De acordo com Kant, o processo do conhecimento implica uma colaboração de quatro faculdades: a sensibilidade, responsável pela recepção dos elementos sensíveis da realidade, que seriam absolutamente fragmentários e não permitiriam ainda reconhecer o que temos diante de nós; a imaginação, responsável por sintetizar esses elementos de forma a gerar uma imagem coesa daquilo que se apresentou à sensibilidade; o entendimento, faculdade produtora de conceitos; e finalmente a faculdade do juízo, responsável por "decodificar" o significado da imagem com base no repertório de conceitos fornecidos pelo entendimento. O fim do processo do conhecimento é, portanto, um juízo determinante, isto é, a aplicação de um conceito que permita (re)conhecer o objeto. A riqueza dos elementos sensíveis presentes nas obras de arte, porém, tornaria inviável a produção de uma única imagem que permitisse posteriormente à faculdade do juízo reconhecê-la com base no repertório de conceitos disponíveis. Assim, na experiência estética (do belo), o fracasso da faculdade do juízo em determinar univocamente o sentido da obra a obrigaria a refletir sempre de novo sobre a possível harmonia entre as imagens construídas pela imaginação e os conceitos disponíveis no entendimento. A faculdade do juízo só não desistiria dessa reflexão potencialmente infinita porque a promessa de um sentido, presente nas múltiplas imagens (subjetivas) que uma obra de arte é capaz de gerar, a atrairia irresistivelmente. Assim, o prazer fundador da experiência estética adviria desse jogo entre a promessa da imaginação – a sua conformidade às exigências de unidade do entendimento, que permitiria à faculdade do juízo realizar a sua finalidade, aplicando um conceito determinante – e os sucessos apenas parciais da faculdade do juízo – a experiência de que não é possível dar um fim ao estranhamento causado pelas obras de arte. A atualidade da estética kantiana viria justamente daí: como a diferença entre uma obra de arte e um objeto qualquer não se define mais por quaisquer propriedades inerentes à obra, mas pelo tipo peculiar de experiência que ela é capaz de pôr em movimento, torna-se possível fundamentar filosoficamente como arte diversos fenômenos estéticos que em nada se parecem com uma obra de arte em sentido tradicional, como, por exemplo, os readymades de Duchamp. Sobre a atualidade da estética kantiana, vale conferir o livro *Kant after Duchamp*, de Thierry de Duve.

o mesmo critério utilizado para os juízos teóricos e práticos, critério que transforma a obra de arte em uma proto-filosofia e os artistas em professores do jardim de infância, a autonomia de que ele dotará a experiência estética, baseada em sua "finalidade sem fim", permite perguntar, afinal, qual é a sua relação com a existência concreta dos homens. Se não serve de forma imediata nem ao conhecimento da realidade nem de modelo para a conduta dos homens, qual é então o papel da arte? Se tudo o que ela propicia aos homens é um prazer desinteressado, qual seria então o seu interesse vital? No final das contas, não seria possível afirmar que Kant, tendo escapado a um dos aspectos da condenação platônica da poesia, acabou finalmente por legitimar uma concepção da obra de arte segundo a qual ela seria "uma brincadeira sem seriedade", ou bem entretenimento de "eruditos ociosos no jardim do saber",[12] que poderiam se dar ao luxo de uma reflexão infinita, ou bem válvula de escape para as classes trabalhadoras, que necessitariam de uma compensação ilusória para a aspereza de suas existências?

Foge ao escopo deste trabalho fundamentar uma interpretação pormenorizada dos textos de Kant, de Hegel ou de Platão. Isso, entretanto, não significa que as questões formuladas *a partir* deles devam ser desconsideradas. O que se pretendeu mostrar com essa breve reconstrução da história da relação entre a arte e a filosofia é que, sob uma certa ótica, a história da filosofia pode ser lida como a história das sucessivas tentativas filosóficas de descredenciar a arte, seja definindo-a como uma espécie de filosofia para principiantes, seja definindo-a como mero entretenimento.[13]

Interpretações canônicas da obra de Machado de Assis

Os ecos dessa história podem ser ouvidos não apenas na concepção vulgar da diferença entre a literatura e a filosofia, exposta anteriormente, mas sobretudo na extensa bibliografia secundária sobre a obra de Machado de Assis, que, embora apresente raras contribuições de filósofos oficiais, curiosamente repete a estratégia metafísica de, ao pressupor uma cisão estrita entre mundo sensível e mundo inteligível, sensação e razão, mito e *lógos*, explicar a obra machadiana como o reflexo de uma realidade a ela exterior, normalmente hipostasiada como mais verdadeira do que a obra mesma, que seria então uma "mera" sombra, como na famosa alegoria platônica da caverna. A bibliografia secundária da obra machadiana pode ser dividida, grosso modo, em três grandes correntes. A mais antiga delas, que remonta à década de 1930 e tem como seus principais expoentes Afrânio Coutinho e Lúcia Miguel Pereira, sua melhor biógrafa, é francamente inspirada pelas teses biologistas e psicologistas que estavam em voga no Brasil desde a segunda metade do século XIX, e que foram tão ironicamente desconstruídas por Machado de Assis ao longo de toda a sua obra. Esses autores baseiam sua interpretação da obra machadiana em uma "psicologia do mulato" que não deve nada ao humanitismo de Quincas Borba. Escreve Afrânio Coutinho:

> O autor de *Helena* foi um caso típico de ressentimento mulato. Estudando portanto as fontes de seu pessimismo, não é possível esquecer, como uma das influências determinantes, as suas humildes condições de origem, e sobretudo os complexos resultantes da psicologia do mestiço em ascensão social, ou melhor, do mestiço desajustado. E é preciso acrescentar a consideração de que, aos traços psicológicos do mulato, em Machado, se reúnem, agravando-os, os complexos do doente incurável em permanente estado de defesa. As condições de inferioridade física e social, as falhas orgânicas, as taras hereditárias, os conflitos com a vida, a inadaptação e os recalques, explicam (em grande parte) o pessimismo de Machado, o seu desencanto e desalento, a aguda consciência da inanidade das ilusões e de tudo na vida.[14]

A segunda corrente de interpretação, que dificilmente se deixa localizar cronologicamente, é a daqueles que se poderiam intitular "críticos-filósofos", que não vêem na obra machadiana o reflexo da psicologia do mulato em ascensão social, mas sim o dos filósofos de cabeceira do autor. Assim, a filosofia de Machado de Assis seria uma espécie de tradução literária das filosofias de Montaigne e Pascal, do Eclesiastes e de Schopenhauer, sem esquecer de Freud e de Pirro, conforme a preferência de cada crítico em questão. Dentre os principais nomes que se poderiam inscrever nessa corrente estão os de Jean-Michel Massa, de Miguel Reale, de Barreto Filho, do admirável Augusto Meyer e novamente o de Afrânio Coutinho, cuja obra *A filosofia de Machado de Assis* não por acaso ocupa a intersecção entre as interpretações bio(gráfico)-psicologizantes e as "interpretações filosóficas", na medida em que coloca no plano das influências em geral aquelas devidas à constituição fisiológica e à formação cultural do autor.

Já a terceira corrente de interpretação da obra machadiana, sem dúvida a mais consistente, começou a se consolidar na década de 1960, a partir de uma provocação de Antônio Candido,* e tem como seus principais expoentes Raimundo Faoro e Roberto Schwarz. Tendo em vista que Faoro é assumidamente weberiano e Schwarz um marxista brechtiano, não causa estranhamento o fato de que as suas abordagens da obra machadiana partem de uma perspectiva eminentemente histórico-sociológica. Para ambos, a condição fundamental para a compreensão do sentido da obra machadiana é um conhecimento profundo das estruturas sociais do Brasil do Segundo Reinado, que essa obra refletiria, seja no sentido de lhe conferir uma inteligibilidade ausente mesmo dos melhores livros de história (Faoro), seja no sentido de expor a "desfaçatez de classe" de uma elite estigmatizada pela contradição insolúvel de defender os ideais liberais europeus e simultaneamente depender do trabalho escravo para a perpetuação de seus privilégios sociais (Schwarz). Escreve o autor de *Ao vencedor as batatas*:

---

* Em "Esquema de Machado de Assis", ensaio que articula uma série de questões fundamentais para qualquer leitor da obra machadiana, Antônio Cândido lança a semente que medraria exemplarmente na obra de seu aluno Roberto Schwarz: "Neste nível é que encontramos o Machado de Assis mais terrível e mais lúcido, estendendo para a organização das relações a sua mirada desmistificadora. Se tivesse ficado no plano dos aforismos desencantados que fascinavam as primeiras gerações de críticos; ou mesmo no das situações psicológicas ambíguas, que depois se tornaram o seu atrativo principal, talvez não tivesse sido mais do que um dos 'heróis da decadência', de que fala Viana Moog. Mas além disso há na sua obra um interesse mais largo, proveniente do fato de haver incluído discretamente um estranho fio social na tela do seu relativismo. (...) O senso machadiano dos sigilos da alma se articula em muitos casos com uma compreensão igualmente profunda das estruturas sociais (...)." (In: *Vários escritos*. São Paulo; Rio de Janeiro: Duas Cidades; Ouro Sobre Azul, 2004, p. 31)

(...) definimos um campo vasto e heterogêneo, mas estruturado, que é *resultado* histórico, e pode ser *origem* artística. (...) a matéria do artista mostra assim não ser informe: é historicamente formada, e registra de algum modo o processo social a que deve sua existência.[15]

Crítica da crítica machadiana tradicional

Apesar da diferença qualitativa que distingue os estudos que compõem cada uma das supramencionadas correntes de interpretação, todos eles tendem, em alguma medida, a explicar a obra de Machado de Assis como um reflexo de alguma instância objetivamente verificável que lhe seria extrínseca: ou bem da vida pessoal de Machado de Assis; ou bem das influências filosóficas e literárias que recebeu; ou bem da sociedade em que viveu. É inegável que, em alguma medida, essas informações podem ser úteis para a compreensão de suas obras, mas será mesmo que se deve derivar diretamente o sentido de uma obra de arte literária de uma série de informações que se poderia igualmente vir a obter sem recorrer a ela?

De certa forma, o procedimento de todos os críticos acima citados parte de uma preocupação compreensível. Relutam em admitir que Machado de Assis, um dos maiores clássicos de nossa literatura, possa ter produzido uma obra cuja finalidade última seria o mero entretenimento de seus leitores. Tendo achado em sua obra "umas aparências de puro romance" (MP, AL),[16] pretenderam corrigir essa frivolidade, supostamente incompatível com a grandeza do autor, mostrando que, por trás dos ditos espirituosos e dos filosofemas de ocasião, como "a lei da equivalência das janelas" (MP, LI) ou "a filosofia da ponta do nariz" (MP, XLIX), haveria uma verdade, grave como toda verdade que se preza, que cumpriria ao crítico demonstrar. Gravidade e objetividade, no entender desses críticos, seriam sinônimos, de modo que sua tarefa consistiria em estabelecer, através de minuciosas pesquisas em suas respectivas áreas, a verdade escondida no fundo da ficção machadiana.

Movidos por essa espécie de voluptuosidade do profundo, plenamente justificável em leitores de Platão e Hegel, defensores intransigentes de que a arte seria uma versão menos profunda da verdade, esses críticos, com a notável exceção de Roberto Schwarz, acabaram por negligenciar aquela que, ao menos desde Sócrates, é a tarefa do filósofo, mas não apenas dele: a investigação do óbvio, das próprias certezas, dos próprios pressupostos interpretativos.

Salta aos olhos, por exemplo, que em nenhum momento os críticos-biógrafos formulem explicitamente as seguintes questões: é possível afirmar que as obras de arte são um mero espelho da existência empírica de seus criadores? Até que ponto um autor é o dono de sua obra, até que ponto detém um domínio absoluto sobre as suas linguagem e significação? As intenções de um autor, sejam elas determinadas pela sua biologia, pela sua psicologia ou pela sua biografia, são mesmo a chave para a compreensão do que é expresso por sua obra? A verdade de uma obra de arte deve ser buscada em uma instância exterior a ela mesma? A biografia do autor seria a única ou pelo menos a melhor instância para explicá-la?

Igualmente digna de nota, é a lacuna, nas obras dos "críticos-filósofos", de uma tematização explícita do problema da autonomia da obra de arte como levantado por Kant. Será mesmo que os critérios para avaliar a verdade de uma obra de arte e a verdade de uma obra filosófica são idênticos? Se a arte é mesmo uma espécie de "filosofia para principiantes" ou, ainda mais hegelianamente, de "filosofia primitiva", por que então se dedicar à interpretação de obras de arte e não, como seria de se esperar daqueles que comungam dessa compreensão, à consideração dos textos filosóficos propriamente ditos, em que a verdade encontraria sua "versão mais profunda"? Se a arte e a filosofia podem de fato ser avaliadas segundo o mesmo critério, um critério aliás francamente desfavorável à arte, a crítica de arte em geral e a crítica literária em particular não ficam condenadas a uma insignificância que torna problemático até mesmo o seu direito à existência? O paradoxo que está na base das interpretações filosóficas tradicionais da obra de Machado de Assis é evidente: elas afirmam a sua própria insignificância ao atribuírem à filosofia uma profundidade que faltaria à literatura, ao quererem fazer justiça ao gênio literário de Machado de Assis convertendo-o exatamente naquilo que ele não foi e nem pretendeu ser, um filósofo.

Para além do descredenciamento filosófico da arte machadiana

A partir de uma confrontação com as obras dos críticos-biógrafos e dos "críticos-filósofos", presas a uma "forma de percepção cuja capacidade de captar o 'semelhante' no mundo é tão aguda que, graças à reprodução, ela consegue captá-lo até no fenômeno único",[17] torna-se finalmente possível conferir contornos mais nítidos à proposta deste trabalho. Trata-se aqui de empreender uma interpretação filosófica da obra de Machado de Assis, cujo fulcro será uma análise de suas *Memórias póstumas de Brás Cubas*.

A interpretação filosófica aqui visada, entretanto, difere das "interpretações filosóficas" tradicionais na medida em que, contra a "gente grave" supramencionada, que pensa imediatamente a verdade de uma obra de arte como uma instância objetivamente verificável que ela apenas refletiria, de modo sempre deficiente, parte da convicção de que "os resíduos sistemáticos nos ensaios, como, por exemplo, a infiltração, nos estudos literários, de filosofemas já acabados e de uso disseminado, que deveriam conferir respeitabilidade aos textos, valem tão pouco quanto as trivialidades psicológicas".[18]

Uma vez que se admite como ponto de partida a insuficiência do conceito mesmo de interpretação pressuposto na maior parte das interpretações tradicionais da obra machadiana, a presente interpretação só merecerá o qualificativo de "filosófica" a que almeja se puder dar conta de uma dupla tarefa: não lhe bastará simplesmente ser mais uma interpretação possível das *Memórias póstumas de Brás Cubas*, ela deverá simultaneamente, a partir de um confronto com o texto machadiano propriamente dito e, quando pertinente, com a história de sua recepção, discutir no que consistiria propriamente uma hermenêutica filosófica de obras de arte literárias.

O postulado fundamental dessa hermenêutica, contra a corrente hegeliana de interpretação da condenação platônica dos poetas, é o de que "a obra de arte não é apenas o suporte para um sentido que poderia ser igualmente expressado por outros suportes",[19] como uma biografia ou um livro de filosofia. Nesse sentido, o nosso maior inimigo, que, como o anão do Zaratustra, dificilmente deixará de acompanhar todos os passos de nosso caminho, é aquele espírito de gravidade[20] que, a despeito de todos os esforços, sempre nos convidará a atentar contra a autonomia da obra de arte. Dada a própria natureza de nossa empreitada, é de se temer que esse inimigo seja invencível. O crítico de arte Terry Eagleton, por exemplo, expressa o seu temor de que o casamento entre a arte e a filosofia seja impossível ao perguntar "(...) como pode a filosofia aprender com a arte se o que mais importa para esta é intraduzível num pensamento discursivo?" e em seguida responder que

> (...) a arte mostra o que a filosofia não consegue dizer; mas, ou a filosofia nunca será capaz de articular isso, e nesse caso a arte lhe será de relevância duvidosa, ou ela aprenderá a expressar o inexprimível, e nesse caso não será mais teoria, e sim uma forma de arte. A arte seria desse modo, ao mesmo tempo, a consumação e a ruína da filosofia – o ponto ao qual todo pensamento autêntico deve aspirar e no qual ele deixaria de ser pensamento em qualquer sentido tradicional.[21]

A nossa esperança, entretanto, é a de que a consciência do caráter paradoxal da relação entre a arte e a filosofia não seja capaz de descredenciar antecipadamente a proposta deste livro. Afinal, se Terry Eagleton tem razão, por que não a teria também Camus, quando afirma que "a própria luta em direção aos cimos já é suficiente para preencher um coração humano"?[22]

Imagens à parte, se é mesmo verdade que a assunção do postulado da autonomia da obra de arte nos distancia do descredenciamento filosófico da arte empreendido por Hegel, ela nos aproxima do de Kant, cuja obra, embora constitua uma das contribuições mais ricas para o problema, na medida em que redime o prazer estético do qual a "gente grave" sintomaticamente vive sempre a fugir, pode servir a uma interpretação equivocada do papel da arte, que, se não é filosofia, tampouco pode ser reduzida a mero entretenimento da "gente frívola", a simples mercadoria da indústria cultural. Se, como vimos, é indispensável para uma interpretação filosófica que faça jus a esse qualificativo que ela evite as estratégias filosóficas tradicionais de descredenciar a arte, seja aquela que a reduz a uma filosofia para principiantes, seja aquela que a reduz a mero entretenimento, como seria possível, uma vez que se assume o postulado da autonomia da obra de arte, ainda assim justificar o seu interesse, a sua relevância vital?

O conceito de autonomia como especificidade em Roberto Schwarz

Essa é a questão que ocupa o cerne da melhor interpretação da obra machadiana que me chegou às mãos, *Machado de Assis: um mestre na periferia do capitalismo*, de Roberto Schwarz. Embora possa ser inscrito na corrente histórico-sociológica de interpretação, o livro de Roberto Schwarz é o que mais se aproxima do conceito de interpretação filosófica defendido neste trabalho e por isso será o seu principal interlocutor. Schwarz, leitor de Adorno, também parte do pressuposto de que "a autonomia da obra de arte é irrevogável".[23] Para justificar essa hipótese, e contra a "teoria do reflexo" (*Wiederspiegelungstheorie*) em que se baseiam, de modo mais ou menos consciente, as demais interpretações sociológicas tradicionais da obra machadiana, ele recorre ao conceito lukácsiano de forma. Para Schwarz, assim como para o crítico húngaro,

> (...) sem forma não há fenômeno literário; talvez haja ciência, mas não literatura. (...) a vida não pode ascender ao sentido sem o suporte da forma. (...) só na forma conciliam-se cotidiano e essência, mera existência e existência plena de valor, a *vida* e *a* vida. (...) Não há como negar o imbricamento entre forma e realidade, mas deve-se atentar em que a realidade, ao ingressar na forma, perde sua feição de realidade para converter-se em elemento exclusivamente formal.[24]

A forma do romance, de acordo com essa concepção, não pode ser pensada como o meio lingüístico transparente que propiciaria uma representação imediata das realidades extra-estéticas, sejam elas de ordem social, biográfica, psicológica ou filosófica, que o romance apenas refletiria. Como mediação necessária entre "a *vida* e *a* vida", a forma do romance não transfigura uma realidade supostamente dada, "a *vida*", mas sim configura uma realidade, "*a* vida", cuja totalidade não está dada em parte alguma. Tendo em vista que "o romance busca descobrir e construir, pela forma, a totalidade oculta da vida",[25] ele não simboliza nada, e qualquer tentativa de interpretá-lo a partir do que ele pretensamente simbolizaria está fadada à inconsistência, quando não ao fracasso. A lição do jovem Lukács é a de que a forma do romance deve ser o horizonte absoluto para a sua interpretação, de que "o imbricamento entre forma e realidade", ao contrário do que supunham os críticos tradicionais da obra machadiana, de modo algum é imediato, mas precisa ser construído através de uma série complexa de mediações.

O modo como Roberto Schwarz constrói essa série de mediações é o que distingue a sua abordagem como uma abordagem histórico-sociológica de inspiração brechtiana. Após a constatação preliminar de que "a volubilidade é o princípio formal do livro",[26] ele esclarece de que modo, a partir dessa análise imanente, é possível alcançar uma compreensão do "imbricamento entre forma e realidade".

> O escândalo das *Memórias* está em sujeitar a civilização moderna à volubilidade. Os assuntos podem ser os mais diversos, mas o efeito da prosa é este. (...) A volubilidade funciona a todo vapor, pois é sobretudo princípio formal; ao passo que nas partes seguintes será sobretudo motivação de personagens, ou conteúdo. (...) A volubilidade inicialmente nos apareceu como a feição mais saliente do narrador; seria um traço subjetivo, uma disposição passageira, corrigida logo adiante? Vimos que não: ela é o pendor permanente de todos; designaria, neste caso, uma insuficiência metafísica do ser humano. Por outro lado, não lhe faltam também as conotações de cor local, mais genéricas do que uma propensão de fulano ou beltrano, mas nem por isso universais; nesta acepção, ela seria o indício distintivo de uma sociedade entre outras. Acompanhada em seu desenvolvimento, a prosa cauciona as três perspectivas: a volubilidade é condição humana, é feição pessoal e é característica brasileira. Conforme domine esta ou aquela, o tom é absoluto, como convém às verdades últimas; engraçado, caso retrate um defeito individual; e satírico, se designa um modo de ser nacional. Vai nisso um problema lógico, pois o mesmo atributo tanto individualiza quanto universaliza: a volubilidade é Brás Cubas? É todo mundo? É o Brasil? Artisticamente, a indefinição pouco atrapalha, sendo antes um elemento de humorismo e diversidade de timbres, que contrastam, mas por alguma razão não se desdi-

zem. Talvez porque a oposição verdadeira seja outra e se efetive através de qualquer um deles, ou dos três alternadamente, que neste sentido têm função de *ideologia*. (...) O antagonismo de classe, em sua forma particular ao Brasil, é a chave do estilo que vimos estudando.[27]

O desenvolvimento do argumento é irretocável. Depois de ressaltar em que sentido a volubilidade, como princípio formal, deve ser lida também como determinante do conteúdo da obra, superando assim a perigosa dicotomia metafísica forma-conteúdo a que uma interpretação equivocada do conceito lukacsiano de forma poderia conduzir, o crítico mostra os três sentidos que a volubilidade, voluvelmente, assume ao longo do romance: ora designa a condição humana, ora a feição pessoal do narrador, ora uma característica da sociedade brasileira. Em seguida, apesar de a princípio haver negado o privilégio de qualquer uma dessas perspectivas, ele conclui que todas as três perspectivas teriam uma mesma função, a função ideológica, e que "o antagonismo de classe, em sua forma particular ao Brasil", seria a chave para a compreensão do romance.

Como já foi indicado quando falávamos da corrente de interpretação histórico-sociológica da obra machadiana, para Schwarz a grandeza do romance machadiano consiste em haver convertido as contradições inerentes à sociedade brasileira do Segundo Reinado em contradições formais, conferindo-lhes assim uma totalidade, em sentido lukacsiano, virtualmente inexistente no plano da realidade social efetiva.

> Com risco de repetição, insistiremos ainda um pouco na ambivalência ideológica das elites brasileiras, um verdadeiro destino. Estas se queriam parte do Ocidente progressista e culto, naquela altura já francamente burguês (a norma), sem prejuízo de serem, na prática, e com igual autenticidade, membro beneficiário do grande sistema escravocrata do mesmo Ocidente (a infração). Ora, haveria problema em figurar simultaneamente como escravista e indivíduo esclarecido? Para quem cuidasse de coerência moral, a contradição seria embaraçosa. Contudo, uma vez que a realidade não obrigava a optar, por que abrir mão de vantagens evidentes? Coerência moral não seria outro nome para a incompreensão do movimento efetivo da vida? Valorização da norma e desprezo pela mesma eram da natureza do caso...

(...) Assim, a vida brasileira impunha à consciência burguesa uma série de acrobacias que escandalizam e irritam o senso crítico. (...) A infração é norma, e a norma, além de norma, é infração, *exatamente como na prosa machadiana*. (...) A ambivalência tinha fundamento real, e Machado de Assis, conforme se verá, soube imaginar-lhe as virtualidades próximas e remotas.[28]

As *Memórias póstumas de Brás Cubas*, no âmbito dessa interpretação, teriam sido escritas "contra o seu pseudo-autor"[29] e contra a elite brasileira que ele personifica caricaturalmente, a qual, por sua vez, dada a sua posição periférica e "menos civilizada", tornaria visível, em um movimento semelhante ao efetuado por Joseph Conrad em *Coração das trevas*, que o sistema capitalista, mesmo em suas configurações mais humanistas e civilizadas, só pode perpetuar-se perpetuando a barbárie sobre a qual, de formas mais ou menos veladas, assenta. Brás Cubas, na ótica de Schwarz, seria o Coronel Kurz brasileiro, e o seu leitor ideal perceberia, por trás de todas as cabriolas de sua linguagem, "o horror"[30] de uma formação social iníqua, tanto no plano local quanto, mediatamente, no plano mundial.

A partir dessa breve reconstrução do livro de Schwarz, torna-se claro que, para ele, "(...) o protesto, mesmo que mudo e reificado, sempre foi e ainda hoje é a função do que não tem função: a própria arte."[31] O caráter paradoxal dessa breve sentença de Adorno acerca da "função do que não tem função" ecoa em todo o seu livro, que, se por um lado preserva a obra machadiana de uma interpretação imediatamente heterônoma, como seria inevitável em um marxista menos sofisticado, através do privilégio que confere a uma análise imanente da forma do romance, por outro, dada a sua inspiração materialista, não tem nenhuma dificuldade em mostrar a imbricação entre forma do romance e realidade social, garantindo à arte um interesse vital que a preserva do mero estatuto de mercadoria da indústria cultural. Nesse sentido, a sua interpretação escapa às duas estratégias filosóficas tradicionais de descredenciamento da arte, e serve de ponto de partida para a interpretação filosófica aqui pretendida.

Ponto de partida, decerto, não ponto de chegada. Apesar de reconhecer a qualidade de seu trabalho, parece-me que o conceito de autonomia da obra de arte por ele pressuposto não é inteiramente satisfatório. Schwarz considera que autonomia e especificidade são sinônimos. Todo o seu esforço, coerentemente com essa premissa, reside em tornar visível a especificidade de Machado de Assis como um mestre na periferia do capitalismo, chamando a atenção para o fato de que a sua mestria, ou universalismo, de forma alguma deve ser derivada daquelas observações sobre a condição humana em geral que encantaram tantas gerações de críticos.

Ocorre que a "condição humana" funciona diferenciadamente segundo as relações sociais em que se inscreva. As variações têm relevância extraordinária, a que se prende, conforme veremos, a riqueza realista do romance. Tomada como chave universal, a explicação pela volubilidade pertence à esfera do individualismo abstrato e encerra um *a priori* sociológico atomizador. Daí o caráter invariável de suas conclusões, que tornam irrelevante a particularidade da formação social e, mais especificamente, o antagonismo entre as classes. Visto em seu contexto, porém, aquela explicação atua em sentido inverso, e serve de revelador de assimetrias. Diante da desigualdade social, o argumento universalista é ele mesmo posto à prova, fazendo papel de escandalosa desconversa, tanto mais interessante quanto o seu ânimo é esclarecido.[32]

A mestria de Machado de Assis, sob essa ótica, só poderia ser apreendida satisfatoriamente como uma denúncia da ideologia dominante das elites brasileiras, que se teriam apropriado do universalismo abstrato inerente ao humanismo liberal e às filosofias que lhe são correlatas para perpetuar privilégios sociais incompatíveis com esse humanismo. Essa denúncia das elites brasileiras, dependentes do capitalismo selvagem praticado nos trópicos, por sua vez, ganharia contornos universais na medida em que se atentasse para o fato de que, ao contrário do que muitos brasileiros ainda hoje pensam, o capitalismo periférico ou selvagem não é uma distorção do capitalismo praticado nos grandes centros, mas sim uma caricatura que, como toda boa caricatura, torna visíveis seus traços essenciais, normalmente velados por força da mesma ideologia que Machado, exibindo em forma de espetáculo, desmonta.

O conceito de autonomia como reflexividade em Kant

A principal objeção que se poderia fazer a essa interpretação não é a de que seu autor reduz tudo a um "antagonismo de classe", redução das mais fecundas e coerentes que se podem fazer, mas sim a de que, ao sujeitar todas as nuances do romance machadiano a um mesmo princípio interpretativo, Schwarz confere um acabamento à obra machadiana que, na terminologia de Kant, inviabilizaria o jogo livre entre imaginação e entendimento que constitui o âmago da experiência estética. Nesse sentido, o problema da leitura de Schwarz não estaria em sua "invenção" brechtiana de um Machado brasileiro, sumamente útil para a relativização das leituras que vêem em Machado apenas um filósofo ou um psicólogo sutil, mas sim na problemática compreensão da autonomia da obra de arte que ela pressupõe. A obsessão do crítico por determinar de uma vez por todas a especificidade da obra machadiana a partir de sua situação periférica no âmbito do sistema capitalista mundial leva-o a menosprezar, dentre outras coisas, o papel da filosofia nas *Memórias póstumas*, que a ele só interessa enxergar como denúncia da posição insustentável do narrador, como "metafísica insossa"[33] e "ideologia barata",[34] e nunca como um elemento potencialmente subversivo de seu próprio esforço de totalização do sentido do romance, como um fator desagregador de sua excessiva "resistência ao prestígio da inconseqüência formal" de Brás Cubas.

O mistério de Brás Cubas

A hipótese da qual parte este trabalho é a de que a "inconseqüência formal" de Brás Cubas não se deixa reduzir unicamente a uma sofisticada "conseqüência ideológica" de Machado de Assis. Essa redução, repitamo-lo, se por um lado preserva a especificidade do romance machadiano, interpretando-o como um fenômeno único, por outro lhe confere um fechamento que emperra aquele movimento reflexivo que, desde Kant, é o que garante a autonomia da experiência estética. Para que a noção kantiana de autonomia seja preservada, portanto, cumpre libertar as *Memórias* da estrita redução ideológica operada por Schwarz, o que, a princípio, implica levar a sério a "metafísica insossa" de Brás Cubas. Será mesmo, como prega Schwarz, que a "ironia trágica"[35] do defunto autor se deixa desconstruir inteiramente quando se revela o suposto interesse classista que a motivaria? Será mesmo que as questões filosóficas que se podem formular a partir da "tinta da melancolia" com que Brás Cubas redigiu as suas memórias póstumas convertem-se imediatamente em pseudoquestões uma vez que, argumentando *ad hominem*, o crítico afirma que o livro teria sido escrito contra o seu pseudo-autor e a classe que ele representa? Não seria possível, embora preservando a especificidade das *Memórias póstumas*, mostrar que a ruptura que elas representam com relação à produção anterior do próprio Machado de Assis e de seus contemporâneos brasileiros guarda semelhanças com a ruptura operada por alguns de seus contemporâneos europeus, como Nietzsche e Dostoiévski, com relação aos postulados fundamentais da metafísica tradicional? Essa suposta "metafísica insossa" de Brás Cubas não pode ser lida, em suma, como uma subversão a partir de dentro do caráter insosso da noção metafísica de verdade, que, baseada em uma oposição estrita entre sensível e inteligível, ficção e realidade, reduz o inacabamento constitutivo da experiência estética a uma imperfeição exclusiva da arte, que poderia ser superada pela "versão mais profunda da verdade" oferecida pela filosofia?

As questões acima formuladas permitem-nos finalmente determinar a posição singular reivindicada por este trabalho no âmbito da bibliografia secundária sobre a obra machadiana. Trata-se, como já se disse anteriormente, de empreender uma interpretação filosófica das *Memórias póstumas de Brás Cubas*. Essa interpretação, para fazer jus ao qualificativo que a distingue, terá de ser simultaneamente uma interpretação dos possíveis sentidos do romance de Machado de Assis e uma reflexão sobre os fundamentos para uma hermenêutica filosófica da obra de arte literária. Além disso, à diferença das "interpretações filosóficas" tradicionais, cuja inconsistência é semelhante à das interpretações de cunho bio(gráfico)-psicologizante, essa interpretação deverá esforçar-se no sentido de preservar a autonomia das *Memórias póstumas de Brás Cubas*. A realização desta tarefa, por sua vez, tem como condição necessária uma discussão explícita do conceito de autonomia da obra de arte, que, à diferença de Roberto Schwarz, não entendo histórico-sociologicamente como fruto da especificidade do antagonismo de classes que está na base de sua produção, mas sim, à moda kantiana, como aquilo que possibilita um jogo livre entre imaginação e entendimento, que, não podendo ser interrompido por nenhum conceito determinante que permita fixar de uma vez por todas o sentido da obra, é a fonte não apenas do inacabamento constitutivo das *Memórias póstumas*, como também, mediatamente, do prazer estético gerado por esse inacabamento.

Não é estranho que todas as interpretações tradicionais da obra machadiana, que vêem no autor um pessimista ou um cético, um psicólogo sutil ou um crítico da ideologia, tenham dado tão pouca atenção àquilo que, da forma mais imediata, a distingue, a saber, o intenso prazer que ela causou em tantas gerações de leitores? Como seria possível compatibilizar uma interpretação que, inspirada pela fenomenologia de Heidegger, descobre afinidades entre Brás Cubas e o homem do subsolo dostoievskiano, explicitando o modo como suas memórias póstumas constituem uma negação sistemática da existência, e o prazer estético que esse autêntico monumento ao niilismo e ao ressentimento é capaz de provocar?

Eis "o mistério de Brás Cubas" que cabe a este trabalho desvendar.

CAPÍTULO 1

Como ler as Memórias póstumas de Brás Cubas

> "Que isto de método, sendo como é, uma coisa indispensável, todavia é melhor tê-lo sem gravata nem suspensórios, mas um pouco à fresca e à solta, como quem não se lhe dá da vizinha fronteira, nem do inspetor do quarteirão."
>
> Machado de Assis[1]

O problema da interpretação em geral

No exercício da filosofia, há questões incontornáveis, das quais não se pode fugir sem pagar o mais alto dos preços: o preço de fugir ao próprio exercício da filosofia. Uma dessas questões, que de forma alguma pode ser identificada a uma corrente filosófica em particular, é a questão da interpretação. Essa questão está tão intrinsecamente relacionada ao exercício da filosofia que se poderia mesmo caracterizar a filosofia como uma arte de interpretar.

Essa caracterização, entretanto, coloca-nos diante da necessidade de definir o que é a interpretação, já que, como nos ensina a longa história das tentativas filosóficas de dar conta dessa tarefa, também o conceito de interpretação requer interpretação.

O que é a interpretação?

Formulada nesses termos, a questão permanece universal demais e roça uma indeterminação que inviabiliza qualquer encaminhamento satisfatório do problema. Questões desse porte exigem necessariamente um recorte, que, se por um lado frustra a pretensão universalista característica da filosofia, por outro é condição indispensável não apenas para uma visualização efetiva do problema, mas, sobretudo, para uma fundamentação suficiente de suas possíveis respostas.

Consciente dessa exigência, o presente trabalho brota de uma renúncia, que não é menos dolorosa pelo simples fato de se fazer necessária. Não se trata aqui, ao menos de início, de abordar a questão da interpretação em geral, mas tão-somente a questão da interpretação de obras de arte (literárias). Como, no entanto, o próprio da obra de arte (literária) é a sua irremissível singularidade, ou, para voltarmos aos termos da introdução, aquela autonomia que contradiz a pretensão de reduzi-la a conceitos, a representações universais, mesmo esse primeiro recorte permanece ainda insuficiente, exigindo ainda uma segunda renúncia.

Assim como a elaboração do problema da interpretação em geral é um empreendimento desmedido, motivado por aquela mesma forma de percepção que, embora inerente à filosofia, precisa ser combatida se se pretende preservar a autonomia da obra de arte,[2] também o é a idéia de uma resposta totalizante ao problema da interpretação de obras de arte (literárias). Será possível falar em um único método de interpretação que sirva igualmente bem a toda e qualquer obra de arte (literária)? Será possível forjar um conceito universal, *a* obra de arte (literária), que subsuma toda e qualquer obra de arte (literária) singular?

Não há dúvida de que respostas afirmativas a essas questões são possíveis, haja vista que, no âmbito da história da filosofia, foram sempre as mais comuns. Não é à toa, porém, que, como mostramos na introdução, a história da filosofia pode ser entendida como a história das sucessivas tentativas filosóficas de descredenciar a arte.

Essa constatação, entretanto, de forma alguma pode servir de ponto de partida para uma resposta negativa às questões anteriores. Como também ficou indicado na introdução, a tendência filosófica de ferir a autonomia da obra de arte *talvez* não seja acidental, sendo antes constitutiva da própria natureza da filosofia, ou, em um sentido mais amplo, da própria essência da linguagem, que, sob essa ótica, estaria sempre fadada a fracassar em sua tentativa de apreender o singular a partir dos meios de que dispõe.

Afrontado por essa ingente dificuldade, a proposta do presente trabalho é confrontá-la de maneira singela. Tratar-se-á de empreender uma interpretação de uma obra de arte singular, as *Memórias póstumas de Brás Cubas*, de Machado de Assis. Nessa interpretação, tanto a questão da interpretação em geral (1), quanto a questão da interpretação de obras de arte em geral (2), quanto a questão da interpretação de obras de arte literárias em geral (3) serão de algum modo abordadas, mas apenas indiretamente, ou seja, apenas à medida que essas questões acompanham toda e qualquer interpretação de uma obra de arte literária singular (4), por menos que o intérprete possa ou queira assumir isso.

Neste primeiro capítulo, portanto, encontrar-se-á apenas uma análise detalhada dos problemas hermenêuticos específicos que o prólogo "ao leitor" das *Memórias póstumas de Brás Cubas*, pequeno guia para a interpretação dessa obra, levanta. Se as respostas que serão oferecidas para esses problemas poderão, em um segundo momento, reivindicar para si uma universalidade que transcenda o ambiente desse romance singular, é uma dúvida que não caberá a este capítulo – e talvez nem mesmo a este trabalho como um todo – dirimir.

O problema da autoria das *Memórias póstumas*

A leitura da nota "ao leitor" com que Brás Cubas – e não, como seria de se esperar em livros menos singulares, Machado de Assis – abre as *Memórias póstumas* concentra todos os principais temas que serão abordados ao longo do livro, assim como, de chofre, cativa o leitor com aquele estilo, de tom inconfundível, que faria a imortalidade de seu (defunto) autor:

> Que Stendhal confessasse haver escrito um de seus livros para cem leitores, coisa é que admira e consterna. O que não admira, nem provavelmente consternará é se este outro livro não tiver os cem leitores de Stendhal, nem cinqüenta, nem vinte e, quando muito, dez. Dez? Talvez cinco. Trata-se, na verdade, de uma obra difusa, na qual eu, Brás Cubas, se adotei a forma livre de um Sterne, ou de um Xavier de Maistre, não sei se lhe meti algumas rabugens de pessimismo. Pode ser. Obra de finado. Escrevi-a com a pena da galhofa e a tinta da melancolia, e não é difícil antever o que poderá sair desse conúbio. Acresce que a gente grave achará no livro umas aparências de puro

romance, ao passo que a gente frívola não achará nele o seu romance usual; ei-lo aí fica privado da estima dos graves e do amor dos frívolos, que são as duas colunas máximas da opinião. Mas eu ainda espero angariar as simpatias da opinião, e o melhor remédio é fugir a um prólogo explícito e longo. O melhor prólogo é o que contém menos coisas, ou o que as diz de um jeito obscuro e truncado. Conseguintemente, evito contar o processo extraordinário que empreguei na composição destas *Memórias*, trabalhadas cá no outro mundo. Seria interessante, mas nimiamente extenso, e aliás desnecessário ao entendimento da obra. A obra em si mesma é tudo: se te agradar, fino leitor, pago-me da tarefa; se te não agradar, pago-te com um piparote, e adeus.

BRÁS CUBAS (MP, AL)

Já a leitura dessas primeiras linhas não deixa passar despercebido um problema que, embora comumente negligenciado pelos principais críticos da obra machadiana, é não obstante decisivo para o modo como a obra exige ser interpretada: o problema da autoria das *Memórias*. Se é o próprio Brás Cubas quem assume a autoria do livro e a tarefa de explicar ao leitor quais seriam as suas principais influências, motivações e intenções, por que tantos leitores julgaram que poderiam simplesmente substituir o nome de Brás Cubas pelo de Machado de Assis, como se essa substituição fosse apenas natural?

A identificação imediata entre autor e personagem, empreendida pela maioria dos críticos machadianos, notadamente aqueles de tendência bio-psicologizante, brota de um pressuposto hermenêutico que compromete definitivamente as suas leituras: o pressuposto de que, dada uma pretensa ordem natural das coisas, imediatamente acessível ao bom senso, de cuja partilha aliás nunca nenhum homem reclamou,[3] Machado de Assis seria o criador e Brás Cubas a criatura, Machado de Assis seria a causa e Brás Cubas o efeito, Machado de Assis seria o manipulador e Brás Cubas a marionete, Machado de Assis seria o autor e Brás Cubas o personagem. Fiéis a esse ponto de partida, que, segundo Nietzsche, seria fruto de um dos quatro grandes erros da história da metafísica, "o erro oriundo da confusão entre causa e conseqüência",[4] tais críticos ocuparam-se sempre muito mais em descrever as insossas experiências pessoais de um certo Machado de Assis e o contexto histórico em que ele viveu do que em ouvir aquilo que, no texto que lhes cumpria interpretar, é o mais eloqüente: a voz do próprio Brás Cubas. Houvessem lido o *Dom Quixote*, saberiam que, antes de se converter em cavaleiro andante, aquele obscuro fidalgo de La Mancha não era senão a "sombra de uma sombra".[5] Escreve o narrador:

> Há quem diga que tinha por sobrenome "Quijada", ou "Quesada", não chegando a concordar os autores que sobre a matéria escreveram, ainda que de conjecturas verossímeis se possa tirar que se chamava "Quijana". Mas isso pouco importa ao nosso conto: basta que a narração dele não se desvie um só ponto da verdade.[6]

Em que pese o caráter... quixotesco da analogia, o que se propõe aqui, aliás em obediência estrita ao narrador das *Memórias*, é uma problematização daquela inversão que constitui o grande erro de que nos fala Nietzsche. Problematizando a tendência positivista de querer explicar qualquer fenômeno, inclusive as obras de arte, por meio do estudo detalhado de suas pretensas condições objetivas, "reais", e portanto necessariamente opostas e externas a produtos sabidamente "ficcionais", não seria possível conjeturar que, se não fosse por Brás Cubas, Machado de Assis sequer teria chegado a existir? Qual seria o interesse de Machado de Assis se ele não tivesse chegado a escrever as *Memórias póstumas de Brás Cubas*? Será que alguém ter-se-ia dedicado a escrever a sua biografia, a contar uma história que, em si, como bem notou Hélder Macedo, mais se assemelha a um romance naturalista de gosto duvidoso? Escreve o crítico português:

> Imaginemos um romance da escola realista baseado nos seguintes elementos: a acção decorre no Brasil oitocentista e começa nos anos anteriores à abolição, mais tardia do que em outros países, da escravatura; a personagem principal é um mulato, neto de escravos e nascido num ambiente de grande pobreza; a mãe morre-lhe ainda na infância, o pai volta a casar, morre pouco depois, a criação do órfão fica entregue à madrasta, uma lavadeira também mulata. O rapaz revela-se tímido, respeitador, mas desde cedo mostra um temperamento ambicioso, tem pretensões literárias, escreve versos, trabalha como tipógrafo, graças a protecções cuidadosamente cultivadas come-

ça a mover-se na periferia dos meios intelectuais. Conhece uma senhora branca, mais velha, solteira, recém-chegada da Europa. Querem casar-se, a família dela opõe-se, ele persiste, ela já tinha passado a idade casadoira, o casamento acaba por ser aceite como o mal menor. Mais dois ou três pequenos factos significativos que ajudem a detectar a *faculté maîtresse* da nossa personagem: procura disfarçar as feições negróides com a barba e o bigode, o cabelo cortado quase rente; sofre de melancolia, é gago, tem ataques epilépticos; o casamento não produziu filhos. (...) Munido, por um lado, dum esquema biográfico e de características psicológicas básicas e, por outro, devidamente fortalecido pelas rigorosas conclusões científicas do evolucionismo, o autor realista do hipotético romance precisaria apenas de aplicar os preceitos de Hyppolyte Taine para conseguir a necessária convergência estilística entre a acção mais adequada à sociedade brasileira oitocentista e o carácter exemplarmente incurável do nosso personagem mulato: um ambicioso, ocasionalmente fulgurante, mas de moralidade rudimentar; um intruso, procurando com a tenacidade ansiosíssima dos tímidos um cruzamento que apagasse na sua prole o estigma da fronte escurecida; um gago, um epiléptico, condenado finalmente à esterilidade pelo próprio jogo das leis naturais; e assim por diante. Com toda probabilidade o romance resultaria numa tragédia exemplar. Mas se, pelo contrário, o autor nele contasse a história de um casamento feliz, de uma vida confortável de alto funcionário, de uma brilhante carreira literária, de uma espectacular consagração pública, de boas e leais amizades até o fim da vida – o mais provável é que o romance fosse condenado por frivolidade, irrelevância, escapismo, alta traição à realidade social objectiva.[7]

Em suma: no caso de Machado de Assis e Brás Cubas, assim como no caso de Cervantes e Quixote, quem é o autor e quem o personagem?

Seguindo essa linha de argumentação e atentando para o carácter aparentemente retórico da pergunta anterior, seria de esperar que propuséssemos um privilégio de Brás Cubas em detrimento de Machado de Assis no que diz respeito à autoria das *Memórias póstumas*, invertendo a tendência positivista que viemos de criticar. Afinal, e não deixa de haver aí alguma ironia, se nem mesmo o "romance de formação" de Machado de Assis é fiel a pressupostos hermenêuticos positivistas, por que o seria a sua obra ficcional propriamente dita? O problema contido nessa inversão é que, ao aceitar a naturalidade da dicotomia autor-personagem, ela incorre no mesmo erro da abordagem cuja insuficiência pretende demonstrar. O verdadeiro problema da autoria das *Memórias póstumas* tem menos a ver com o esclarecimento das intenções ou da biografia de seu autor – seja ele Machado de Assis ou Brás Cubas – do que com a pergunta pelo modo como a obra, ao constituir-se como um espaço *entre* autor e personagem, pode ser pensada como a origem de ambos. Assim como é inegável que sem Machado de Assis não haveria Brás Cubas, tampouco haveria Machado de Assis, pelo menos *o* Machado de Assis que todos reconhecem como o maior escritor brasileiro (do século XIX), sem o "defunto autor". A mediação indispensável entre Machado de Assis e Brás Cubas é, no entanto, a obra *Memórias póstumas de Brás Cubas*, sem a qual nenhum dos dois existiria.

A questão é que, se tanto Brás Cubas como Machado de Assis só vêm a ser *através* da obra, ao mesmo tempo atravessando-a e sendo atravessados por ela, o modo como um e outro originam-se depende fundamentalmente da tensão entre autor e personagem que a obra põe em obra. Essa tensão, que se pode visualizar como uma luta ou um jogo de forças, ao contrário do que prega a representação vulgar, preexiste (ontologicamente) aos lutadores ou, conforme o caso, jogadores.[8] Esses, antes do instante em que se dá a luta e depois de acabada a luta, são apenas abstrações daquilo que concretamente são apenas *durante* a luta – como Quijada (ou Quesada ou Quijana) antes ou depois de ser Dom Quixote ou, melhor ainda, como o Flamengo de Nunes antes ou depois da histórica final do campeonato brasileiro de futebol de 1980 contra o Atlético Mineiro.

Como toda luta e todo jogo pressupõem ao menos dois contendores, o fato de que a luta desencadeada pela obra deve ser pensada como o elemento no qual se originam autor e personagem aponta para o cerne da questão da autoria das *Memórias póstumas de Brás Cubas*: a idéia de que há uma relação de dependência mútua entre Machado de Assis e Brás Cubas que anula a prioridade ontológica de um sobre o outro. A prioridade ontológica, repita-se, só pode ser da obra. Machado de Assis virá tanto mais a ser ele mesmo como autor quanto mais Brás Cubas resistir a ser um personagem-marionete, quanto mais ele reivindicar para si autonomia; Brás Cubas, por sua vez, será tanto mais autônomo – ou autor de si mesmo e de seu criador – quanto maior for a força empregada por Machado de Assis para subjugá-lo e submetê-lo a seus propósitos autorais. A resistência mútua de cada um dos contendores à força de seu oponente é a forja que cunhará a sua diferença, através (*diá*) da qual cada um é conduzido (*phérein*) à constituição de sua própria identidade. Nesse sentido, assim como a constituição da identidade (de autor e de personagem) pressupõe a luta que os diferencia, a constituição da diferença (entre autor e personagem) pressupõe a luta pela afirmação da própria identidade. Como o espaço em que se dá uma tal luta é a obra, esta deve ser pensada como a origem de autor e personagem e, conseqüentemente, como o horizonte absoluto para a interpretação.

Autor e personagem, aqui, podem ser comparados a duas constelações que permitem visualizar uma relação entre séries de elementos que de outro modo permaneceriam estranhos uns aos outros. À constelação de nome autor, pertencem todas aquelas noções ligadas à idéia de mensagem, dentre as quais destacam-se as noções de sujeito, livre-arbítrio, intenção, significado, identidade, técnica e forma. Articulando-se essas noções, apresenta-se uma imagem do autor como o responsável por sua criação, que, estando por trás dela (*subjectum*) como seu princípio incondicionado, possuirá tanto maior controle do significado, isto é, da identidade de sua obra, quanto maior for o seu domínio da técnica (literária) necessária para lhe emprestar a forma desejada. À constelação de nome personagem, por sua vez, pertencem todas aquelas noções ligadas à idéia de veículo ou instrumento (da mensagem do autor), dentre as quais destacam-se as noções de objeto, condicionamento, representação, significante, diferença, naturalidade e matéria. Articulando-se essas noções, tem-se uma imagem do personagem como a objetivação da intenção do autor, que, servindo primariamente como um veículo para a expressão de sua mensagem, é condicionado por aquilo que representa, sendo a qualidade dessa representação dependente da mestria do autor em dissimular a sua técnica por trás do modo como articula os significantes que conformam a materialidade de sua obra, tanto melhor quanto mais parecer natural.

O problema de uma distinção estanque entre ambas essas constelações é o mesmo que foi anteriormente apresentado como o problema da autoria das *Memórias póstumas de Brás Cubas*. A sua superação depende da consideração de que, se autor e personagem só se originam a partir de sua co-dependência mútua, a visualização dessa co-dependência pressupõe uma constelação ainda mais originária que as supracitadas, única capaz de trazer à luz os seus nexos a princípio inaparentes. Essa constelação, que faz as vezes de origem, não é outra senão a própria obra, em que as dicotomias pressupostas pela hermenêutica positivista são dialeticamente suprimidas ou superadas.

No âmbito dessa superação dialética (*Aufhebung*), que acima chamamos de luta, torna-se claro o caráter derivado dos conceitos tradicionalmente utilizados para interpretar as obras de arte. Sujeito e objeto, liberdade e necessidade, identidade e diferença, intenção e realização, significado e significante, forma e matéria, autor e personagem não existem em si, mas apenas no âmbito de um jogo de forças que lhes é anterior e que, uma vez posto em movimento, é a condição de possibilidade para uma experiência estética que a nossa tendência cotidiana à utilização desses conceitos – fundada, diga-se de passagem, na própria estrutura da linguagem como comunicação – complica a ponto de impossibilitar.

Nas *Memórias póstumas de Brás Cubas*, há ainda um complicador adicional para a compreensão da tensão dialética entre identidade e diferença instaurada por toda obra de arte que faça jus a esse nome. Nelas, o problema da autoria é reduplicado, na medida em que, analogamente à relação entre Machado de Assis e Brás Cubas, há uma relação entre o Brás Cubas-narrador – que se auto-intitula um "defunto autor" (MP, I) – e o Brás Cubas-personagem da própria narração.

Assim, uma interpretação dessa obra, além de evitar a hipóstase positivista de um sujeito por trás dela, deve começar da maneira mais singela, evitando tanto quanto possível sobrecarregá-la com preconceitos filosóficos estranhos à sua dinâmica interna. Deve buscar uma disposição que, para Fernando Pessoa, é a primeira condição de toda e qualquer interpretação. Escreve o poeta:

> O entendimento dos símbolos e dos rituais (simbólicos) exige do intérprete que possua cinco qualidades ou condições, sem as quais os símbolos serão para ele mortos, e ele um morto para eles. A primeira é a simpatia; não direi a primeira em tempo, mas a primeira em simplicidade. Tem o intérprete que sentir simpatia pelo símbolo que se propõe interpretar. A atitude cauta, a irônica, a deslocada – todas elas privam o intérprete da primeira condição para poder interpretar.[9]

A simpatia, de acordo com essa definição, é uma disposição de ânimo que se afasta das atitudes cauta, irônica e deslocada, na medida em que, ao contrário destas, não pressupõe, ao menos de início, uma distância essencial entre o dito e uma suposta intenção escondida por trás e na base de todo dizer. Se a atitude cauta é aquela que tem como princípio não se deixar enganar, não se deixar levar pela obra de arte, e que, portanto, busca sempre no universo extra-artístico dados objetivamente verificáveis que possam servir de fundamento às "ficções dos artistas"; se a atitude irônica é aquela que se recusa a aceitar "ingenuamente" que "o que nós vemos das cousas são as cousas"[10] e se a atitude deslocada é aquela que desloca o ato de leitura da obra em si mesma para outra instância qualquer, sendo a um só tempo cauta e irônica; a atitude simpática, não por acaso "a primeira em simplicidade", é aquela que, simplesmente, faz com que o intérprete se demore junto à obra mesma que se propõe a interpretar, tentando colocar-se em um *páthos*, em um compasso semelhante ao dela, e evitando, tanto quanto possível, a antipática saída de buscar alhures o seu sentido.

No caso específico das *Memórias póstumas de Brás Cubas*, uma atitude mais simpática e menos apressada dos críticos tradicionais teria feito com que percebessem o fato de que, como toda obra de arte que faça jus a esse nome, ela traz em si mesma a chave para a sua interpretação, sendo a um só tempo "poesia e poesia da poesia".[11] Brás Cubas, o personagem-autor, o autor-personagem, cuja própria construção subverte o problema da autoria como concebido tradicionalmente, deve, antes de mais nada, ser ouvido. Ouvido, ao menos de início, com a simpatia que espera "angariar da opinião". E o que ele nos diz, ao cabo de seu prólogo ao leitor, verdadeiro tratado de hermenêutica da obra de arte literária – pelo menos da sua – contradiz frontalmente o antipático positivismo de muitos de seus críticos. Ouçamos ainda uma vez as suas palavras: "A obra em si mesma é tudo: se te agradar, fino leitor, pago-me da tarefa; se te não agradar, pago-te com um piparote, e adeus." (MP, AL)

O problema da exemplaridade das *Memórias póstumas*

Se é verdade que autor e personagem só vêm a ser o que são nessa luta ou jogo, nessa tensão instalada pela obra, a pergunta pela origem do autor Machado de Assis ganha uma outra dimensão. Ainda que de forma alguma se devam desprezar as circunstâncias históricas em que ele viveu e produziu e, menos ainda, as outras obras que redigiu antes e depois das *Memórias póstumas de Brás Cubas*, o fato de o presente trabalho ter como objeto esse romance em particular – e não outra obra do "mesmo" Machado de Assis – tem como fundamento, além da arbitrariedade que sempre se liga a uma decisão pessoal, a hipótese de que esse livro, publicado em fascículos ao longo do ano de 1880, pode ser lido como a origem de Machado de Assis, como o momento privilegiado em que, a partir de seu confronto com (a narração de) Brás Cubas, forjou-se a sua identidade autoral e ele veio a ser o seu conceito.

As *Memórias póstumas de Brás Cubas*, como origem, tornam possível uma construção da pré-história e da pós-história do autor, permitindo ao intérprete distinguir entre o que, na sua pré-história, foi fundamental à constituição de sua identidade autoral, ou estilo, e o que, em sua pós-história, aponta para um aprofundamento ou uma transformação daquela identidade. Essa consideração explica o privilégio que, neste trabalho sobre a obra de Machado de Assis, será conferido às *Memórias póstumas*, assim como o silêncio *quase* absoluto em relação ao resto de sua produção.

O conceito de origem aqui empregado, como já terá ficado patente, pressupõe que a obra de arte instala uma experiência do tempo distinta da cotidiana, e, por isso, aparece como uma cesura no tempo cronológico e homogêneo que está à base daquela idéia de uma causalidade linear que orienta a crítica positivista das obras de arte.

O que essa concepção menos abstrata do tempo contida na idéia de cesura dá a entender é que a origem de uma obra de arte não pode ser reduzida a uma série linear de condicionamentos que estariam à base de sua elaboração. Ao contrário, é apenas da interpretação da obra de arte como original, como contendo algo de irredutível a seus condicionamentos, que se poderá, após a leitura – ou postumamente, nas palavras de Machado de Assis –, discernir as condições que importam à sua gênese daquelas que lhe são indiferentes, mera contingência da vida empírica de seus autores ou da época em que foram geradas.

A impossibilidade de uma fundamentação *a priori* da exemplaridade das *Memórias póstumas de Brás Cubas* remete-nos novamente para a obra e reitera, ainda uma vez, o aforismo que Brás Cubas grava no pórtico de suas memórias: "A obra em si mesma é tudo." (MP, AL)

O problema da autonomia das *Memórias póstumas*

"A obra em si mesma é tudo." Com relação ao problema da interpretação, não poderia haver tomada de posição mais explícita do que essa. Nesse aforismo, o autor apresenta-nos a sua própria compreensão do modo como a sua obra deve ser interpretada, ou, se se preferir, a sua própria teoria da interpretação. Essa tem como pilar fundamental a afirmação da autonomia da obra de arte – e a exigência de que o leitor lhe seja fiel.

Uma vez que, como já foi indicado na introdução deste trabalho, nos dispomos a respeitar a autonomia que Brás Cubas reivindica para sua obra e, a princípio, nos recusamos a investigar as condições objetivas que estariam à base de sua produção – "seria interessante, mas nimiamente extenso, e aliás desnecessário ao entendimento da obra" (MP, AL) –, cumpre-nos agora indagar o seguinte: o que, nas *Memórias póstumas de Brás Cubas*, é necessário ao entendimento da obra? Ou, para retomar as palavras de Brás Cubas: o que, nas *Memórias*, constitui "a obra em si mesma"?

Algumas páginas atrás, a partir da menção à nota preliminar de Fernando Pessoa a seu livro *Mensagem*, que reforça a nota ao leitor de Brás Cubas, em que ele confessa a esperança de "angariar a simpatia da opinião", falamos na simpatia como "a primeira condição para poder interpretar". Esse privilégio concedido à simpatia pressupõe uma compreensão específica da natureza da interpretação, justamente a compreensão apresentada nas *Memórias póstumas de Brás Cubas*.

A afirmação do privilégio da simpatia decorre, fundamentalmente, da defesa da autonomia da obra de arte. Uma obra de arte autônoma, como já se discutiu anteriormente, é aquela que não se deixa pensar como um mero "suporte para um sentido que poderia ser igualmente expressado por outros suportes";[12] é aquela em que matéria e forma, significante e significado, intenção e realização, não se deixam separar; é aquela, em suma, que reivindica do leitor a suspensão provisória de seus preconceitos e a disposição de abandonar-se à dinâmica da própria obra.

Supondo-se que a obra de arte não é a materialização ou o reflexo transparente da intenção de seu autor, sua interpretação não pode consistir na tentativa de o intérprete colocar-se no lugar do sujeito criador, como era uso na hermenêutica tradicional (de um Schleiermacher, por exemplo). Brás Cubas, como vimos, abre a sua narrativa falando que o conhecimento do lugar do sujeito criador, ou, em suas palavras, "do processo extraordinário que empreguei na composição destas memórias, trabalhadas cá no outro mundo", "é desnecessário ao entendimento da obra". O que ele não teria como explicar em detalhe, porque, como veremos adiante, jamais chegou a ter consciência disso, é que o conhecimento objetivo da posição do sujeito criador e de suas intenções não é apenas desnecessário, é impossível. Como conhecer as intenções do autor se, rigorosamente, nem sequer ele as conhece? E mais: ainda que o autor pudesse conhecer e controlar suas próprias intenções, quem é que nos garantiria que as intenções do autor podem ser identificadas às intenções da obra, ou seja, àquilo que a obra quer dizer?

A (última) pergunta acima aponta para a tendência ingênua de superar os problemas hermenêuticos inerentes ao intencionalismo através de sua simples inversão. O intérprete desiludido com a possibilidade de determinar a intenção do autor de uma obra de arte, ou de colocar-se em seu lugar, tende a buscar como saída a afirmação de uma "intenção da obra", isto é, de um sentido objetivo da obra, que não se confundiria com a "intenção do autor". A partir dessa crença em um sentido objetivo da obra de arte, que nela repousaria independentemente das intenções de seu criador e das disposições de seus possíveis leitores, tende a surgir uma teoria da interpretação que confere ao leitor uma posição eminentemente passiva na gênese da obra de arte, cujo sentido seria uma propriedade imanente ao próprio objeto artístico e, como tal, independente da história de sua recepção.

Como já terá ficado claro, o conflito entre as hermenêuticas intencionalista e objetivista pode ser remontado a duas diferentes concepções da simpatia como fundamento da interpretação. No intencionalismo, o intérprete tem como tarefa colocar-se em uma disposição de ânimo semelhante à do autor, a fim de conquistar o ponto de vista privilegiado para a compreensão de suas obras. Já no objetivismo, a tarefa do intérprete é submeter-se à letra do texto, ponto de partida para compartilhar de seu espírito. Tanto para os intencionalistas quanto para seus opositores, o ato de leitura é um simples meio para um fim, uma escada que, uma vez utilizada, deve ser jogada fora, na medida em que permaneceria externa tanto às intenções soberanas do autor quanto ao sentido objetivo da obra.

O problema de ambas essas compreensões do ato de leitura, mormente no caso das *Memórias póstumas de Brás Cubas*, é que elas negligenciam o fato de essa obra não apenas começar com um prólogo endereçado diretamente ao leitor, mas ser inteiramente permeada por intrusões do narrador no curso da narrativa, que visam quase sempre a suspender as pretensas naturalidade e transparência do ato de leitura, revelando ao leitor (desatento) o quanto a sua postura interpretativa define os contornos do que aparece.

Nesse sentido, esboça-se uma clara analogia entre a dialética autor-personagem e a dialética leitor-obra. Assim como o autor e o personagem não preexistem ao seu encontro na obra, um encontro necessariamente conflituoso em que cada um dos pólos (a princípio abstratos) só vai adquirindo concretude na luta contra a resistência do outro, o leitor e a obra condicionam-se mutuamente. Se, sem uma obra, é evidente que não há leitura, menos evidente, mas não menos verdadeiro, é que sem leitura não há obra. A obra só vem a ser a partir da leitura que só vem a ser a partir da obra que só vem a ser a partir da leitura...

A estrutura circular que caracteriza tanto a obra de arte quanto a sua interpretação, indissociáveis porém diferentes, exige uma compreensão da simpatia distinta das tradicionais. Contra os subjetivistas – que identificam a simpatia pelo autor a uma auto-anulação do próprio leitor – e contra os objetivistas – que identificam a simpatia pela obra a uma auto-anulação do próprio leitor –, o que o co-pertencimento ontológico entre obra e leitura indica é que uma auto-anulação do leitor implicaria uma anulação da obra. Desse modo, quando Fernando Pessoa e Brás Cubas atribuem à simpatia um privilégio hermenêutico, isso significa que a simpatia, pensada como o ato do leitor de colocar-se em sintonia com *(sín)* a tonalidade afetiva *(páthos)* da obra – esse outro com o qual o leitor deve se confrontar e cuja alteridade é fundamental para o movimento de constituição de sua própria identidade –, é o conceito que permite pensar o limite *entre* leitor e obra, entre eu e outro.

A textura desse *entre* não pode ser determinada positivamente, pois isso implicaria a pressuposição da realidade substancial da obra antes de seu contato com o leitor ou a pressuposição da realidade substancial do leitor antes de seu contato com a obra, o que acarretaria a destruição do círculo hermenêutico que caracteriza a vida da obra. Embora uma tal destruição permaneça sempre apenas aparente, como atestam o fracasso das interpretações univocamente subjetivistas ou objetivistas, que só se sustentam enquanto permanecem cegas a seus pressupostos ontológicos, essa aparência de destruição do círculo hermenêutico já é suficiente para inviabilizar uma experiência da obra de arte, que, respeitando a sua autonomia e permanecendo simpática a seu modo de ser específico, recusa-se a positivar a sua origem e o seu sentido. O problema da autonomia da obra de arte, no que diz respeito ao escopo deste trabalho, pode ser resumido nas seguintes perguntas: como é possível ao intérprete recusar o modo cotidiano de articulação da linguagem que, baseado no princípio do terceiro excluído,* não reconhece, não aceita e até mesmo condena como um erro lógico – uma petição de princípio! – a circularidade que caracteriza a estrutura da experiência estética? Como o leitor pode escapar de sua própria sombra, ou seja, da estrutura predicativa e positivadora da linguagem que julga empregar, mas que, em última instância, é quem o emprega? Supondo que a simpatia, como a entendem Machado de Assis e Fernando Pessoa, é mesmo "a primeira condição para poder interpretar", como é possível construir uma "leitura simpática" das *Memórias póstumas de Brás Cubas*?

O problema da reflexão nas *Memórias póstumas*

A construção de uma "leitura simpática" das *Memórias póstumas de Brás Cubas* pressupõe uma compreensão preliminar do que se está aqui entendendo por *páthos*, termo grego que se pode traduzir por afeto, humor, clima, disposição afetiva, afinação, tonalidade afetiva, ou mesmo espírito. Pressupõe igualmente a pergunta pela possibilidade de um intérprete colocar-se no mesmo *páthos* da obra que se propõe a interpretar, uma pergunta cuja resposta é tanto menos evi-

---

* O princípio do terceiro excluído é um dos fundamentos da lógica clássica. Ele postula que entre os opostos contraditórios não há meio-termo. Assim, dada uma proposição P, ela é *ou* falsa *ou* verdadeira, não havendo uma terceira opção. A incompatibilidade entre esse princípio e o pensamento dialético apresentado neste livro é evidente, na medida em que o princípio do terceiro excluído postula como um erro lógico a condição mesma para a preservação da autonomia da obra de arte: a resistência do intérprete à tentação de lhe atribuir um sentido unívoco.

dente quanto mais se atenta para a complexidade dos termos da própria pergunta. Afinal, se a obra não pode ser pensada independentemente de sua interpretação, como é possível formular a exigência de o intérprete colocar-se no mesmo *páthos* da obra sem substancializá-lo, incorrendo no mesmo erro dos críticos que acima chamávamos objetivistas? Por ora, essa questão terá de ficar em aberto.

De qualquer modo, a conclusão da seção anterior se sustenta: ao falar que "a obra em si mesma é tudo", Brás não pode estar se referindo à obra pensada como um objeto cujo sentido estaria dado independentemente da interpretação. A afirmação de que "a obra em si mesma é tudo" justamente no contexto de uma nota "ao leitor" só pode significar que a experiência estética, em que leitor e obra confrontam-se, é tudo.

Essa afirmação, no contexto em que é feita, soa imediatamente como um libelo contra a tendência positivista da "gente grave" que recusa o "puro romance", buscando sempre a verdade objetiva; e contra a tendência à alienação da "gente frívola", que busca apenas "o romance usual", descartando inteiramente o potencial subversivo da obra de arte. A simpatia reivindicada pelo livro de Brás Cubas situa-se *entre* a concepção da obra de arte como instrumento didático e a concepção da obra de arte como mercadoria da indústria cultural, produto que serve unicamente à diversão.

Tendo em vista que, na nota "ao leitor", Brás não deixa claro como compreende positivamente a textura desse *entre*, cabe ao leitor avaliá-la. O ato de avaliar ou dar preço (*pretium*) ao *entre* (*inter*) que constitui a obra de arte como o espaço em que se dá o confronto de autor e personagem, e, em um nível mais fundamental, de leitor e obra, pode ser caracterizado, com o apoio na própria etimologia da palavra, como o ato de interpretar. Indo além do contexto imediato da nota "ao leitor", podem-se interpretar as palavras de Brás Cubas sob um viés kantiano. Ao afirmar que sua obra não é nem instrumento didático nem serva da diversão, Brás estaria afirmando que a especificidade da experiência estética que constitui a obra de arte é a sua recusa do pensamento instrumental. Uma obra de arte, em princípio, não serve nem para o conhecimento de objetos da natureza (experiência teórica) ou de preceitos morais (experiência prática), nem para agradar os sentidos. Uma obra de arte, em princípio, não serve para nada, não serve a nada. O prazer que ela gera deve ser necessariamente um prazer desinteressado, na medida em que, se fosse serva dos interesses teóricos, práticos ou fisiológicos do homem, a obra de arte não seria autônoma. A afirmação de sua autonomia, de que é a arte que concede a si própria (*autós*) a sua própria lei (*nómos*), entretanto, não implica a negação da possibilidade de a arte, mediatamente, ser posta a serviço de interesses estranhos a si própria, como os interesses ligados ao conhecimento, à moral e à diversão. Também sob esse aspecto, confirma-se o espaço da arte como o *entre* – no caso, o desinteresse e o interesse – que cabe à interpretação apreciar. E configura-se, se nos é permitido um jogo etimológico "subversivo", a natureza da interpretação como *entre*tenimento, como a ação (do intérprete) de permanecer postado, de conservar-se (do latim, *tenere*) no espaço próprio da obra de arte, o *entre*, recusando a tentação de eleger definitivamente um dos pólos entre os quais ela o obriga a oscilar e assim resistindo à tendência de sufocar o seu movimento, a sua dinâmica, o seu caráter refratário a qualquer determinação – ou, em vocabulário kantiano, a qualquer juízo determinante.

A defesa da autonomia da obra de arte por oposição ao tipo de pensamento instrumental que marca as nossas ocupações (cotidianas) teóricas e práticas leva um filósofo como Kant a determinar que o aparecimento de um prazer desinteressado é o índice (fenomênico) que permite distinguir uma experiência estética de outros tipos de experiência. A partir dessa articulação entre o desinteresse e a experiência estética, impõe-se uma exigência extraordinária ao intérprete de uma obra de arte: abordá-la sem permitir que os seus interesses interfiram no que está lendo.

Essa exigência, como já se discutiu páginas atrás, é o que motiva as compreensões de simpatia dos críticos de arte subjetivistas e objetivistas, que vêem na simpatia um instrumento para a auto-anulação do leitor e para a compreensão da obra de arte em todo o esplendor de sua autonomia. Como mostramos, no entanto, uma vez que se admite a indissociabilidade de leitor e obra, a auto-anulação do leitor implicaria a anulação da obra.

Na realidade, a própria crença dos críticos supramencionados na possibilidade de uma auto-anulação do leitor já repousa sobre um ponto de partida inconsistente: a idéia de reflexão. Esses críticos de algum modo crêem que, por intermédio de um ato consciente, o intérprete poderia não apenas discernir quais são os interesses potencialmente perigosos para a sua interpretação desinteressada da obra de arte, como também impedir a ação projetiva desses interesses. Sem discutir explicitamente, esses críticos pressupõem uma visão cartesiana do homem, segundo a qual o homem pode ser definido como uma autoconsciência absolutamente racional e livre, que, como tal, seria capaz de reconhecer e suprimir todos os condicionamentos e princípios tradicionais que impedem uma visão clara e distinta, isto é, imparcial, da realidade, trate-se aí de um ente da natureza ou de uma obra de arte.

Essa visão do homem como um sujeito sempre idêntico a si mesmo, apartado do mundo e dos outros homens, cuja identidade não é essencialmente conformada pelo contato com a alteridade e por isso pode ser separada dos predicados (pretensamente) acidentais que dela lhe advêm, é justamente a visão do homem que Machado de Assis desconstrói ao longo de sua obra. Nas *Memórias póstumas*, como veremos no próximo capítulo, o meio em que Brás Cubas vive de forma alguma pode ser reputado acidental para a conformação de sua identidade, e o narrador chega mesmo a postular filosoficamente a identidade entre "tornar a si" e "tornar aos outros" (MP, XCIX), mais uma vez indicando a co-pertença fundamental entre eu e outro que já apareceu, no âmbito deste trabalho, como a co-pertença entre leitor e obra.

No âmbito da obra machadiana, porém, a crítica à compreensão cartesiana do homem encontra a sua versão mais célebre e mais sintética em um conto publicado quase à mesma época da publicação em livro das *Memórias póstumas de Brás Cubas*. Em *O espelho: esboço de uma nova teoria da alma humana*, Machado de Assis mais uma vez utiliza um personagem-narrador, o Jacobina, que, em um encontro com quatro amigos no morro de Santa Teresa, no qual se discutiam questões metafísicas, permanecia calado, até que a conversa recaiu sobre a natureza da alma e os outros instaram pela sua opinião. Ele prometeu dar-lha, desde que não fosse interrompido, pois tinha horror à controvérsia. A sua tese era a seguinte: "Cada criatura humana traz duas almas consigo: uma que olha de dentro para fora, outra que olha de fora para dentro...",[13] uma alma interior, outra exterior. Para ilustrar a sua tese, Jacobina conta aos outros uma história de seus vinte e cinco anos, quando ganhou um posto de alferes e passou a viver do reconhecimento alheio à sua posição social, tanto e tão intensamente que "o alferes eliminou o homem. Durante alguns dias as duas naturezas equilibraram-se; mas não tardou que a primitiva cedesse à outra; ficou-me uma parte mínima de humanidade."[14] Prova disso é que um dia, tendo ficado sozinho no sítio de uma tia, que saíra em viagem e cujos escravos fugiram logo em seguida, o Jacobina começou a desesperar-se, não encontrando mais em si qualquer consistência. Ao olhar-se no espelho do título, "o próprio vidro parecia conjurado com o resto do Universo; não me estampou a figura nítida e inteira, mas vaga, esfumada, difusa, *sombra de sombra*."[15] Atarantado, Jacobina preparava-se para fugir daquele ermo, quando teve uma idéia:

> Lembrou-me vestir a farda de alferes. Vesti-a, aprontei-me de todo; e, como estava defronte do espelho, levantei os olhos, e... não lhes digo nada; o vidro reproduziu então a figura integral; nenhuma linha de menos, nenhum contorno diverso; era eu mesmo, o alferes, que achava, enfim, a alma exterior. (...) Não era mais um autômato, era um ente animado. Daí em diante, fui outro. Cada dia, a uma certa hora, vestia-me de alferes, e sentava-me diante do espelho, lendo, olhando, meditando; no fim de duas, três horas, despia-me outra vez. Com este regímen pude atravessar mais seis dias de solidão sem os sentir...[16]

Se o conto terminasse aqui, poder-se-ia acusar Machado de Assis de ter proposto uma solução excessivamente simplista para o problema da identidade, como se, invertendo o privilégio concedido por um Descartes à "alma interior", ele simplesmente estivesse propondo conceder o mesmo privilégio à alma exterior, ao "olhar agudo e judicial da opinião" (MP, XXIV). Ocorre que, imediatamente depois da extensa passagem supracitada, ele fecha o conto com uma breve frase que subverte inteiramente o seu sentido mais superficial: "Quando os outros voltaram a si, o narrador tinha descido as escadas."[17] Essa (in)conclusão aponta para a consciência que Machado de Assis tem da complexidade do problema da identidade e, de modo correlato, do problema da reflexão, que sua narrativa corporifica de modo exemplar ao apresentar as agruras do Jacobina diante do espelho, o médium de reflexão por excelência. Ao contrário do que uma primeira leitura do conto sugere, seu narrador não está propondo uma simples inversão do postulado cartesiano segundo o qual a única certeza incontestável é a do próprio pensamento como pensamento de si, ou da própria consciência como autoconsciência. Apesar de Jacobina a certa altura afirmar que "o alferes eliminou o homem", e que, sem a farda, sem a "alma exterior", ele não possuía uma identidade "nítida e inteira, mas vaga, esfumada, difusa, sombra de sombra", isso não implica a simples solução do problema da identidade pela supressão de um de seus termos, no caso a "alma interior". Implica tão-somente a denúncia de que a solução tradicional do problema, a supressão da "alma exterior", tampouco é aceitável.[18]

No que diz respeito à tentativa de fornecer uma definição do que se está aqui entendendo por uma "leitura simpática", "primeira condição para poder interpretar" as *Memórias póstumas de Brás Cubas* cuidando para não ferir sua autonomia, o conto *O espelho* aponta para a impossibilidade de uma dissociação entre a alma interior – o eu sem mundo – e a alma exterior – o mundo em sua pura alteridade. Indissociabilidade, cumpre repetir, não implica igualdade. Implica, ao contrário, diferença. Só não se podem dissociar pólos que, embora engalfinhados em uma luta pela própria afirmação, não se diluem e indiferenciam um no outro. Nesse sentido, o espaço tenso da diferença é o espaço através do qual o eu se afirma lutando contra a tendência do mundo a assimilá-lo, convertendo-o em mera "sombra de sombra", em coisa (ou instrumento); e o mundo, por sua vez, afirma-se resistindo à sua exclusão por um eu que se pretende essencialmente sem mundo, impondo a esse mesmo eu, como no exemplo de Jacobina, a descoberta da interioridade da exterioridade. Se é apenas nesse combate que se forjam eu e mundo, pólos que só existem de modo abstrato antes dessa luta por afirmação, fica revogada a anterioridade ontológica tradicionalmente concedida ao eu. A anterioridade ontológica, repita-se, é do combate. Assim, não é dada ao eu a possibilidade de recuar um passo para antes de seu contato com o mundo, para um tempo de (i-munda) pureza. O ideal da reflexão como a tentativa de encontrar-se a si mesmo livre dos condicionamentos do mundo está fadada ao fracasso. O homem sempre chega atrasado ao encontro marcado consigo mesmo.

A alternativa a essa concepção essencialista e, portanto, dicotômica da relação entre o eu e o mundo, o sujeito e o objeto, brota da percepção de que ser homem já sempre implica necessariamente ser-no-mundo. Ser, para o homem, já sempre implica ser-aí em uma compreensão do ser, atravessado e orientado pelos princípios tradicionais[19] que articulam a sua circunstância, os quais possibilitam que as coisas entre as quais vive façam sentido, que o seu mundo lhe seja familiar. Ser, para o homem, já sempre significa ser (em latim, *esse*) em meio a (em latim, *inter*) essas coisas familiares, de modo que é possível definir o modo de ser que caracteriza o homem como constitutivamente interessado.

O problema é que essa familiaridade do mundo não é possível sem antecipação, projeção e identificação. Sem a constante redução do novo ao já sabido, do outro ao mesmo, não seria possível a experiência do mundo como um mundo familiar, que não obstante é justamente a experiência do mundo à qual estamos habituados. A constatação do caráter constitutivamente interessado da compreensão parece conduzir a uma aporia o intérprete que se propõe a interpretar as *Memórias póstumas de Brás Cubas* sem ferir a autonomia que a própria obra reivindica. Afinal, se a autonomia da obra de arte depende daquele desinteresse que, desde Kant, é a marca da experiência estética, e esse desinteresse, por sua vez, parece contradizer a própria estrutura da compreensão, como é possível acolher a obra de arte em sua alteridade, sem reduzi-la à expectativa de sentido que previamente tendemos a projetar sobre ela?

A SEGUNDA VIDA DE BRÁS CUBAS 67

Essa questão aponta mais uma vez para o círculo hermenêutico. Se a reflexão, como concebida tradicionalmente, não possibilita ao homem ver-se vendo, isto é, não possibilita ao homem conhecer imparcialmente os preconceitos que condicionam a sua compreensão, para assim livrar-se deles ou ao menos controlar a sua influência, o problema da interpretação precisa ser deslocado. Não se trata mais de perguntar como é possível escapar ao círculo hermenêutico. Desse círculo, é preciso reconhecer, não há saída. Trata-se, sim, de investigar como é possível escapar à conversão do círculo hermenêutico em um círculo vicioso.[20] Seria possível escapar à tendência à mera utilização de uma obra de arte para a confirmação de pontos de vista que o próprio intérprete já havia antecipadamente projetado nela?

Essa é uma pergunta que, em princípio, deve ser colocada por qualquer leitor de qualquer obra de arte, literária ou não.* Ao apontar para o caráter produtivo ou projetivo da leitura, ela aproxima o leitor do autor, e, consequëntemente, chama a atenção para a imbricação entre os três pares dialéticos cuja análise privilegiamos ao longo deste capítulo: os pares autor-personagem; leitor-obra; eu-outro. O que esses pares têm em comum é o fato de cada um dos pólos que os nomeiam só virem a ser o que são a partir do combate instaurado por sua diferença, que, como tal, é a dimensão que lhes dá origem e consistência.

---

* Aqui, faz-se necessário chamar a atenção do leitor para o fato de que este trabalho não tomou para si a tarefa de aprofundar a discussão acerca da diferença entre a interpretação de uma obra de arte literária e a interpretação de obras de arte pertencentes a outros registros (como a pintura, a música e o cinema). Essa lacuna se justifica, em primeiro lugar, pela necessidade, intrínseca a qualquer estudo rigoroso, de um recorte (cf. seção "O problema da interpretação em geral"). Em segundo lugar, pode ser remontada a uma passagem de Gadamer, em que ele pensa a leitura como a operação fundamental da compreensão, operação que, portanto, também estaria à base da interpretação de obras de arte pertencentes a registros que não o (explicitamente) literário. Escreve o filósofo: "Ler não é apenas soletrar e reconhecer uma palavra depois da outra, mas sim, antes de mais nada, o ato de perfazer o movimento hermenêutico contínuo, que é estimulado pela expectativa de sentido do todo e que, a partir da articulação de cada elemento singular, finalmente apreende o sentido do todo. (...) 'Lê'-se um quadro, como se costuma dizer, do mesmo modo que se lê um escrito. Começa-se a 'decifrar' um quadro como um texto." (GADAMER, H. *Die Aktualität des Schönen*. Stuttgart: Reclam, 1998, p. 36ff.)

No caso das *Memórias póstumas de Brás Cubas*, a pergunta pela possibilidade de uma leitura que, apesar de reconhecer a estrutura circular da compreensão, preserve a sua autonomia, ocupa um lugar privilegiado, na medida em que perde o caráter puramente formal de uma pergunta que, em princípio, qualquer leitor de qualquer obra de arte deve colocar, e ganha a concretude de uma questão que põe em jogo a construção desse romance em particular.

O problema da reflexão não é o tema central de qualquer romance, mas, sem dúvida, o é de um livro de memórias, em que o narrador tem como propósito explícito "confessar lisamente o que foi e o que deixou de ser" (MP, XXIV). Essa confissão pressupõe a necessidade de o Brás Cubas-narrador ver-se a si mesmo como se sua identidade pudesse aparecer refletida em um espelho. Essa visão reflexiva, por sua vez, pressupõe interpretação. E essa interpretação, de acordo com a nossa descrição do círculo hermenêutico como um círculo potencialmente vicioso, baseia-se em uma expectativa de sentido que, postumamente, Brás Cubas lança sobre o todo de sua vida, na tentativa de unificar em uma identidade a multiplicidade de suas vivências.

O problema da reflexão nas *Memórias póstumas de Brás Cubas* consiste portanto em saber se a narrativa de Brás Cubas deve ser lida como uma simples projeção do sentido que, a partir do "outro mundo", ele já lhe atribuía, ou se, no abandono à lembrança dos episódios que constituem a sua biografia, aparece algo que subverte a sua expectativa de sentido original. Trata-se de saber, em suma, até que ponto a leitura que Brás Cubas faz de sua própria vida deve ser considerada uma leitura paranóica ou não.

O problema da arbitrariedade do ponto de partida da interpretação

A idéia de uma leitura paranóica é, em princípio, o avesso da idéia de uma leitura simpática. Se o método simpático de leitura está associado à exigência de que o leitor se abandone ao *páthos* da obra, colocando-se em sintonia com a sua dinâmica e respeitando a sua autonomia, o método paranóico de leitura é aquele em que o leitor, a partir de uma idéia fixa – ou tese – que antecipa o sentido da obra, constrói a sua interpretação de modo a adequar sistematicamente os mínimos detalhes da obra ao que já sabia desde o ponto de partida. Não fosse pelo círculo hermenêutico, a escolha entre esses métodos seria fácil. O problema gerado pelo reconhecimento da estrutura circular da compreensão, porém, nos obriga a reconhecer a impossibilidade de escaparmos inteiramente ao procedimento paranóico. Sobretudo em uma tese de doutorado como a que deu origem a este livro, a própria escolha do tema já costuma ser orientada por uma idéia fixa que, acompanhando a análise da obra escolhida, alimenta-se da (paranóica) esperança de comprovação.

A esperança de comprovação da tese inicial, evidentemente, não a garante. É possível que, ao longo do movimento de interpretação, o ímpeto (paranóico) de comprovar a tese inicial ceda lugar ao ímpeto (simpático) de o leitor, pura e simplesmente, demorar-se junto à obra, tirando dela o prazer desinteressado de que fala Kant e recusando a sua tendência primitiva a instrumentalizá-la. Quando ocorre uma tal quebra do ímpeto comprobatório, que é sempre impulsionado pelo pensamento instrumental, instaura-se o terreno em que uma leitura simpática da obra se torna possível.

Por outro lado, por mais que a idéia fixa que motiva a escolha de uma obra de arte como objeto de análise pareça arbitrária, ela nunca o é inteiramente. O simples fato de um intérprete ser acossado pela necessidade de comprovar uma determinada idéia fixa, e não outra qualquer, acerca de uma obra de arte, pressupõe algum nexo anterior entre a referida idéia e a obra em questão. Esse nexo não pode ser inteiramente infundado, já que de outro modo a idéia não teria força suficiente para se fixar. Assim, é preciso supor que a arbitrariedade do ponto de partida não pode ser pensada independentemente de algum nível de simpatia entre a idéia fixa e a obra que ela pretende explicar.

Nesse sentido, também as idéias de uma leitura (puramente) paranóica e de uma leitura (puramente) simpática de uma obra de arte são abstrações daquilo que concretamente só se dá como tensão e combate entre forças interpretativas que vivem de sua co-dependência, deixando de ser o que são tão logo as isolamos e as contrapomos estaticamente uma à outra. Isso não significa, naturalmente, que não se possa falar em leituras mais ou menos paranóicas, ou em leituras mais ou menos simpáticas, já que é justamente a preocupação de construir uma leitura que, dentro do possível, preserve a autonomia da obra de arte, o que está na origem deste trabalho.

"A obra em si mesma é tudo": o conceito de fenomenologia segundo Brás Cubas

Uma vez esclarecida essa tensão dialética entre arbitrariedade e necessidade do ponto de partida hermenêutico, é preciso esclarecer que a idéia fixa que está na base deste trabalho nasceu da leitura de uma frase oracular, justamente aquela que Brás Cubas gravou no pórtico de suas memórias: "A obra em si mesma é tudo." (MP, AL)

Ao ouvir esse oráculo, como aliás costuma acontecer desde os gregos, fui inconscientemente reportado, pelos caminhos de uma associação menos livre do que poderia à primeira vista parecer, até uma outra sentença, não menos aforismática: "rumo às coisas mesmas!"[21]

A partir dessa associação, já não me foi mais possível separar a tarefa de pensar a autonomia da obra de arte reivindicada por Brás Cubas e o imperativo fenomenológico de o filósofo buscar as coisas mesmas. A co-pertinência entre a palavra do poeta (Machado de Assis) e a palavra do filósofo (Husserl) acabou convertendo-se em uma idéia fixa que, "uma vez pendurada [no trapézio que eu tinha no cérebro], entrou a bracejar, a pernear, a fazer as mais arrojadas cabriolas de volatim, que é possível crer. Eu deixei-me estar a contemplá-la. Súbito, deu um grande salto, estendeu os braços e as pernas, até tomar a forma de um X: decifra-me ou devoro-te" (MP, II).

A idéia era na verdade uma tese. A tese de que a leitura fenomenológica é a leitura mais adequada a uma interpretação filosófica das *Memórias póstumas de Brás Cubas*. Para analisar até que ponto essa tese se sustenta, discutir-se-á, nesta seção, o que é uma leitura fenomenológica. Já na próxima seção, última deste capítulo dedicado a uma reflexão acerca dos fundamentos para uma interpretação filosófica de uma obra de arte literária que preserve a sua autonomia, tratar-se-á de considerar em que medida as *Memórias póstumas de Brás Cubas* exigem uma tal leitura.

No parágrafo 7 de *Ser e Tempo*, Heidegger apresenta-nos uma caracterização preliminar de seu conceito de fenomenologia, que, ao menos do ponto de vista formal, pode ser lido como uma reformulação da famosa máxima husserliana "Às coisas mesmas!". Escreve o filósofo: a fenomenologia é um "deixar ver por si mesmo (*lógos*) aquilo que se mostra, tal como se mostra, a partir de si mesmo (*fenômeno*)".[22]

Já nesta caracterização preliminar, torna-se claro que a fenomenologia não é determinada pelo campo de objetos que se propõe a investigar, como, por exemplo, a teologia ou a biologia, mas sim pelo modo de abordar o que quer que lhe possa aparecer como fenômeno. De acordo com a sua própria definição, portanto, a fenomenologia é um método de interpretação que não é restrito apenas ao campo da filosofia propriamente dita, mas que se presta igualmente bem a quaisquer outros campos do saber humano, dentre os quais se poderia destacar a literatura.

A especificidade do *lógos* da fenomenologia, entretanto, só se deixa corretamente apreender a partir de um esclarecimento do que, na fenomenologia, se entende por fenômeno. A que propriamente estamos nos referindo quando falamos em "algo que se mostra, tal como se mostra, a partir de si mesmo"?

A nossa tendência imediata seria a de identificar o fenômeno da fenomenologia aos entes em geral com os quais lidamos no cotidiano, que, aparentemente, se mostram a partir de si mesmos. Esta tendência imediata, porém, contradiz o conceito formal de fenomenologia, afinal, caso o fenômeno da fenomenologia se mostrasse cotidianamente a partir de si mesmo, não haveria a necessidade de se estabelecer um método de abordagem desse fenômeno. Assim sendo, se é que faz sentido refletir sobre a fenomenologia como um método de interpretação, é necessário assumir que o fenômeno privilegiado da fenomenologia é "justo o que *não* se mostra diretamente e na maioria das vezes e sim se mantém *velado* frente ao que se mostra diretamente e na maioria das vezes".[23]

De acordo com Heidegger, isso que só aparece de modo velado em todo o aparecimento da realidade, seja o dos entes com os quais lidamos no cotidiano, seja o da obra literária que pretendemos interpretar, constitui o "sentido e o fundamento"[24] do que imediatamente aparece. Ora, isto que, em todo o aparecimento, só se revela re-velando-se, é, no âmbito do pensamento heideggeriano, o ser dos entes. O ser dos entes é, portanto, o fenômeno privilegiado da fenomenologia.

Ao caracterizar o ser dos entes como fenômeno, Heidegger está se apropriando do tema das ontologias tradicionais, para, no âmbito de sua própria filosofia, deixar ver o que, ao longo da tradição metafísica, permanecera esquecido: a diferença ontológica. Uma vez que se admite que o ser dos entes já sempre se mostra, embora de modo velado, em tudo o que aparece, a cisão metafísica tradicional entre o ser e o aparecer, entre a realidade e a aparência, entre o mundo inteligível e o mundo sensível, entre o essencial e o acidental, entre o eterno e o histórico, é posta em questão. No âmbito da fenomenologia, o ser perde a sua textura de objeto simplesmente dado, de substância última do real, de ente privilegiado postado para além da marcha do devir, e adquire o caráter dinâmico, constitutivamente histórico, que outrora era a marca característica da aparência.

O ser, fenomenologicamente falando, aparece. Aparece sempre situado, aí. Seu traço distintivo é já sempre ser-aí, *Dasein*, ser-aí em uma compreensão do ser. Uma vez que se admite que o ser não pode ser apreendido como uma realidade última postada para além de toda e qualquer compreensão, não se trata mais de buscar o *tópos* utópico, ideal, a perspectiva das perspectivas a partir da qual se poderia contemplá-lo imparcialmente. Ao contrário, de acordo com o conceito formal de fenomenologia, deve-se descrevê-lo "tal como (ele) se mostra, a partir de si mesmo". Ora, a partir de si mesmo, ele já sempre se mostra em uma compreensão do ser. Assim sendo, a tarefa da fenomenologia de "deixar ver a partir de si mesmo aquilo que se mostra, tal como se mostra, a partir de si mesmo" não é outra senão a tarefa de explicitar a estrutura dessa compreensão do ser.

A explicitação dessa estrutura, do ponto de vista ontológico, que é o ponto de vista de Heidegger em *Ser e Tempo*, se dá em três momentos, os três momentos que constituem o método fenomenológico como apresentado no parágrafo 7 da obra.

O ponto de partida (*Ausgang*) do método proposto por Heidegger é inspirado na redução fenomenológica de Husserl. Trata-se, neste primeiro momento, de colocar entre parênteses a nossa relação cotidiana com os entes, no âmbito da qual eles nos aparecem ora como instrumentos, ora como objetos, e de voltar a nossa atenção para a evidência de que as coisas só nos aparecem como aparecem por haverem sido previamente interpretadas de acordo com a compreensão do ser na qual já sempre estamos lançados. "Na natureza", ensinava o centauro Quíron de Pasolini ao menino Jasão, "não há nada de natural."[25] O fato de, a princípio, a natureza nos parecer natural deve-se ao próprio modo de aparecimento do ser: a compreensão do ser que serve de "sentido e fundamento" a tudo o que se mostra aparece, ela própria, encoberta em todo o aparecimento. Antes de mais nada, portanto, é imprescindível que o fenomenólogo denuncie a pretensa naturalidade da realidade, chamando a atenção para o interesse a partir do qual ela brota. Tal interesse ou perspectiva, como o princípio articulador de uma determinada realidade, deve ser concebido como o horizonte absoluto para a sua interpretação, já que não se deve conceber nada como estando fora, para além de todo e qualquer interesse.

Se o ponto de partida (*Ausgang*) do método fenomenológico é a "redução fenomenológica" no sentido acima explicitado, o acesso (*Zugang*) ao fenômeno da fenomenologia depende de uma descrição da estrutura da compreensão do ser. Trata-se, portanto, de descrever os existenciais do ser-aí, do *Dasein*, este ente que nós mesmos somos e que se determina por ser a sua compreensão do ser, isto é, que se determina pelo modo como assume a compreensão do ser como sua pressuposição constitutiva. Por já sempre se encontrar lançado em uma determinada compreensão do ser, o *Dasein* já sempre se encontra projetado para determinadas possibilidades de vir-a-ser, que não escolheu por um ato de vontade, mas com as quais necessariamente já sempre se relaciona, dê-se conta disso ou não.

Um dos aportes fundamentais trazidos por Heidegger em sua descrição do modo de ser específico ao homem foi a idéia de que, por ser-no-mundo, o homem já sempre se encontra lançado em uma conjuntura cujo sentido lhe é familiar e projetado para determinadas possibilidades de vir-a-ser, que, por ser-para-a-morte, são finitas, ou seja, jamais perderão o estatuto de possibilidades. Como o projeto existencial em que cada qual se encontra lançado é ontologicamente anterior à tomada de consciência do que está em jogo em um tal projeto, seus "sentido e fundamento" não são jamais acessíveis por intermédio de uma reflexão.

Se a consciência (reflexiva) é sempre tardia em relação à ação, os determinantes da existência humana como "projeto lançado" não devem ser buscados no livre-arbítrio ou no saber conceitual que os homens julgam ter de si mesmos. É preciso conceber um tipo de relação consigo mesmo mais originária do que a reflexão, anterior a qualquer predicação. Para descrever o modo como cada qual é originariamente tocado pela experiência de ser-no-mundo sendo-para-a-morte, Heidegger se valerá do conceito de tonalidade afetiva (*Stimmung*),[26] atribuindo às tonalidades afetivas um papel privilegiado na determinação do modo como cada qual assume a compreensão do ser como sua pressuposição constitutiva.

Sob essa ótica, o acesso privilegiado ao fenômeno da fenomenologia depende de uma descrição da tonalidade afetiva fundamental (*Grundstimmung*) que evidencia o modo como o ser se abre em uma determinada compreensão do ser.

Na literatura, a imbricação necessária entre ser e compreensão do ser, entre realidade e perspectiva, é comumente apresentada na forma de personagem. Um personagem, sobretudo um personagem-narrador como Brás Cubas, nada mais é do que a corporificação de uma determinada perspectiva, que, ao constituir-se, configura um mundo. O mundo configurado através de Brás Cubas é a sua obra. E a sua obra em si mesma, como ele próprio nos diz no prólogo ao leitor, é tudo.

Com essa breve sentença, Brás Cubas realiza a sua própria redução fenomenológica, antecipando Husserl e Heidegger. "A obra em si mesma é tudo", sugere Brás Cubas, porque tudo em si mesmo é obra, porque tudo o que se apresenta já sempre se apresenta no âmbito de uma perspectiva necessariamente poética, isto é, produtiva.

O acesso a essa perspectiva que, em um livro de memórias narrado em primeira pessoa, dimensiona tudo o que é lembrado e tudo o que é esquecido, por sua vez, depende de dois outros movimentos. O primeiro é a destruição ou atravessamento (*Durchgang*) daquela tendência positivista a ler uma obra de arte procurando aquilo que ela pretensamente representaria na realidade. Não, diz Brás Cubas, essa preocupação é "desnecessária ao entendimento da obra", porque na realidade ela não representa nada. O segundo, e aqui fica explicado o nosso conceito de "leitura simpática", consiste em explicitar esse *páthos* fundamental que articula a perspectiva e, portanto, a narrativa de Brás Cubas, do qual ele próprio não pode ter uma consciência reflexiva e que, por modular na surdina a sua narrativa, tende a transformá-la em uma armação paranóica.

Rumo a uma leitura fenomenológica das *Memórias póstumas*

Uma vez explicitados o conceito de fenomenologia e os momentos constitutivos do método fenomenológico, urge investigar em que medida é possível afirmar que as *Memórias póstumas de Brás Cubas*, tal como se mostram, a partir de si mesmas, exigem uma leitura fenomenológica; e em que medida os passos necessários a uma interpretação fenomenológica, *Ausgang, Zugang* e *Durchgang*, são os passos propostos por Brás Cubas em sua nota "ao leitor".

A primeira coisa que chama a atenção no pequeno prólogo "ao leitor" das *Memórias póstumas de Brás Cubas* (1881), como já frisamos anteriormente, é o fato de ele ser assinado pelo próprio Brás Cubas e não pelo autor empírico Machado de Assis. Este fato, que hoje nos poderia passar despercebido, é, não obstante, de fundamental relevância para a compreensão da novidade que as *Memórias póstumas* representam na obra do autor, uma vez que os seus quatro primeiros romances, *Ressurreição* (1872), *A mão e a luva* (1874), *Helena* (1876) e *Iaiá Garcia* (1878), são todos narrados em terceira pessoa, por um narrador distante dos acontecimentos e com alguma pretensão de imparcialidade. Quando, em seu quinto romance, Machado de Assis renuncia a simplesmente relatar o desenvolvimento da trama a partir de uma perspectiva a ela extrínseca, fica anulada a ilusão de objetividade das narrativas anteriores, em que era possível contrapor a visão de um dado personagem ao estado de coisas pretensamente real apresentado pelo narrador em terceira pessoa, que se poderia facilmente confundir com o autor empírico. Nas *Memórias póstumas de Brás Cubas*, nós, leitores, somos deixados inteiramente nas mãos do narrador e protagonista, cujo discurso não pode mais ser interpretado senão desde dentro, "tal como se mostra, a partir de si mesmo", e não a partir de uma realidade pretensamente dada para além do discurso.

Essa mudança na posição do narrador machadiano configura, por si só, a redução fenomenológica que deve ser o ponto de partida da interpretação (*Ausgang*). Não bastasse essa transformação estrutural no seio do desenvolvimento de Machado de Assis como romancista, tornada visível a partir da comparação com seus romances da primeira fase, nas *Memórias póstumas* a exigência de um tal ponto de partida é formulada explicitamente. Ao afirmar que "a obra em si mesma é tudo", Brás Cubas exige que nós, intérpretes, nos atenhamos "à obra em si mesma" como "aquilo que se mostra, tal como se mostra, a partir de si mesmo".

Ao indicar que a obra mesma deve servir de horizonte absoluto para a interpretação, Brás Cubas de certa forma compromete-se com a tese ontológica de que a realidade é constitutivamente obra, ou seja, já sempre se apresenta e só pode se apresentar no âmbito de uma determinada narrativa, de uma determinada compreensão poética do ser. O acesso às suas memórias póstumas, portanto, depende menos de uma descrição pormenorizada de sua vida como ele a narra e mais de uma atenção àquilo que, embora perpasse toda a sua narrativa, articulando-a, decidindo o que será lembrado e o que será esquecido, permanece, não obstante, silenciado. Isso que permanece a princípio velado em tudo o que ele escreve é justamente o lugar a partir do qual ele escreve, a saber: o seu interesse, a sua perspectiva.

Como discutido anteriormente, ele afirma ser um finado que escreve a partir do "outro mundo". Vimos, porém, que devemos renunciar à curiosidade de pensar este "outro mundo" objetivamente, pois transformar as *Memórias póstumas de Brás Cubas* em uma obra de ficção científica ou de edificação religiosa de nada serviria à sua compreensão. Além disso, reina em toda a obra um silêncio verdadeiramente sepulcral sobre as condições objetivas do narrador no outro mundo, sobre se está cercado de almas penadas ou anjos alados, sobre se está à direita de Deus ou à esquerda do Diabo. Ainda que renunciemos a nossas questões objetivas relativas ao outro mundo, entretanto, é mister indagar: supondo que toda e qualquer realidade só se dá no âmbito de uma compreensão do ser, ou, no caso das *Memórias póstumas*, mediada pela narrativa de Brás Cubas, qual deve ser o nosso acesso à perspectiva – o "outro mundo" – que estrutura essa narrativa?

Deixemos que o próprio Brás nos responda: "Obra de finado. Escrevi-a com a pena da galhofa e a tinta da melancolia." (MP, AL) À leitura das *Memórias póstumas*, a primeira coisa que chama a atenção são as constantes ironias com que o narrador salpica os eventos que narra. Logo no primeiro parágrafo, ele compara a sua obra à de Moisés, as *Memórias póstumas* ao Pentateuco, para em seguida ironicamente sugerir que a "diferença radical" (MP, I) entre ambos os livros é o fato de as suas memórias superarem em originalidade a narrativa bíblica, que vulgarmente começa pelo nascimento – e não pela morte do protagonista. No segundo parágrafo, ele relata o discurso proferido por um dos onze amigos presentes ao seu enterro, sobre a "perda irreparável" que teria sido a sua morte, para logo emendar: "Bom e fiel amigo! Não, não me arrependo das vinte apólices que lhe deixei." (MP, I). Nos parágrafos seguintes, os exemplos se sucedem, tão profusamente, que mais de um crítico já sugeriu que o princípio formal do romance é o humor, o humor tomado de empréstimo por Machado à escola dos humoristas ingleses, encabeçada por Lawrence Sterne, aliás citado por um "consternado" (MP, AL)[27] Brás Cubas em sua nota ao leitor.

Uma vez que se assume que o humor é o princípio formal que serve à construção do romance, a pena que dá contornos à caligrafia de Brás Cubas, talvez não seja absurdo conjeturar, com base na tradicional distinção entre forma e conteúdo, que a melancolia, embora menos visível – raramente atentamos para a tinta com que são impressos os livros que lemos, de modo que, embora presente, ela permanece de certa forma velada –, é o nosso melhor acesso à situação do narrador, à perspectiva da qual brota o conteúdo da sua obra. Isto, pelo menos, é o que parece sugerir Brás Cubas ao falar que escreveu suas memórias com a "pena da galhofa e a tinta da melancolia". Perseguir essa sugestão é o objetivo do próximo capítulo. O fato de Brás Cubas se referir à melancolia como a tinta, o conteúdo, o cerne de suas memórias póstumas, é mais uma indicação de que ele está a exigir de nós, leitores, uma descrição dessa tintura afetiva como condição necessária para uma compreensão de sua obra. Ora, a descrição de tonalidades afetivas é, de acordo com o método fenomenológico apresentado há pouco, o acesso privilegiado (*Zugang*) ao interesse a partir do qual brota qualquer realidade, qualquer obra. Neste sentido, ao atribuir um papel preponderante à descrição da melancolia para a compreensão de suas memórias póstumas, mais uma vez é a própria obra *Memórias póstumas de Brás Cubas* que está a exigir de nós, a partir de si mesma, uma interpretação fenomenológica.

Será possível compreender por que Brás Cubas se apresenta como um finado sem entender a relação melancólica que estabelece com o tempo e a finitude? Será possível compreender a sua (in)ação ao longo do romance sem descrever detalhadamente a tonalidade afetiva que parece (i)mobilizá-lo, qual um defunto? E, para superar a dicotomia metafísica forma-conteúdo, para compreender de que maneira a sua melancolia deve aparecer sob a forma da galhofa, da cáustica ironia que a tudo corrói, não é necessário entender no que consiste precisamente essa melancolia?

Eis as questões que serão abordadas no próximo capítulo, em que, orientados pela hipótese de que as *Memórias póstumas de Brás Cubas* exigem uma leitura fenomenológica e pela tese de que a fenomenologia é fundamentalmente uma patologia, empreender-se-á uma análise patológica desse cadáver, cujas carnes, saborosas embora, resistiram igualmente bem aos vermes e às interpretações daqueles críticos que, sintomaticamente, preferiram sempre roer as carnes de Machado de Assis, esquecendo-se das do finado Brás Cubas.

CAPÍTULO 2

Anatomia de um defunto autor

"Passou! Palavra estúpida!
Passou por quê? Tolice! Passou, nada integral, insípida mesmice! De que serve a perpétua obra criada, se logo algo a arremessa para o Nada? Pronto, passou! Onde há nisso um sentido?"

Goethe[1]

O realismo fenomenológico de Machado de Assis

O prólogo "ao leitor" das *Memórias póstumas de Brás Cubas* apresenta as indicações do próprio Brás acerca do modo como a sua obra deve ser lida. Tendo em vista que, já nas primeiras linhas desse prólogo, ele confessa tratar-se de uma "obra de finado" (MP, AL), assim esclarecendo o enigmático título do livro, não é possível ao leitor ultrapassar a soleira de suas memórias sem estar minimamente preparado para uma suspensão da descrença na narrativa que está prestes a ler. Se ler a obra de um autor já defunto é empreendimento dos mais corriqueiros, o mesmo não se pode dizer da leitura da obra de um defunto autor que, a partir do outro mundo, escreve as suas memórias.

Sem simpatia por esse personagem impossível, ao menos sob o ponto de vista de um realismo ingênuo, sequer vale a pena prosseguir a leitura. Se Brás Cubas quase sempre acompanha as suas palavras com um sorriso de canto de boca, o mesmo é exigido do leitor: "Mas ainda espero angariar as simpatias da opinião, e o primeiro remédio é fugir a um prólogo explícito e longo." (MP, AL)

O significado desse sorriso de canto de boca, seja o do autor, seja o do leitor, não é unívoco ao longo da narrativa, mas a simpatia que ele pressupõe, que recusa a antipática saída de buscar algures o sentido das palavras de Brás Cubas, é condição necessária para a compreensão das *Memórias póstumas*. Simpatia não é o mesmo que frivolidade, não se confunde com a postura daquela "gente frívola", (MP, AL) que não busca nos romances senão divertimento – *divertissement* em sentido pascaliano. Simpatia tampouco é gravidade, não se confunde com a postura daquela "gente grave" (MP, AL) que recusa nos romances qualquer prazer e só cuida da sua possível objetividade, entendida como adequação da narrativa a realidades extra-estéticas. A simpatia de que fala Brás Cubas remonta, antes, à própria etimologia da palavra, indicando a necessidade de o leitor se colocar no mesmo *páthos* que a obra, a qual, sem perder a "verdade estética,"[2] cuja ausência o crítico Machado de Assis denunciava no "realismo de inventário"[3] de seus contemporâneos, tampouco perde a capacidade de comover o leitor.

Entre a frivolidade e a gravidade, a simpatia que Brás Cubas espera angariar tem antes a ver com a curiosidade. É com o intuito de atiçar a curiosidade do leitor para o qual escreve, aquele que busca a verdade de sua ficção sem com isso renunciar ao prazer estético, que, no prólogo ao leitor, ele apresenta a sua teoria da interpretação de um "jeito obscuro e truncado" (MP, AL), e, portanto, necessariamente provocativo. Cumpre ao leitor simpático a seu autor explicitar e desenvolver essa teoria da interpretação; desincumbir-se da tarefa que ele próprio negligencia.

Naturalmente, a realização dessa tarefa não pode basear-se unicamente na leitura dos dois pequenos e obscuros parágrafos endereçados diretamente "ao leitor", mas depende, aliás em estrita obediência à própria dinâmica da obra, de uma interpretação *a posteriori*, ou, nos termos de Brás Cubas, póstuma. A presença de uma hermenêutica embrionária naqueles dois primeiros parágrafos só se torna evidente ao cabo do livro, mas o fato de o princípio (*arkhê*) do romance só se tornar visível a partir do fim não é um argumento suficiente para negar sua presença legislativa já nos primeiros parágrafos.

Se o pilar da hermenêutica de Brás Cubas é a simpatia, entendida como uma espécie de curiosidade epistemológica, baseada em um interesse prévio do leitor não apenas pelo enredo narrado, o que caracterizaria a curiosidade ingênua, mas pela "verdade" da narração, soa mesmo curiosa a conseqüência que ele deriva de sua opção por um prólogo "obscuro e truncado": "Conseguintemente, evito contar o processo extraordinário que empreguei na composição destas *Memórias*, trabalhadas cá no outro mundo. Seria curioso, mas nimiamente extenso, e aliás desnecessário ao entendimento da obra. A obra em si mesma é tudo (...)." (MP, AL)

Ao evitar contar o "processo extraordinário" que empregou na elaboração de sua narrativa, reputando-o "desnecessário ao entendimento da obra", Brás Cubas aparentemente recusa à curiosidade epistemológica de seu leitor o principal meio para a sua satisfação: a compreensão da posição do narrador. Essa recusa, felizmente, é apenas aparente, na medida em que, negando-se a contar em detalhes quais seriam as condições objetivas de um defunto autor no "outro mundo", ele ironicamente chama a atenção, aliás em estreita sintonia com as posições do crítico Machado de Assis, para o caráter insustentável de um tipo de narração que, em seu afã por revelar a "realidade em si mesma", projeta sempre a verdade da obra de arte para uma dimensão objetivamente existente fora dela. Esse "outro mundo" que Brás Cubas se recusa a descrever já foi descrito na bibliografia secundária machadiana de diversas formas: ora é a biografia de Machado de Assis; ora sua psicologia de alpinista social; ora sua frágil compleição de epilético; ora sua mulatice; ora suas intenções morais; ora seu contexto histórico; ora suas influências filosóficas e literárias etc.

No momento em que se reconhece a impropriedade de reduzir uma obra de arte às condições objetivas que estariam por trás de sua produção, fica evidente a impropriedade de se projetar a verdade de uma obra de ficção para fora dela, para uma pretensa "realidade em si mesma" que existiria independentemente da posição daquele que a lê ou, conforme o caso, que a narra. Ainda que seja a mais antiga, a "realidade em si mesma", o "outro mundo", o mundo inteiramente outro com relação ao mundo da ficção, é a mais irreal das construções, porque mantém-se fundamentalmente alienada, cega para sua própria condição de possibilidade, para o seu caráter de construção histórica, ou seja, de obra. Não a realidade em si mesma, mas "a obra em si mesma é tudo; se te agradar, fino leitor, pago-me da tarefa; se te não agradar, pago-te com um piparote, e adeus" (MP, AL).

Essa declaração de princípio, que, afirma Brás Cubas, ou bem deve agradar os leitores, ou bem servir de ensejo para que ele lhes dê um piparote, gesto de quem pretende despertar homens que estão dormindo, marca o abandono do "realismo de inventário" que Machado de Assis denunciava em suas críticas, mas, de algum modo, ainda praticava em sua obra ficcional da década de 1870. Abandonado o outro mundo buscado pelos metafísicos de todos os tempos, impõe-se nas *Memórias póstumas*, desde as primeiras linhas, um novo tipo de realismo, um realismo propriamente machadiano. No âmbito deste novo realismo, que se poderia com justeza chamar de realismo fenomenológico, já não se concebe a idéia de uma "realidade em si mesma" que o escritor deveria fielmente reproduzir, como se fosse um taquígrafo judiciário,[4] mas pressupõe-se que toda e qualquer realidade possível só pode vir à luz, só pode mostrar-se no âmbito de uma determinada perspectiva, de uma determinada compreensão poética do ser.

Essa guinada na compreensão machadiana da literatura e de sua tarefa tem inegáveis raízes ontológicas, mas, como seria de se esperar em se tratando de um escritor de ficção, ela não é tematizada conceitualmente. Em vez disso, aparece formalmente como uma guinada na posição do narrador machadiano, que, se em seus quatro primeiros romances, era um narrador em terceira pessoa, relativamente imparcial, onisciente e distante dos acontecimentos, o qual narrava à moda dos contadores de história tradicionais, agora ganha corpo e carne, voz e nome, idiossincrasias e uma perspectiva singularíssima que anula a ilusão de objetividade dos romances machadianos da primeira fase. Com a publicação das *Memórias póstumas de Brás Cubas*, na *Revista Brasileira*, a partir do dia 15 de março de 1880, a compreensão machadiana do realismo vira personagem. Nasce Brás Cubas.

O "defunto autor" e a posição do narrador
nas *Memórias póstumas*

Com o nascimento de Brás Cubas, paradigma do narrador machadiano da segunda fase, antecessor de Dom Casmurro e do

A SEGUNDA VIDA DE BRÁS CUBAS 83

Conselheiro Aires, o leitor é obrigado a assumir uma nova posição: não se trata mais de pensar as possíveis correspondências entre o mundo da ficção e o "outro mundo", o da realidade em si mesma, mas de abandonar-se ao mundo da ficção de modo a, quem sabe, surpreender o caráter específico de sua verdade.

O conhecimento dessa verdade, que nada mais tem a ver com a tradicional doutrina aristotélica de uma "adequação do enunciado às coisas",[5] depende agora de uma simpática atenção ao movimento de constituição da posição do narrador, ou, no caso específico das *Memórias*, da disposição do leitor para se colocar no mesmo *páthos* ou perspectiva a partir da qual se decide tudo o que Brás Cubas irá narrar e tudo o que irá omitir.

Se a descrição das condições objetivas do narrador no outro mundo é desnecessária ao entendimento da obra, o mesmo não se pode dizer da investigação daquilo que mais concretamente dá sentido e confere unidade às palavras de uma "obra difusa" (MP, AL), aparentemente tão fragmentária: o *páthos*, a disposição afetiva a partir da qual a obra nasce, que é o acesso privilegiado ao personagem, à perspectiva intitulada Brás Cubas, para além da qual, nas *Memórias*, não há nada. Conhecer Brás Cubas é, portanto, acompanhar o processo de gênese da perspectiva que o caracteriza, nascer junto com ele, participando da experiência que o constitui. Conhecimento, sob essa ótica, como aliás é indicado pela própria etimologia latina da palavra, diz antes de tudo co-nascimento.

A descrição da gênese de Brás Cubas, sobretudo no início das *Memórias póstumas*, e a começar pelo título da obra, é das mais originais que já se viram em nossa literatura. No prólogo ao leitor, como já foi salientado, ele nos apresenta, ainda que de um "jeito obscuro e truncado", uma hermenêutica pessoal cujos pressupostos ontológicos diferem enormemente daqueles de seus contemporâneos; na célebre dedicatória do livro, "ao verme que primeiro roeu as frias carnes do meu cadáver, dedico como saudosa lembrança estas Memórias Póstumas" (MP),[6] Brás supera Sócrates, prestando ao ser que vive da morte uma homenagem maior e mais espiritual do que a prestada pelo filósofo grego ao deus da medicina;[7] e, finalmente, no capítulo I, Brás Cubas diz quem é e a que veio com todas as letras:

> Algum tempo hesitei se devia abrir estas memórias pelo princípio ou pelo fim, isto é, se poria em primeiro lugar o meu nascimento ou a minha morte. Suposto o uso vulgar seja começar pelo nascimento, duas considerações me levaram a adotar diferente método: a primeira é que eu não sou propriamente um autor defunto mas um defunto autor, para quem a campa foi outro berço; a segunda é que o escrito ficaria assim mais galante e mais novo. Moisés, que também contou a sua morte, não a pôs no intróito, mas no cabo: diferença radical entre este livro e o Pentateuco. (MP, I)

Nessas poucas linhas, fica explícito que a originalidade do título, do prólogo ao leitor e da dedicatória não eram de forma alguma casuais, sendo antes conseqüência da posição de um narrador que, a par com a "sede de nomeada" (MP, II), tem sempre fome de originalidade. Brás Cubas não é espontaneamente original, ele o é por princípio. A busca de originalidade a qualquer preço não recua diante de nada, nem mesmo da pretensa necessidade de contar uma história, a história de sua vida. Este é, decerto, no plano formal, um dos motivos para a aversão do autor a uma narrativa linear e, no plano ideológico, para a sua tão alardeada volubilidade.[8] Um dos motivos, não o único e muito menos o principal.

Essa busca de originalidade a qualquer preço, como bem notou Roberto Schwarz, é o que dá à prosa de Brás Cubas um tom de falsete:

> A entonação das primeiras linhas é empertigada: *Algum tempo hesitei, Suposto o uso vulgar, adotar diferente método.* Mesma coisa para as habilidades retóricas do morto, que por assim dizer estão em grifo, na sintaxe engomada e sobretudo nas construções antitéticas: *princípio e fim, nascimento e morte, vulgar e diferente, campa e berço* etc. A intenção de mostrar superioridade é patente, ainda que inseparável da situação narrativa risível. Assim, prestígio e desprestígio estão juntos na empostação da linguagem, convivência que é de todos os momentos, e atrás da qual triunfa o narrador, que brilha sempre duas vezes, uma quando assinala os próprios méritos retóricos, outra quando ri de seu caráter desfrutável.[9]

Esse tom de falsete, forjado com base em artifícios retóricos duvidosos, como o recurso compulsivo a citações eruditas, é o que mais chama a atenção em uma primeira leitura das *Memórias*. Há nelas, pelo menos de início, uma inacreditável vivacidade, que beira sempre a frivolidade, mesmo e, sobretudo, quando o assunto tratado é ou deveria ser grave. Se, no primeiro parágrafo, Brás não hesita em comparar as suas memórias às de Moisés, sugerindo que o seu escrito, "mais galante e mais novo", supera até mesmo o *Pentateuco*, no segundo parágrafo a mesma irreverência marca a descrição de outro acontecimento que raramente se presta bem ao riso: a própria morte.

> Dito isto, expirei às duas horas da tarde de uma sexta-feira do mês de agosto de 1869, na minha bela chácara de Catumbi. Tinha uns sessenta e quatro anos, rijos e prósperos, era solteiro, possuía cerca de trezentos contos e fui acompanhado ao cemitério por onze amigos. Onze amigos! Verdade é que não houve cartas nem anúncios. Acresce que chovia – peneirava uma chuvinha miúda, triste e constante, tão constante e tão triste, que levou um daqueles fiéis da última hora a intercalar esta engenhosa idéia no discurso que proferiu à beira de minha cova: "Vós que o conhecestes, meus senhores, vós podeis dizer comigo que a natureza parece estar chorando a perda irreparável de um dos mais belos caracteres que têm honrado a humanidade. Este ar sombrio, estas gotas do céu, aquelas nuvens escuras que cobrem o azul como um crepe funéreo, tudo isso é a dor crua e má que lhe rói à natureza as mais íntimas entranhas; tudo isso é um sublime louvor ao nosso ilustre finado."
> Bom e fiel amigo! Não, não me arrependo das vinte apólices que lhe deixei.

Além de servir a uma sumária descrição das condições em que vivia no mês em que morreu – 64 anos, solteiro e abastado –, o segundo parágrafo das *Memórias* já deixa bem claro como Brás se compraz em subverter as expectativas (moralistas) do leitor: em vez de uma consideração circunspecta do próprio enterro, uma série de justificativas para a pequena audiência – não houve cartas nem anúncios e chovia; em vez da lembrança saudosa dos onze amigos presentes, a paródia do discurso de um deles, cujo ridículo Brás ironicamente exagera e, a título de conclusão, justifica cinicamente, afirmando que não se arrepende das vinte apólices que lhe deixou.

Nos quatro parágrafos restantes do primeiro capítulo, assim como nos capítulos seguintes, os exemplos se sucedem, de modo que o leitor é imediatamente convencido de que o livro realmente foi escrito com "a pena da galhofa", o que aliás lhe roubaria grande parte da originalidade, na medida em que, de acordo com indicação do próprio Brás, seu estilo teria sido tomado de empréstimo à "forma livre de um Sterne, ou de um Xavier de Maistre" (MP, AL).

Brás Cubas, porém, de forma alguma sacrificaria facilmente sua fome de originalidade. Se seu estilo, como tantos críticos já frisaram, de fato se assemelha ao de Sterne, essa semelhança não pode ser mais do que superficial. Aquilo que mais propriamente caracteriza a especificidade da perspectiva (de) Brás Cubas deve ser buscado algures.

Uma primeira indicação da diferença entre Cubas e seus modelos nos é dada pelo crítico Machado de Assis que, no prólogo da quarta edição, escreve que "há na alma deste livro, por mais risonho que pareça, um sentimento amargo e áspero, que está longe de vir dos seus modelos".[10]

Essa indicação é corroborada pelo próprio Brás, que, na mesma passagem da nota ao leitor em que menciona suas principais influências literárias, emenda: "(...) se adotei a forma livre de um Sterne, ou de um Xavier de Maistre, não sei se lhe meti algumas rabugens de pessimismo. Pode ser. Obra de finado." (MP, AL)

Finalmente, sintetizando as posições de Machado e Brás Cubas, escreve Augusto Meyer no mais belo ensaio sobre a obra machadiana de que se tem notícia:

> Quase toda a obra de Machado de Assis é um pretexto para o improviso de borboleteios maliciosos, digressões e parênteses felizes... Fez do seu capricho uma regra de composição... E neste ponto se aproxima realmente da "forma livre de um Sterne ou de um Xavier de Maistre". Mas a analogia é formal, não passa da superfície sensível para o fundo permanente. A vivacidade de Sterne é uma espontaneidade orgânica, necessária, a do homem volúvel que atravessa os minutos num frevolismo vivo de atitudes, gozando o prazer de sentir-se disponível. Sterne é um "molto vivace" da dissolução psicológica.
> Em Machado, a aparência de movimento, a pirueta e o malabarismo são disfarces que mal conseguem dissimular uma profunda gravi-

dade – deveria dizer: uma terrível estabilidade. Toda a sua trepidação acaba marcando passo.[11]

A originalidade de Brás Cubas, em seu sentido mais profundo, não está propriamente na sua fome de originalidade, mas naquilo que essa fome ao mesmo tempo encobre e faz ver. A volubilidade, pensada como princípio formal de sua prosa, como aquilo que define a posição do narrador nas *Memórias*, é indissociável da "terrível estabilidade" a que faz menção Augusto Meyer.

Essa estabilidade tem a ver, seguindo a ordem das metáforas de Brás, com as suas "rabugens de pessimismo", inevitáveis em uma "obra de finado", ou seja, na obra de um "defunto autor", cuja "campa foi outro berço". Tal estabilidade é terrível porque reveladora de um "sentimento amargo e áspero", que marca o passo, dita o ritmo, impõe o tom das *Memórias póstumas*. Curiosamente, entretanto, o sentimento que tinge as letras do livro é menos visível do que essas mesmas letras, as quais, embora o pressuponham, muitas vezes acabam por encobri-lo.

Esse sentimento, ou melhor, essa disposição afetiva é o que mais propriamente caracteriza o "defunto autor", ou seja, o Brás Cubas-narrador, que não se confunde com o Brás Cubas-personagem da própria narração. Na realidade, é no momento em que essa disposição afetiva alcança uma preeminência sobre todas as demais na vida do narrador, que ele propriamente nasce, que ele vem a ser o que é. Paradoxalmente, porém, a posição do narrador nas *Memórias* só se constitui após a morte de Brás Cubas. O Brás Cubas-narrador só nasce quando morre (o Brás Cubas-personagem). Eis a sua autêntica originalidade, a sua verdadeira origem: o fato de que para ele a "campa foi outro berço".

Para que essa morte e a conservação da possibilidade de escrever que lhe segue não sejam apressadamente interpretadas como apenas mais uma impertinência de um narrador com fome de originalidade ou, mesmo, como o recurso de um autor latino-americano que se poderia inscrever no rol dos escritores de literatura fantástica; e para que as *Memórias póstumas* façam jus ao realismo fenomenológico que, na seção anterior, defendemos ser o tipo de realismo propriamente machadiano, cumpre indagar qual é a natureza da disposição afetiva que, uma vez instalada na vida de Brás Cubas, converteu-o em um morto (que narra).

Com relação à sua morte, que faz as vezes de origem, escreve o próprio Brás:

> Morri de uma pneumonia; mas se lhe disser que foi menos a pneumonia, do que uma idéia grandiosa e útil, a causa da minha morte, é possível que o leitor me não creia, e todavia é verdade. Vou expor-lhe sumariamente o caso. Julgue-o por si mesmo. (...)
> Com efeito, um dia de manhã, estando a passear na chácara, pendurou-se-me uma idéia no trapézio que eu tinha no cérebro. Uma vez pendurada, entrou a bracejar, a pernear, a fazer as mais arrojadas cabriolas de volatim, que é possível crer. Eu deixei-me estar a contemplá-la. Súbito, deu um grande salto, estendeu os braços e as pernas, até tomar a forma de um X: decifra-me ou devoro-te.
> Essa idéia era nada menos que a invenção de um medicamento sublime, um emplasto anti-hipocondríaco, destinado a aliviar a nossa melancólica humanidade. (...)
> (...) tal foi a origem do mal que me trouxe à eternidade. Sabem já que morri numa sexta-feira, dia aziago, e creio haver provado que foi a minha invenção que me matou. Há demonstrações menos lúcidas e não menos triunfantes. (MP, I-V)

Brás Cubas não conseguiu decifrar o enigma da esfinge (da melancolia), a fórmula do "emplasto anti-hipocondríaco destinado a aliviar a nossa melancólica humanidade", e foi devorado por ela. Brás Cubas morreu de melancolia. Se "tal foi a origem do mal" que o trouxe à eternidade, a melancolia foi também a origem de sua vida de defunto autor e pode ser considerada a disposição afetiva que serve de princípio à narrativa brascubiana, que cadencia o seu ritmo e dá o seu tom, determinando o que será lembrado e o que será esquecido. Essa conclusão, aliás, já havia sido indicada pelo próprio Brás Cubas no prólogo ao leitor, em que explica sumariamente como deve ser lida a sua obra: "Escrevi-a com a pena da galhofa e a tinta da melancolia, e não é difícil antever o que poderá sair desse conúbio." (MP, AL)

Cumpre-nos, portanto, obedientes à provocação desse morto que narra, corporificação daquilo que, meio século mais tarde,

Walter Benjamin diagnosticaria como a morte do narrador,[12] indagar no que propriamente consistiria essa sua melancolia; por que ele concebe a melancolia como uma peste que assola toda a "nossa melancólica humanidade"; e de que maneira é possível conceber o conúbio entre a pena da galhofa e a tinta da melancolia.

Antes da melancolia: o nascimento de Brás Cubas

As interpretações acerca da origem de Brás Cubas são tão multiformes quanto as tentativas de determinar a origem de Machado de Assis, que não se deve confundir com o começo de sua produção literária. Assim como, em certo sentido, Machado só veio a ser ele mesmo, só veio a ser o seu conceito nas *Memórias póstumas de Brás Cubas*, romance que inaugura a assim chamada segunda fase de sua produção, também a origem de Brás Cubas não deve ser confundida com o seu começo biológico. Como já se discutiu anteriormente, a origem de Brás Cubas é indissociável da gênese de sua melancolia, que ora cumpre acompanhar.

O começo biológico do protagonista é ricamente narrado nos capítulos IX e X das *Memórias*, em que o narrador aparentemente deixa de lado as suas pretensões de originalidade do capítulo I e passa a narrar a sua história de acordo com o "uso vulgar", ou seja, a partir de seu nascimento.

Conta-nos, então, o que aconteceu "naquele dia", título do capítulo X, o "dia 20 de outubro de 1805, dia em que nasci". Retomando a narrativa mais direta, cujo primeiro fragmento aparece já no capítulo III, quando, à moda do narrador do *Tristam Shandy*, Brás prepara o seu nascimento reportando-nos ironicamente algumas notícias sobre a genealogia de sua família, que seu pai, "homem de imaginação", precisou inventar "depois de experimentar a falsificação", o defunto autor, em um dos capítulos mais descritivos da obra, o capítulo XI, faz um breve esboço de seus primeiros anos.

> Desde os cinco anos merecera eu a alcunha de "menino diabo"; e verdadeiramente não era outra coisa; fui dos mais malignos do meu

tempo, arguto, indiscreto, traquinas e voluntarioso. (...) Esconder os chapéus das visitas, deitar rabos de papel a pessoas graves, puxar pelo rabicho das cabeleiras, dar beliscões nos braços das matronas, e outras muitas façanhas deste jaez, eram mostras de um gênio indócil, mas devo crer que eram também expressões de um espírito robusto, porque meu pai tinha-me em grande admiração; e se às vezes me repreendia, à vista da gente, fazia-o por simples formalidade: em particular dava-me beijos. (MP, XI)

À ausência de limites impostos pelo pai, à virtual inexistência de qualquer lei ou autoridade, cuja existência é vista como "simples formalidade", somam-se as influências da mãe, uma "senhora fraca, de pouco cérebro e muito coração", cujo "marido era na terra o seu deus" (MP, XI); do tio João, "homem de língua solta, vida galante, conversa picaresca", cujas anedotas, "reais ou não, [eram] eivadas todas de obscenidade ou imundície" (MP, XI); e finalmente do tio cônego, que "vinha antes da sacristia que do altar. Uma lacuna no ritual excitava-o mais do que uma infração dos mandamentos" (MP, XI).

Essa sucinta descrição do seu ambiente familiar culmina com uma conclusão que, se não implica uma equiparação entre a visão de Brás Cubas de sua própria biografia e aquela dos naturalistas de seu tempo, cujo determinismo o crítico Machado de Assis tanto criticava, tampouco a desautoriza. Nas últimas linhas do referido capítulo XI, cujo título, "O menino é pai do homem", não é casual, escreve o narrador:

> O que importa é a expressão geral do meio doméstico, e essa aí fica indicada – vulgaridade de caracteres, amor das aparências rutilantes, do arruído, frouxidão da vontade, domínio do capricho, e o mais. Dessa terra e desse estrume é que nasceu esta flor. (MP, XI)

Brás Cubas, "menino diabo", tinha em comum com o anjo caído que lhe valeu a alcunha o mesmo amor à ilimitação que lhe precipitou a queda. O freio da autoridade que, na primeira infância, não encontrou em casa, ele talvez pudesse ter encontrado na escola, mas seu professor, "Ludgero Barata – um nome funesto, que servia aos meninos de eterno mote a chufas" (MP, XIII), tampouco poderia assumir a tarefa de dar limites ao pequeno Brás. Como é que um amante das "aparências rutilantes, [e] do arruído" poderia respeitar um homem "calado, obscuro, pontual", que, "durante 23 anos", viveu baratamente "metido numa casinha da rua do Piolho, sem enfadar o mundo com a tua mediocridade" (MP, XIII), um homem que, em última instância, aquele menino diabo não podia ver senão como um piolho?

Se a importância da escola na vida de Brás é proporcional ao capítulo solitário em que narra como aprendeu as primeiras letras e nada mais, façamos como ele. "Unamos agora os pés e demos um salto por cima da escola, a enfadonha escola." (MP, XIII) Vamos logo à parte mais picante da narração, à adolescência de Brás, ao seu primeiro beijo...

Como sói acontecer a um "garção bonito, airoso, abastado", em 1822, quando Brás contava dezessete anos e lhe pungia "um buçozinho que forcejava por trazer a bigode", começou a "nossa independência política" e o seu "cativeiro pessoal" (MP, XIV).

A que me cativou foi uma dama espanhola, Marcela, "a linda Marcela", como lhe chamavam os rapazes do tempo. E tinham razão os rapazes. (...) Era boa moça, lépida, sem escrúpulos, um pouco tolhida pela austeridade do tempo, que lhe não permitia arrastar pelas ruas os seus estouvamentos e berlindas; luxuosa, impaciente, amiga de dinheiro e de rapazes. Naquele ano, morria de amores por um certo Xavier, sujeito abastado e tísico – uma pérola. (MP, XIV)

Brás era abastado e não era tísico, de modo que gastou – e o verbo diz muito – "trinta dias para ir do Rocio Grande", onde furtivamente lhe havia tascado o primeiro beijo em uma "ceia de moças", "ao coração de Marcela, não já cavalgando o corcel do cego desejo, mas o asno da paciência" (MP, XV). A paciência desse asno, claro está, nada tinha a ver com a persistência espiritual ou com qualquer outro dote invisível. Escreve Brás sobre o momento em que se tornou o amante único de Marcela, começando a sua fase cesariana e deixando para trás o período consular, em que regera junto com o Xavier:

Era meu o universo; mas ai triste! não o era de graça. Foi-me preciso coligir dinheiro, multiplicá-lo, inventá-lo. Primeiro explorei as larguezas de meu pai; ele dava-me tudo o que eu lhe pedia, sem repreensão, sem demora, sem frieza; dizia a todos que eu era rapaz e que ele o fora também. Mas a tal extremo chegou o abuso, que ele restringiu um pouco as franquezas, depois mais, depois mais. Então recorri à minha mãe, e induzi-a a desviar alguma coisa, que me dava às escondidas. Era pouco; lancei mão de um recurso último: entrei a sacar sobre a herança de meu pai, a assinar obrigações, que devia resgatar um dia com usura. (MP, XV)

Nesse momento, o modo como Brás Cubas levanta fundos para sustentar o seu amor pela espanhola é sintomático de que aquela convicção que trazia desde a época de "menino diabo", e que não se alterara nos tempos da escola da rua do Piolho, permanecia ainda a mesma: a certeza da própria ilimitação, no caso personificada pelo patrimônio familiar. Seu uso do dinheiro paterno era abusivo e ele não hesitava em comprar a felicidade presente ao preço da felicidade futura, da qual, nesse momento, não cuidava. Aos 18 anos, Brás não via qualquer problema em contrair obrigações que "um dia" teria de resgatar com usura pelo simples motivo de que esse "um dia", o futuro, sequer existia para ele. Ele vivia então no compasso de um presente infinito, os braços de Marcela, e não se importava de comprá-lo ao preço de infinitos presentes.

Se Brás, como antes o Xavier, morria de amores por Marcela, esta "não morria, vivia. Viver não é a mesma coisa que morrer; assim o afirmam todos os joalheiros desse mundo" (MP, XVI) – e apenas eles, como bem mais tarde concluiria o defunto autor. Assim, quando seu pai finalmente chegou à conclusão de que "o caso excedia as raias de um capricho juvenil" (MP, XVII), ele não apenas fechou todas as comportas das quais poderia fluir o dinheiro para sustentar aquela paixão, mas também obrigou o jovem Brás a ir cursar uma universidade, "provavelmente Coimbra" (MP, XVII). E então, por fatores externos, a história de Brás e Marcela encontrou (ao menos provisoriamente) seu fim. O epitáfio desse amor é dos mais célebres de nossa literatura: "... Marcela amou-me durante quinze meses e 11 contos de réis; nada menos." (MP, XVII)

O fim do caso com Marcela, motivado pela limitação no patrimônio familiar, foi o primeiro encontro de Brás com a finitude, mas ele não se deu conta disso, na medida em que o fim desse amor lhe pareceu apenas circunstancial, impressão que decerto encobriu o sumo da experiência que faria apenas mais tarde.

Depois de ter sido levado à força da casa de Marcela por seu pai e seu tio cônego, Brás foi "transportado", como dramaticamente nos narra, "a uma galera que devia seguir para Lisboa. (...) Três dias depois segui barra fora, abatido e mudo. Não chorava sequer; tinha uma idéia fixa... (...) A dessa ocasião era dar um mergulho no oceano, repetindo o nome de Marcela" (MP, XVIII), era curar-se daquela limitação provisória com um mergulho no infinito do mar. Mas isso não foi preciso, já que, a esse tempo, Brás não era ainda o memorialista que se tornaria. Ele ainda sabia esquecer.

A bordo, título do capítulo XIX, Brás foi recomendado por seu pai a todos os outros dez passageiros e, sobretudo, ao capitão do navio, que "levava a mulher tísica em último grau" (MP, XIX). Como este desconfiasse da idéia fixa de Brás, não lhe

> tirava os olhos de cima (...). Quando não podia, levava-me para a mulher. (...) Não estava magra, estava transparente; era impossível que não morresse de uma hora para outra. O capitão fingia não crer na morte próxima, talvez por enganar a si mesmo. Eu não sabia nem pensava nada. Que me importava a mim o destino de uma mulher tísica, no meio do oceano? O mundo para mim era Marcela. (MP, XIX)

Ainda fixado na perda de Marcela, Brás não cuidava de nada nem de ninguém. A morte (da esposa do capitão), que se concretizava à sua frente, permanecia-lhe indiferente, existencialmente invisível, transparente, diáfana, inexistente. E, no entanto, ele permanecia ainda preso à vaga idéia romântica do próprio suicídio, sempre sintomaticamente adiado por algum acaso, como no dia em que, tendo achado "ensejo propício para morrer", encontrou o capitão junto à amurada com os "olhos fitos no horizonte", velha metáfora da morte como limite do olhar. "Veja", lhe disse o capitão, "está celestial!" (MP, XIX). Mas Brás não viu nada.

O que não pôde deixar de ver, dali a dias, foi o temporal que se abateu sobre o navio e que "meteu medo a toda a gente, menos ao doido", que viajava à Europa acompanhado da mulher, depois da perda da filha. "A mulher não podia já cuidar dele; entregue ao terror da morte, rezava por si mesma a todos os santos do céu." (MP, XIX) Como só um doido pudesse não tremer diante da morte, Brás, ao contrário do que acontecera quando do encontro com a mulher tísica do capitão, tremeu. "Enfim, a tempestade amainou. Confesso que foi uma diversão excelente à tempestade do meu coração. Eu, que meditava ir ter com a morte, não ousei fitá-la quando ela veio ter comigo." (MP, XIX) Brás virou a face para a própria morte e, naturalmente, abandonou aquela idéia fixa de suicídio, nem tão fixa assim. Urgia viver. E viver, para ele, em estrita obediência a seu velho padrão, só podia significar fechar-se a qualquer contato com a morte, pura e simplesmente ignorar esse limite inexorável de tudo o que é finito, fingir a sua inexistência. O problema, a bordo, era a mulher do capitão, que dali a dias piorou.

Fui vê-la; achei-a, na verdade, quase moribunda, mas falando ainda de descansar em Lisboa alguns dias antes de ir comigo a Coimbra, porque era seu propósito levar-me à universidade. Deixei-a consternado; fui achar o marido a olhar para as vagas que vinham morrer no costado do navio, e tratei de o consolar; ele agradeceu-me, relatou-me a história dos seus amores, elogiou a fidelidade e a dedicação da mulher, relembrou os versos que lhe fez, e recitou-mos. Neste ponto vieram buscá-lo da parte dela; corremos ambos; era uma crise. Esse e o dia seguinte foram cruéis; o terceiro foi o da morte; eu fugi ao espetáculo, tinha-lhe repugnância. (MP, XIX)

Repugnância. Segundo o dicionário Houaiss, "qualidade do que repugna, sentimento de aversão, de repulsa; asco".[13] Etimologicamente, como nos indica a idéia de pugna, esse sentimento remonta a uma luta, um combate, uma polêmica, fruto de radical desacordo, desarmonia, oposição, entre o sujeito e o objeto de sua repugnância. Repugnância, eis a palavra que melhor sintetiza a relação que Brás Cubas, a essa altura de sua vida como ele a narra, estabelece com a finitude.

Tomado de asco diante da morte da mulher do capitão, e não mais de singela indiferença, como ainda alguns dias antes, Brás reage instintivamente, foge ao "espetáculo". O espetáculo da morte, qualificativo que retornará no capítulo XXIII, seus olhos não o podem suportar. E, não sem alguma ironia, onde é que ele irá refugiar-se? Ao contrário do capitão, que se refugia na vaidade de recitar para si e para os outros o epicédio que escreveu para a finada esposa, e que Brás consoladoramente lhe diz ser composto de "versos perfeitos" (MP, XIX), Brás Cubas irá refugiar-se no "grande futuro" que o capitão, em agradecimento, lhe prediz.

> Um grande futuro! Enquanto esta palavra me batia no ouvido, devolvia eu os olhos, ao longe, no horizonte misterioso e vago. Uma idéia expelia a outra, a ambição desmontava Marcela. Grande futuro? Talvez naturalista, literato, arqueólogo, banqueiro, político, ou até bispo – bispo que fosse –, uma vez que fosse um cargo, uma preeminência, uma grande reputação, uma posição superior. A ambição, dado que fosse águia, quebrou nessa ocasião o ovo, e desvendou a pupila fulva e penetrante. Adeus, amores! adeus, Marcela! dias de delírio, jóias sem preço, vida sem regime, adeus! Cá me vou às fadigas e à glória; deixo-vos com as calcinhas da primeira idade. (MP, XX)

Brás foge ao espetáculo da morte e esquece a perda de Marcela sonhando para si um grande futuro, o qual, naturalmente, exclui não apenas a iminência da morte – o futuro é por ele pensado como o que "ainda não é" e, portanto, pressupõe a crença de que o que agora é esperará indefinidamente por esse "ainda não" indeterminado, tão "vago e misterioso" como o horizonte cujo caráter limitador ele não reconhece –, mas mesmo a sua possibilidade – a glória de uma "preeminência" qualquer, de "uma grande reputação", memória da velha *kléos* dos gregos, garantiria o seu triunfo sobre a finitude, a sua imortalidade (poética).

O problema é que, para tanto, cumpria trabalhar, realmente aceitar as fadigas do pequeno labor cotidiano, cujo sentido, encarando-as como simples meio para um fim indeterminado, uma superioridade qualquer, ele não chega a reconhecer. Tendo em vista que ele só consegue conceber as fadigas abstratamente, como condição suficiente e indissociável da glória que prometeriam – "cá me vou às fadigas e à glória" –, sua passagem pela universidade é puramente formal, não altera em nada aquele padrão que, desde a infância de "menino diabo", ele só faz repetir. "A universidade esperava-me com suas matérias árduas; estudei-as muito mediocremente, e nem por isso perdi o grau de bacharel (...)." (MP, XX) As "aparências rutilantes", mais uma vez, fazem as vezes de essência.

Findo o período em Coimbra, em que conquistara "uma grande nomeada de folião", de "acadêmico estróina, superficial, tumultuário e petulante",

> no dia em que a universidade me atestou, em pergaminho, uma ciência que eu estava longe de trazer arraigada no cérebro, confesso que me achei de algum modo logrado, ainda que orgulhoso. Explico-me: o diploma era uma carta de alforria; se me dava a liberdade, dava-me a responsabilidade. (MP, XX)

A percepção da articulação entre liberdade e responsabilidade, que Brás não por acaso sente como uma espécie de logro, lhe deixa "desconsolado". Face à autolimitação que acarreta sempre o assumir responsabilidades, ele reage repetindo o mesmo mecanismo que utilizou para esquecer Marcela, projetando para si um grande futuro, sentindo "um desejo de acotovelar os outros, de influir, de gozar, de viver – de prolongar a universidade pela vida adiante..." (MP, XX).

O prolongamento da universidade pela vida adiante confunde-se, em sua imaginação, com o usufruto das vantagens advindas do reconhecimento social – o diploma, a ciência atestada em pergaminho – sem a necessidade de fazer as escolhas, ou, conforme o caso, as renúncias que um tal reconhecimento pressuporia – no caso, as renúncias que de fato arraigar a ciência no cérebro implicaria.

Brás não se contenta com nada menos do que tudo. O grande futuro indeterminado que povoa sempre os seus sonhos encontra correspondência em um presente igualmente indeterminado, em que a liberdade é pensada como uma espécie de ausência absoluta de compromissos que, como indica a própria etimologia da palavra, pudessem comprometer o seu livre-arbítrio incondicionado. Faz "romantismo prático e liberalismo teórico, vivendo na pura fé dos olhos pretos e das constituições escritas" (MP, XX). Entre a folia e a ciência, ele fica naturalmente com as duas, e, confrontado pela impossibilidade de conciliar os inconciliáveis – Nietzsche não escrevera ainda *A gaia ciência*! –, arremeda-os com a solda da opinião, "a obra superfina da flor dos homens, a saber, do maior número" (MP, CXIII).

Por não conseguir conceber o parentesco entre liberdade e responsabilidade, por concebê-las mesmo como antagônicas – "se [por um lado] me dava a liberdade, [por outro] dava-me a responsabilidade" –, ele é incapaz de realmente assumir qualquer escolha, qualquer projeto existencial. Se estudou "mediocremente", decerto também amou do mesmo modo. Querendo ser absolutamente tudo, não tinha como chegar a ser propriamente nada.

A essa altura de sua vida, porém, essa inconsistência ontológica pouco lhe importava. Afinal, se conseguira conquistar "grande nomeada de folião" e, ao mesmo tempo, "o grau de bacharel", que não deixa de ser uma forma solene de nomeada, a opinião lhe garantia a aparência rutilante de grande homem que, desde a mais tenra infância, aprendera a amar. Brás aprendeu com seu pai e seu tio cônego, aquele que "vinha antes da sacristia do que do altar", que "se uma coisa pode existir na opinião, sem existir na realidade, e existir na realidade, sem existir na opinião, a conclusão é que das duas existências paralelas a única necessária é a da opinião, não a da realidade (...)".[14] Por isso, ao sair de Coimbra coroado pela opinião, era inevitável o "desejo de acotovelar os outros, de influir, de gozar, de viver..." (MP, XX).

> Vai então, empacou o jumento em que eu vinha montado; fustigueio, ele deu dois corcovos, depois mais três, enfim mais um, que me sacudiu fora da sela, com tal desastre que o pé esquerdo me ficou preso no estribo; tento agarrar-me ao ventre do animal mas já então, espantado, disparou pela estrada fora. Digo mal: tentou disparar, e efetivamente deu dois saltos mas um almocreve, que ali estava, acudiu a tempo de lhe pegar na rédea e detê-lo, não sem esforço nem perigo. Dominado o bruto, desvencilhei-me do estribo e pus-me de pé.
> – Olhe do que vosmecê escapou.
> E era verdade; se o jumento corre por ali fora, contundia-me deveras, e não sei se a morte não estaria no fim do desastre (...). (MP, XXI)

A sinonímia que cedo se estabeleceu na vida de Brás entre "acotovelar os outros" e "gozar", entre "influir" e "viver", cuja correção a universidade só fez confirmar, mantinha-o ainda preso à sua inconsistência ontológica. Afinal, se o único modo de existência necessário era o da opinião, pouco importava ser isso ou aquilo, "naturalista, literato, arqueólogo, banqueiro, político, ou até bispo – bispo que fosse –, uma vez que fosse um cargo, uma preeminência, uma grande reputação, uma posição superior" (MP, XX). Era ainda com a fé intacta na opinião alheia, na opinião pública, que Brás vinha indeterminadamente sonhando com a sua pessoa, isto é, com a sua *persona*, a sua máscara social, até que... "empacou o jumento". Seu texto, nesse ponto, não explica por que o jumento empacou. Mas, supondo que, em sua obra, como ele próprio diz logo após relatar o episódio do almocreve, "só entra a substância da vida" (MP, XXII), é possível conjeturar que o jumento empacou diante da insubstancialidade de sua crença na opinião, cujo corolário mais visível é a sua já aludida inconsistência ontológica. O freio a essa inconsistência, que se segue ao empacar do jumento e à sua tentativa desastrada de fazê-lo andar fustigando-o, é a experiência da própria mortalidade: "se o jumento corre por ali fora, contundia-me deveras, e não sei se a morte não estaria no fim do desastre."

É difícil dizer o que Brás Cubas poderia ter tirado dessa confrontação com a própria morte, o que, em seu "amor à nomeada", poderia ter se transformado, o que, em sua compulsão à ilimitação, poderia ter se alterado. Não é difícil, no entanto, relatar o que de fato aconteceu: nada. Passado o risco de morte, do qual foi salvo por um humilde almocreve, "quando ele torna a si – isto é, quando torna aos outros" (MP, XCIX) –, relata-nos Brás:

> O almocreve salvara-me talvez a vida; era positivo; eu sentia-o no sangue que me agitava o coração. Bom almocreve! enquanto eu tornava à consciência de mim mesmo, ele cuidava de consertar os arreios do jumento, com muito zelo e arte. Resolvi dar-lhe três moedas de ouro das cinco que trazia comigo (...).
> Fui aos alforjes, tirei um colete velho, em cujo bolso trazia as cinco moedas de ouro, e durante esse tempo cogitei se não era excessiva a gratificação, se não bastavam duas moedas. Talvez uma. (...) Examinei-lhe a roupa; era um pobre-diabo, que nunca jamais vira uma moeda de ouro. Portanto, uma moeda. Tirei-a, vi-a reluzir à luz do sol;

não a viu o almocreve, porque eu tinha-lhe voltado as costas; mas suspeitou-o talvez, porque entrou a falar ao jumento de um modo significativo; dava-lha conselhos, dizia-lhe que tomasse juízo (...). Ri-me, hesitei, meti-lhe na mão um cruzado de prata, cavalguei o jumento, e segui a trote largo um pouco vexado, incerto do efeito da pratinha. (MP, XXI)

A narração desse episódio, em que se reconstrói o progressivo retorno de Brás à consciência, é emblemática do que se veio até aqui mostrando.

Em um primeiro momento, o empacar do jumento diante da insubstancialidade de seu modo de vida altera-o significativamente.

Enquanto o sangue lhe "agitava o coração", enquanto não retornara de todo à consciência e ao cálculo instrumental de quem sempre visa uma superioridade qualquer, ele aventa dar àquele que salvara a sua vida mais da metade do dinheiro de que dispunha: "não porque tal fosse o preço da minha vida – essa era inestimável; mas porque era uma recompensa digna da dedicação com que ele me salvou." (MP, XXI)

Em um segundo momento, no entanto, um pouco mais refeito, atentando para a aparência do homem que o salvara, ele percebe tratar-se de "um pobre-diabo, que nunca jamais vira uma moeda de ouro" (MP, XXI). Relativiza então o impulso inicial: para quem jamais vira uma moeda de ouro, três moedas seriam uma recompensa excessiva. "Portanto, uma moeda." (MP, XXI)

Finalmente, ao ver como aquele homem, à espera da recompensa, dava conselhos ao jumento e "dizia-lhe que tomasse juízo" (MP, XXI), é o próprio Brás quem toma juízo, e, sem mais qualquer justificativa interior, ou seja, qualquer justificativa ao leitor, mete-lhe na mão um cruzado de prata.

Essa quebra de expectativa, por si só, tem um efeito cômico, ao revelar o tipo de racionalização que caracteriza Brás Cubas, e que em princípio o faz pior do que seu leitor – para gáudio de ambos. Para alguém que, como ele, aprendeu o segredo do bonzo, não há critérios absolutos que possam diferenciar um ato justo de um ato injusto. Assim, a realidade da justiça é indissociável da aparência de justiça.

Como tudo que é da ordem da aparência, também a justiça será relativa àquele que a vê, ou, no caso do almocreve, a sofre. "A recompensa digna da dedicação" com que ele salvou Brás Cubas, portanto, será a recompensa que lhe parecer digna a ele, o almocreve. Se isso puder diminuir a despesa de Brás, tanto melhor.

O fato de que tudo depende da opinião, ou do ponto de vista, permite que Brás, a essa altura de sua vida, não se comprometa com nada. Se tudo depende da opinião, tudo pode ser justificado, desde que se disponha dos meios argumentativos – e financeiros – para tanto. Brás dispõe de tais meios, até em excesso. Assim, a absoluta relatividade dos pontos de vista é aqui apresentada como sumamente positiva. Se a justiça é uma "simples formalidade", como Brás aprendera na infância com o seu pai, e se a sua existência efetiva é antes um estorvo do que uma condição indispensável para a felicidade humana, tanto melhor que ela só exista na opinião. Sobretudo para aqueles que trazem nas mãos o cabo do chicote.

É, aliás, com o aludido chicote na mão, montado no jumento, que, como nos relata Brás,

> a algumas braças de distância, olhei para trás, o almocreve fazia-me grandes cortesias, com evidentes mostras de contentamento. Adverti que devia ser assim mesmo; eu pagara-lhe bem, pagara-lhe talvez demais. Meti os dedos no bolso do colete que trazia no corpo e senti umas moedas de cobre; eram os vinténs que eu devera ter dado ao almocreve, em lugar do cruzado de prata. (...) Fiquei desconsolado com esta reflexão, chamei-me pródigo, lancei o cruzado à conta das minhas dissipações antigas; tive (por que não direi tudo?), tive remorsos. (MP, XXI)

Do nascimento em 1805 até o fim da universidade, por volta de 1827, que ele prolongou alguns anos mais "em Lisboa, na península e em outros lugares da Europa, da velha Europa, que nesse tempo parecia remoçar" (MP, XXII), Brás raramente teve motivos para remorsos. Das diabruras infantis e escolares, ele passou sem grandes sobressaltos às aventuras amorosas e acadêmicas, contando sempre com o beneplácito das autoridades, que, quando tentavam impingir limites a suas ações, incutindo-lhe o sentido da responsabilidade e da justiça, faziam-no, ao menos no seu entender, por simples formalidade. Dessa forma, foi exatamente isso que ele colheu de todas as coisas, "a fraseologia, a casca, a ornamentação..." (MP, XXIV), confiante de que, com os argumentos e a genealogia de que dispunha, era inevitável a chegada de um grande futuro.

A aurora de sua vida, até o fim de sua (de)formação (acadêmica), é portanto marcada, como todos os episódios analisados até aqui deixam monotonamente claro, pela notável capacidade de Brás Cubas de se esquivar a qualquer responsabilidade, a qualquer contato com o limite do que quer que seja, a qualquer experiência da proximidade da morte, seja a sua (como nos episódios do fim do romance com Marcela e do almocreve), seja a dos outros (como no episódio da morte da mulher do capitão). A virtual inexistência da morte em sua vida é o que possibilita, a um só tempo, a sua crença em um grande futuro e a sua fruição irresponsável do presente, cheio daquelas realizações típicas de um jovem de sua classe social.

Entre os capítulos X e XXII, portanto, capítulos que narram sua formação, não há sinal daquela melancolia que, de acordo com a hipótese levantada na seção anterior, seria indissociável da origem de Brás Cubas, ao menos do Brás Cubas-narrador, defunto autor. Nada, até aqui, cheira a sepulcro, apresenta aquela contração cadavérica. Muito pelo contrário. O seu estilo tem uma vivacidade que se coaduna bastante bem com o sumo das experiências que narra, com a leveza e a superficialidade que apresenta. Como ele próprio nos diz:

> Às vezes, esqueço-me a escrever, e a pena vai comendo papel, com grave prejuízo meu, que sou autor. Capítulos compridos quadram melhor a leitores pesadões; e nós não somos um público *in-folio*, mas *in-12*, pouco texto, larga margem, tipo elegante, corte dourado e vinhetas... principalmente vinhetas... Não, não alonguemos o capítulo. (MP, XXII)

A consciência boquiaberta: a origem de Brás Cubas

Vale notar que, a essa altura, depois do bacharelado em Coimbra e de mais "alguns anos de peregrinação" (MP, XXII), Brás já não via

a família e a terra natal havia "oito ou nove anos" (MP, XXIII). E, no entanto, não se encontra em sua narrativa desse longo período nem uma única menção à saudade que porventura possa ter sentido. Ele estava simplesmente imerso na miríade de experiências que a "velha Europa, que nesse tempo parecia remoçar" (MP, XXII), lhe proporcionava. Nenhuma preocupação com o futuro, o grande futuro que haveria de chegar quando fosse a hora; nenhuma lembrança do passado, que caíra nas brumas do esquecimento sem maior dor. Só o presente, o infinito presente...
"Vai então, empacou o jumento". (MP, XXI) Dessa vez, diante de uma circunstância concreta, uma carta do pai, cujas súplicas ele finalmente resolveu atender – o que deixa indicado que outras cartas do pai já lhe haviam chegado às mãos, sem que lhe tivessem tocado: "'Vem', dizia ele na última carta; 'se não vieres depressa, acharás tua mãe morta!'" (MP, XXII)

> Vim. Não nego que, ao avistar a cidade natal, tive uma sensação nova. Não era efeito da minha pátria política; era-o do lugar da infância, a rua, a torre, o chafariz da esquina, a mulher de mantilha, o preto do ganho, as coisas e cenas da meninice, buriladas na memória. Nada menos que uma renascença. O espírito, como um pássaro, não se lhe deu da corrente dos anos, arrepiou o vôo na direção da fonte original, e foi beber da água fresca e pura, ainda não mesclada do enxurro da vida.
> Reparando bem, há aí um lugar-comum. (MP, XXIII)

A chegada ao Rio de Janeiro é narrada em um breve parágrafo, dos mais sentimentais e menos irônicos da obra, no qual Brás enumera todos aqueles elementos da "cidade natal" que, após os anos de exílio, lhe proporcionaram uma "sensação nova": "o lugar da infância, a rua, a torre, o chafariz da esquina, a mulher de mantilha, o preto do ganho", em suma, "as coisas e cenas da meninice". Essa enumeração, note-se bem, não diz como tais coisas e cenas de fato teriam sido – o desprezo de Brás Cubas pelo "realismo de inventário" não é menor do que o de Machado –, mas sim como elas efetivamente aparecem a esse filho pródigo. E elas lhe aparecem como a constelação que configura o seu mundo familiar, as suas raízes, a sua casa. A "sensação nova" de que fala Brás é uma sensação de pertencimento. E ela só é possível porque, depois de tantos anos na Europa, ele não apenas deixa de ser um estrangeiro, mas, a partir do efeito de distanciamento provocado pelos anos no exterior, torna-se capaz de experimentar pela primeira vez o que significa estar na própria cidade natal. A "sensação nova" de pertencimento, em suma, só lhe toca porque "as coisas e cenas da meninice" lhe podem aparecer "buriladas na memória".

A memória do Brás que acaba de voltar à casa ainda é capaz de trabalhar como um buril, "ferramenta de aço com ponta oblíqua cortante",[15] que não apenas serve para gravar em metal ou madeira, mas também para lavrar jóias. O buril, ao gravar ou lavrar, apura, capricha, aperfeiçoa, burila. A memória de Brás, nesse momento, ainda é capaz de gravar o passado como algo de valioso. Valioso porque "fonte original", ventre fecundo, promessa de novos nascimentos, ou, no caso da lembrança de sua cidade natal, de "nada menos que uma renascença". O passado, nesse breve parágrafo, ainda é evocado como uma "água fresca e pura", que revigora aquele que a bebe, uma água "ainda não mesclada ao enxurro da vida".

Onde não há o enxurro da vida, tampouco há necessidade de ironia, e o memorialista póstumo quase é capaz de se deixar levar, como um pássaro, "na direção da fonte original". Onde não há o enxurro da vida, sua memória ainda pode operar como um buril e quase não o faz se sentir como aquele outro pássaro que bate as asas inutilmente, pois que atado pelos pés.[16] Quase.

A simples evocação do "enxurro da vida" põe tudo a perder, o defunto autor volta abruptamente a si e não pode tolerar o fato de, por um parágrafo sequer, ter-se deixado levar. É preciso corrigir a sua ingenuidade, recuperar o controle do próprio fluxo de consciência, desacreditar a idéia do passado como fonte de vida. Para tanto, em um primeiro momento, basta o recurso imediato ao poder corrosivo de sua ironia. Ele escreve: "Reparando bem, há aí um lugar-comum."

O desprestígio do lugar-comum, sobretudo em se tratando de um narrador com fome de originalidade, contrapõe-se e anula a "sensação nova" que tão perigosamente se aproximou de subverter a lógica de sua narrativa.

Como, no entanto, o defunto autor sabe que esse reparo não seria ainda suficiente para sepultar de vez a ressonância daquela "sensação nova", urge introduzir o relato de uma experiência definitiva, de "outro lugar-comum", que afastasse de vez a possibilidade de se conceber o passado como uma "água fresca e pura", a memória como fonte de vida e não de morte.

Reparando bem, há aí um lugar-comum. Outro lugar-comum, tristemente comum, foi a consternação da família. Meu pai abraçou-me com lágrimas. – Tua mãe não pode viver – disse-me. Com efeito, não era já o reumatismo que a matava, era um cancro no estômago. A infeliz padecia de um modo cru, porque o cancro é indiferente às virtudes do sujeito; quando rói, rói; roer é o seu ofício. Minha irmã Sabina, já então casada com o Cotrim, andava a cair de fadiga. Pobre moça! dormia três horas por noite, nada mais. O próprio tio João estava abatido e triste. D. Eusébia e algumas outras senhoras lá estavam também, não menos tristes e não menos dedicadas.

– Meu filho!

A dor suspendeu por um pouco as tenazes; um sorriso alumiou o rosto da enferma, sobre o qual a morte batia a asa eterna. Era menos um rosto do que uma caveira: a beleza passara, como um dia brilhante; restavam os ossos, que não emagrecem nunca. Mal poderia conhecê-la; havia oito ou nove anos que nos não víamos. Ajoelhado, ao pé da cama, com as mãos dela entre as minhas, fiquei mudo e quieto, sem ousar falar, porque cada palavra seria um soluço, e nós temíamos avisá-la do fim. Vão temor! Ela sabia que estava prestes a acabar; disse-mo; verificamo-lo na seguinte manhã.

Longa foi a agonia, longa e cruel, de uma crueldade minuciosa, fria, repisada, que me encheu de dor e estupefação. Era a primeira vez que eu via morrer alguém. Conhecia a morte de oitiva; quando muito, tinha-a visto já petrificada no rosto de algum cadáver, que acompanhei ao cemitério, ou trazia-lhe a idéia embrulhada nas amplificações de retórica dos professores de coisas antigas – a morte aleivosa de César, a austera de Sócrates, a orgulhosa de Catão. Mas esse duelo do ser e do não ser, a morte em ação, dolorida, contraída, convulsa, sem aparelho político ou filosófico, a morte de uma pessoa amada, essa foi a primeira vez que a pude encarar. Não chorei;

lembra-me que não chorei durante o espetáculo: tinha os olhos estúpidos, a garganta presa, a consciência boquiaberta. Quê? uma criatura tão dócil, tão meiga, tão santa, que nunca jamais fizera verter uma lágrima de desgosto, mãe carinhosa, esposa imaculada, era força que morresse assim trateada, mordida pelo dente tenaz de uma doença sem misericórdia? Confesso que tudo aquilo me pareceu obscuro, incongruente, insano...
Triste capítulo; passemos a outro mais alegre. (MP, XXIII)

A morte de sua mãe, que o defunto autor traz ainda arraigada na memória, é descrita minuciosamente, com cada sentença repisando a anterior, como a reproduzir no plano da escritura o ritmo progressivo e cru(el) daquela "doença sem misericórdia" que a trateou.

Depois de abraçar o pai e suas lágrimas, que lhe falam da inevitabilidade da morte da esposa, Brás nota que "não era já o reumatismo que a matava, era um cancro no estômago". O contraste aqui chama a atenção para a diferença entre a presença figurada e distante da morte na vida de sua mãe – ao longo de sua infância, ele provavelmente ouviu-a inúmeras vezes dizer "ai, meu filho, este reumatismo está me matando!" – e a sua presença efetiva, real, crua: a sua presença "sem aparelho político ou filosófico".

"A infeliz padecia de um modo cru, porque o cancro é indiferente às virtudes do sujeito; quando rói, rói; roer é o seu ofício." A indiferença do cancro às virtudes daquela que rói, ao contrário do que sugere a argumentação de Brás, não recrudesce o padecimento da enferma, mas sim o daqueles que a cercam – a irmã Sabina, o tio João, Dona Eusébia, algumas outras senhoras que lá estavam, o pai e ele. A crueza desse padecimento tem menos a ver com o grau físico da dor do que com a impossibilidade de racionalizar o sofrimento. Brás Cubas, campeão das racionalizações e do palavrório autocomplacente, que há dois capítulos apenas invocava a Providência para justificar o logro do almocreve, aqui não reconhece Providência alguma. "Ajoelhado ao pé da cama", ele é compelido a ficar "mudo e quieto, sem ousar falar, porque cada palavra seria um soluço".

Diante do "rosto da enferma, sobre o qual a morte batia a asa eterna", seu "espírito, como um pássaro", agora voando junto ao pássaro da asa eterna, "se lhe deu da corrente dos anos" – "a beleza passara, como um dia brilhante; restavam os ossos, que não emagrecem nunca" –, mas ainda assim "arrepiou o vôo na direção da fonte original". Quando lá chegou, porém, ao contrário do que acontecera logo após o seu retorno à cidade natal, não mais encontrou aquela "água fresca e pura", mas apenas uma água parada e mesclada com a pior das impurezas: o "enxurro da vida".

"Longa foi a agonia, longa e cruel, de uma crueldade minuciosa, fria, repisada, que me encheu de dor e estupefação. Era a primeira vez que eu via morrer alguém." E, no entanto, mesmo que se deixe de lado o fato de que, a essa altura, Brás já tinha quase trinta anos, ele sabe que o leitor atento não se terá esquecido de seu relato da morte da esposa do capitão, que ele acompanhou em sua ida para a Europa. Por isso, cumpre-lhe esclarecer o que efetivamente tem em vista quando fala nessa "primeira vez": "Conhecia a morte de oitiva; quando muito, tinha-a visto já petrificada no rosto de algum cadáver, que acompanhei ao cemitério, ou trazia-lhe a idéia embrulhada nas amplificações de retórica dos professores de coisas antigas (...)."

Nesse esclarecimento, Brás enumera três distintos modos de "conhecer" a morte, cujo traço comum é não implicarem o reconhecimento propriamente dito do "enxurro da vida", ou, se se preferir, da vida como enxurro. O primeiro deles é o modo que caracteriza aqueles que só conhecem a morte de ouvir falar, que, portanto, só conhecem a morte de terceiros por terceiros, para os quais a experiência que a constitui permanece a mais distante, indeterminada e impessoal; o segundo modo, que representa já uma pequena aproximação da experiência da morte com relação ao primeiro, é o que caracteriza aqueles que já viram a morte "petrificada", que, portanto, já a viram "no rosto de algum cadáver", mas conhecem-na apenas como produto, o fim biológico, e não como processo, contenda, "duelo do ser e do não ser"; o terceiro, por fim, é aquele que marca o conhecimento da morte dos grandes personagens da história – "a morte aleivosa de César, a austera de Sócrates, a orgulhosa de Catão" – e que, se não apresenta a morte petrificada, apresenta-a "embrulhada", ou seja, justificada e embelezada por um processo histórico que lhe empresta necessidade e inteligibilidade.

Nenhum desses três modos, sugere Brás, representa um conhecimento autêntico da morte, na medida em que a experiência da morte propriamente dita tem como características principais ser sempre uma experiência da "morte em ação, dolorida, contraída, convulsa" – o que desqualifica o conhecimento da morte como produto; uma experiência da morte "sem aparelho político ou filosófico" – o que desqualifica as suas compreensão e justificação "pelas amplificações de retórica dos professores de coisas antigas"; e, sobretudo, uma experiência da "morte de uma pessoa amada", que nos toca pessoalmente, ou seja, da qual efetivamente participamos e não apenas conhecemos "de oitiva".

Uma experiência da morte que reunisse todas essas características, diz Brás, "essa foi a primeira vez que a pude encarar". Ao contrário do que se passara quando da morte da esposa do capitão, da qual ele fugira, pois "tinha repugnância ao espetáculo", dessa vez foi outra a sua reação: "Não chorei; lembra-me que não chorei durante o espetáculo: tinha os olhos estúpidos, a garganta presa, a consciência boquiaberta." Em lugar da fuga, muda e seca contemplação. E, no entanto, novamente, a comparação da morte a um espetáculo. É como se Brás Cubas não a conseguisse encarar como um processo natural, portanto gratuito e efetivamente "indiferente às virtudes do sujeito", mas apenas como uma encenação artificial, afetada, caricatural, grotesca, e, o que é ainda pior, intencional, "minuciosa e fria[mente]" planejada por algum artífice cruel, arbitrário e sobretudo incompreensível. Sob essa ótica, o caráter espetacular da morte a aproximaria, na concepção de Brás Cubas, do choque provocado pelas obras de arte (contemporâneas), choque que despedaça a familiaridade do mundo cotidiano e inviabiliza a domesticação disso que ora se apresenta como estranho através da atribuição de um sentido estável e previamente conhecido. Dissecando a verdade daquele velho lugar-comum, Brás diria que não é a arte que imita a vida, nem tampouco a vida que imita a arte. A arte imita a morte.

Seja como for, o fato é que a morte de sua mãe confrontou Brás Cubas com a experiência, que ele diz com acerto ter vivido pela primeira vez, do limite da compreensão, do cálculo racional, da manipulação, e mesmo do império da opinião. Como algo resistente à sua retórica, à sua galhofa, ao seu controle, a morte de sua mãe deixou-o com "os olhos estúpidos, a garganta presa, a consciência boquiaberta", exatamente como o ser que habita o centro de *O grito*, aquele famoso quadro de Edvard Munch. O fim do capítulo, aliás, é o grito silencioso de sua consciência boquiaberta:

> Quê? uma criatura tão dócil, tão meiga, tão santa, que nunca jamais fizera verter uma lágrima de desgosto, mãe carinhosa, esposa imaculada, era força que morresse assim trateada, mordida pelo dente tenaz de uma doença sem misericórdia? Confesso que tudo aquilo me pareceu obscuro, incongruente, insano...
> Triste capítulo; passemos a outro mais alegre. (MP, XXIII)

Na ausência de uma coerência entre as boas ações realizadas no passado – mãe carinhosa e esposa imaculada – e os seus resultados no presente – uma doença sem misericórdia com um dente tenaz –, como sustentar a confiança no futuro? Como perseverar na crença de um "grande futuro" diante da incontornabilidade do sofrimento e da morte? Se nada possibilita às criaturas – e aqui o uso de uma linguagem teológica não é casual –, nem mesmo a "uma criatura tão dócil, tão meiga, tão santa", escapar ao "enxurro da vida", qual é o sentido de fazer o que quer que seja? O que separaria o bom do mau, o belo do feio, a santa da prostituta?

"Confesso que tudo aquilo me pareceu obscuro, incongruente, insano..." – e um leitor dos existencialistas franceses acrescentaria: absurdo. Esse "sentimento do absurdo", da perda de familiaridade de um mundo que, subitamente percebido em sua alteridade radical, denuncia o caráter ilusório do sentido que o hábito lhe atribuía, não abandonará mais Brás Cubas. No lugar daquela "sensação nova" de pertencimento, a perda do colo materno lhe trará um "sentimento de estrangeiridade", que, embora indissociável da solidão mais insuperável, pois que acircunstancial, instaura a possibilidade de um olhar privilegiado sobre o mundo e os outros homens, um olhar como o do estrangeiro, capaz de captar a estranheza e mesmo o ridículo daquilo que, para os nativos, é o mais familiar e natural.

As questões geradas por esse sentimento do absurdo ecoarão, de modo mais ou menos explícito, em todas as ações de Brás daí em diante, e o modo como ele irá responder existencialmente a essas questões é que acabará por configurar a perspectiva singular de defunto autor que o distanciará definitivamente daquele Brás Cubas que ele fora até a morte de sua mãe. Nesse sentido, é possível afirmar que ele jamais conseguiria abandonar esse "triste capítulo", jamais conseguiria passar "a outro mais alegre".

Esse capítulo "triste, mas curto", como ele intitula o capítulo XXIII de suas memórias, marca uma cesura no curso de sua existência, e é apenas a partir dele que Brás Cubas, diferenciando-se da massa de jovens abastados e irresponsáveis à qual pertencera até então, virá a ser quem ele é, o memorialista póstumo. E isso tudo é ele próprio quem nos diz no capítulo seguinte, "curto, mas alegre", que, como o próprio título indica, forma uma dupla com o capítulo que lhe antecede, iluminando por contraste a originalidade da experiência que ali fora vivenciada. Não por acaso, esse capítulo "curto, mas alegre" descreve em que consistia a sua alegria *antes* do capítulo "triste, mas curto", antes da morte de sua mãe, antes de Brás Cubas ser oprimido pelo "problema da vida e da morte" e se debruçar "sobre o abismo do Inexplicável" (MP, XXIV). Escreve o defunto autor sobre a sua pré-história:

> Para lhes dizer a verdade toda, eu refletia as opiniões de um cabeleireiro, que achei em Módena, e que se distinguia por não as ter absolutamente. Era a flor dos cabeleireiros; por mais demorada que fosse a operação do toucado, não enfadava nunca; ele intercalava as penteadelas com muitos motes e pulhas, cheios de um pico, de um sabor... Não tinha outra filosofia. Nem eu. Não digo que a universidade me não tivesse ensinado alguma; mas eu decorei-lhe só as fórmulas, o vocabulário, o esqueleto. Tratei-a como tratei o latim; embolsei três versos de Virgílio, dois de Horácio, uma dúzia de locuções morais e políticas, para as despesas da conversação. Tratei-os como tratei a história e a jurisprudência. Colhi de todas as coisas a fraseologia, a casca, a ornamentação... (MP, XXIV)

Antes de se converter propriamente em um defunto autor, Brás Cubas vivia coerentemente com a sua formação. Obedecia instintivamente ao primeiro mandamento do credo paterno, que lhe dizia: "Teme a obscuridade, Brás; foge do que é ínfimo. Olha que os homens valem por diferentes modos, e que o mais seguro de todos é valer pela opinião dos outros homens." (MP, XXVIII) Orientado unicamente por essa "sede de nomeada", Brás, desde os tempos de menino até a faculdade, nunca reconhecera qualquer limite, qualquer responsabilidade, qualquer compromisso com o outro. Nesse ínterim, no entanto, aprendeu a comportar-se como exigia a sua posição na estrutura social, como demandava "o olhar agudo e judicial da opinião" (MP, XXIV). Aprendeu a colher "de todas as coisas a fraseologia, a casca, a ornamentação..." (MP, XXIV), o que, se lhe dava uma boa aparência e munição suficiente para as suas relações sociais, "para as despesas da conversação", não lhe obrigava a nada, não lhe comprometia com filosofia nenhuma.

Na realidade, ele desde cedo aprendeu a periculosidade de se ter uma opinião própria quando tudo o que se almeja é o reconhecimento da opinião pública. Por isso, investiu sua juventude no cultivo das opiniões daquele cabeleireiro de Módena, que, como muitos de seus colegas de profissão, "se distinguia por não as ter absolutamente", mudando de partido político e filosofia de acordo com o gosto do freguês. Afinal, Brás sabia muito bem que, uma vez que se tem opiniões próprias, "pode-se, com violência, abafá-las, escondê-las até a morte; mas nem essa habilidade é comum, nem tão constante esforço conviria ao exercício da vida".[17]

Nesse compasso, ia tudo muito bem, até que lhe morre a mãe. Até que, pela primeira vez, não lhe falta mais "o essencial, que é o estímulo, a vertigem", para se debruçar sobre "o abismo do Inexplicável" (MP, XXIV). Ao viver a morte de sua mãe; ao perceber a ausência de uma coerência necessária entre uma ação e seu resultado; ao enxergar o caráter ilusório dos sentidos habituais que se emprestam à existência; ao experimentar abruptamente o limite do império da opinião e, portanto, a própria e irremissível solidão, Brás Cubas angustia-se. Oprime-lhe o peito o confronto sem encobrimentos com a finitude, com essa negatividade que habita o seio do mundo, ameaçando perenemente, com a morte biológica – e não apenas com ela, como mais tarde ele descobriria – tudo o que vive, pulsa, realiza-se.

Essa experiência da angústia é propriamente a origem de Brás Cubas, o momento em que, à revelia de sua sede de nomeada, desabrochará nele uma opinião sobre a vida e as questões que lhe oprimem o peito que, contrária e alheia à opinião pública, acabará por constituir a sua figura de morto que narra. No momento da morte de sua mãe, no momento em que, angustiando-se, sua consciência queda boquiaberta, Brás experimenta, ainda de forma tateante e nada alegre, o que mais tarde chamaria em tom de bazófia de "desdém dos finados" (MP, XXIV).

Em uma típica intromissão do defunto autor no curso da narrativa, que, corrigindo postumamente aquele momento de fragilidade, restaura através da ironia a couraça de alguém que se recusa a admitir que a vida possa ser isso que, a partir da morte de sua mãe, Brás começa a perceber que ela é, escreve o defunto autor:

> Talvez espante ao leitor a franqueza com que lhe exponho e realço a minha mediocridade; advirta que a franqueza é a primeira virtude de um defunto. Na vida, o olhar da opinião, o contraste dos interesses, a luta das cobiças obrigam a gente a calar os trapos velhos, a disfarçar os rasgões e os remendos, a não estender ao mundo as revelações que faz à consciência; e o melhor da obrigação é quando, a força de embaçar os outros, embaça-se um homem a si mesmo, porque em tal caso poupa-se o vexame, que é uma sensação penosa e a hipocrisia, que é um vício hediondo. Mas, na morte, que diferença! que desabafo! que liberdade! Como a gente pode sacudir fora a capa, deitar ao fosso as lentejoulas, despregar-se, despintar-se, desafeitar-se, confessar lisamente o que foi e o que deixou de ser! Porque, em suma, já não há vizinhos, nem amigos, nem inimigos, nem conhecidos, nem estranhos; não há platéia. O olhar da opinião, esse olhar agudo e judicial, perde a virtude, logo que pisamos o território da morte; não digo que ele se não estenda para cá, e nos não examine e julgue; mas a nós é que não se nos dá o exame nem do julgamento. Senhores vivos, não há nada tão incomensurável como o desdém dos finados. (MP, XXIV)

Na Tijuca: o desabotoar da flor amarela

Não é possível permanecer indefinidamente com "os olhos estúpidos, a garganta presa, a consciência boquiaberta" (MP, XXIII). A vertigem diante do abismo do Inexplicável, até para poder aparecer como vertigem, pressupõe momentos de familiaridade com o mundo, em que os olhos vêem com clareza, a voz sai com desenvoltura, e a consciência se julga no controle. Tais momentos, por mais ilusórios que possam parecer quando se é tomado de angústia, dão a tônica da existência. A crise que se instalou na vida de Brás com a morte de sua mãe, em princípio, não se poderia sustentar indefinidamente. Cumpria-lhe digerir o que acabara de vivenciar e recuperar o prumo. Quem sabe até voltar a ser quem fora antes daquela experiência absurda. Para tanto,

> no sétimo dia, acabada a missa fúnebre, travei de uma espingarda, alguns livros, roupa, charutos, um moleque – o Prudêncio do capítulo XI –, e fui meter-me numa velha casa de nossa propriedade. (...)
> Às vezes, caçava, outras dormia, outras lia – lia muito –, outras enfim não fazia nada; deixava-me atoar de idéia em idéia, de imaginação em imaginação, como uma borboleta vadia ou faminta. (MP, XXV)

Na "casa velha" da Tijuca, acompanhado pelo moleque Prudêncio, que provavelmente fazia as vezes de valete, faxineiro e cozinheiro, Brás Cubas podia cuidar unicamente de si e do seu luto. Enlutado, ensimesmado, enfraquecido pela dor de uma ferida cujo sangue, naquele momento, ainda jorrava, assim privando-o inteiramente da energia necessária para retomar qualquer ação e do interesse por qualquer realidade senão a da própria dor, só restava a Brás Cubas passar os dias à toa, seja no sentido lato – caçando, dormindo ou lendo –, seja no sentido estrito – deixando-se "atoar de idéia em idéia, de imaginação em imaginação". Esses dias de recolhimento absoluto no ermo da Tijuca, assim ele o esperava, haveriam de restituir-lhe as forças, de modo que, uma vez cumprido o necessário período de luto, ele pudesse voltar a engajar-se em seu projeto de um "grande futuro", ele pudesse sair daquele torpor, não mais deixando-se atoar de idéia em idéia indefinidamente. O fato de que uma semana de luto fechado, de paralisia existencial, já lhe parecia mais do que o suficiente é o que ele próprio nos indica a certa altura do capítulo, quando escreve:

Um dia, dous dias, três dias, uma semana inteira passada assim, sem dizer palavra, era bastante para sacudir-me da Tijuca fora e restituir-me ao bulício. Com efeito, ao cabo de sete dias estava farto da solidão; a dor aplacara; o espírito já se não contentava com o uso da espingarda e dos livros, nem com a vista do arvoredo e do céu. Reagia a mocidade, era preciso viver. Meti no baú o problema da vida e da morte, os hipocondríacos do poeta, as camisas, as meditações, as gravatas, e ia fechá-lo, quando o moleque Prudêncio me disse que uma pessoa do meu conhecimento se mudara na véspera para uma casa roxa, situada a duzentos metros da nossa. (MP, XXV)

Mais uma vez, na hora em que o protagonista ia retornar ao mundo dos vivos, uma "situação fortuita" o impede. A essa altura das *Memórias*, o compasso de sua narrativa ainda não está inteiramente claro, mas, à semelhança do que acontecera no episódio do almocreve, em que Brás Cubas ia sonhando um grande futuro para si quando "empacou o jumento", aqui temos novamente a descrição de um empacar.

Quando ele ia fechar o baú com "o problema da vida e da morte", interrompe-o o moleque Prudêncio, dizendo que uma pessoa do seu conhecimento mudara-se para uma casa vizinha, uma casa roxa – roxa, pisca-nos o olho o defunto, é quase o mesmo que coxa. Tratava-se de Dona Eusébia, cujos amores adulterinos com o Vilaça o menino diabo Brás havia denunciado uns quinze ou vinte anos antes, quando os havia surpreendido beijando-se "na moita" de sua casa e saíra gritando a recente descoberta a plenos pulmões para todos os demais convivas daquele banquete em honra da derrota de Napoleão (MP, XII).[18] Ao ouvir um nome que evocava a sua infância, e lembrar também que daquele amor proibido nascera uma menina, "a flor da moita" (MP, XXX), Brás não escondeu o seu contentamento e logo a sua indiferença àquela senhora.

Tinham-me dado razão os acontecimentos. Ainda porém que ma não dessem, 1814 lá ia longe, e, com ele, a travessura, e o Vilaça, e o beijo da moita; finalmente, nenhumas relações estreitas existiam entre mim e ela. Fiz comigo essa reflexão e acabei de fechar o baú.

– Nhonhô não vai visitar Sinhá Dona Eusébia? – perguntou-me o Prudêncio. – Foi ela quem vestiu o corpo da minha defunta senhora. (MP, XXV)

A lembrança de que Dona Eusébia participara, como ele, da morte de sua mãe, tendo mesmo vestido a defunta, foi um argumento invencível para que Brás reabrisse o baú e adiasse sua volta à vida – ou ao "bulício", como ele a nomeia. É ainda o eco da morte de sua mãe que lhe paralisa a existência, mas, assim o crê Brás, não por muito tempo: "A ponderação do moleque era razoável; eu devia-lhe uma visita; determinei fazê-la imediatamente, e descer." (MP, XXV)

O problema é que, sobreposto a esse "acontecimento fortuito" que lhe impediu a volta – ao menos para quem acompanha a narrativa cronologicamente, deixando por ora de lado a consciência de que o narrador conta apenas o que lhe parece conveniente... –, um outro processo, mais sutil e mais decisivo, desenrolava-se na surdina. Um processo curioso, "nimiamente interessante" e absolutamente necessário ao "entendimento da obra", à participação na gênese da posição do narrador. Escreve o defunto autor sobre o que lhe aconteceu enquanto ainda elaborava o seu luto, enquanto ainda trazia a "consciência boquiaberta" do capítulo anterior:

> Renunciei tudo; tinha o espírito atônito. Creio que por então é que começou a desabotoar em mim a hipocondria, essa flor amarela, solitária e mórbida, de um cheiro inebriante e sutil. "Que bom que é estar triste e não dizer coisa nenhuma!" Quando esta palavra de Shakespeare me chamou a atenção, confesso que senti em mim um eco, um eco delicioso. Lembra-me que estava sentado, debaixo de um tamarineiro, com o livro do poeta aberto nas mãos e o espírito mais cabisbaixo do que a figura – ou jururu, como dizemos das galinhas tristes. Apertava ao peito a minha dor taciturna, com uma sensação única, uma coisa a que poderia chamar volúpia do aborrecimento. Volúpia do aborrecimento: decora esta expressão, leitor; guarda-a,

examina-a, e se não chegares a entendê-la, podes concluir que ignoras uma das sensações mais sutis desse mundo e daquele tempo. (MP, XXV)

A experiência de esvaziamento do sentido da realidade que se segue à descoberta do caráter constitutivamente finito da existência levou Brás Cubas a renunciar tudo, a entrar em um estado de atonia espiritual. Esse estado, que se segue à angustiante experiência da perda de familiaridade do mundo, subitamente revelado pela morte de sua mãe como a antítese do colo materno, faz com que Brás, incapaz de investir no que quer que seja, perceba tudo aquilo que o cerca como estranhamente equivalente em sua indiferenciação. Em vez de atuar, como sempre fizera nos tempos de "acadêmico estróina e superficial", Brás agora simplesmente deixa-se atoar.

Enquanto permanece assim à toa, "com o espírito mais cabisbaixo do que a figura – ou jururu, como dizemos das galinhas tristes", sucede-lhe algo que nem sempre acomete os enlutados. Ele é tocado por uma "sensação única", por um "eco delicioso", que converte a sua "dor taciturna" em uma espécie de refúgio último contra a finitude. Se não é possível apegar-se a nada, pois que tudo acaba sendo mesmo roído pelo "dente tenaz de uma doença sem misericórdia", resta ao menos a tristeza gerada pela perda da pessoa amada.* Resta sobretudo o correlato imediato dessa tristeza: a inação. "Que bom é estar triste e não dizer [nem fazer] coisa nenhuma!"

Em meio ao luto, Brás Cubas descobre a "volúpia do aborrecimento". Trata-se, sem dúvida, de uma expressão aparentemente contraditória, já que, em meio ao ritmo frenético da existência cotidia-

---
* A canção "De mais ninguém", do disco *Cor de rosa e carvão*, de Marisa Monte, cuja letra foi escrita por Arnaldo Antunes, explicita o que está em jogo na "sensação única" experimentada por Brás Cubas. Diz a canção: "Se ela me deixou, a dor/ é minha só, não é de mais ninguém./ Aos outros eu devolvo a dó,/ Eu tenho a minha dor./ Se ela preferiu ficar sozinha,/ ou já tem um outro bem./ Se ela me deixou a dor é minha,/ a dor é de quem tem./ É o meu troféu, é o que restou,/ é o que me aquece sem me dar calor./ Se eu não tenho o meu amor,/ eu tenho a minha dor./ A sala, o quarto, a casa está vazia,/ a cozinha, o corredor./ Se nos meus braços ela não se aninha,/ a dor é minha./ É o meu lençol, é o cobertor,/ é o que me aquece sem me dar calor./ Se eu não tenho o meu amor,/ eu tenho a minha dor (...)".

na, nada aborrece mais do que a falta do que fazer, normalmente experimentada como um fardo de que é preciso nos livrarmos imediatamente. O remédio comumente utilizado para suprimirmos aqueles momentos em que, por algum imprevisto, o instante se alonga – *Langeweile*, ao pé da letra "instante longo", é a palavra alemã para "tédio" – é a invenção de um passatempo qualquer, que, ao apressar a passagem de um espaço de tempo sentido como vazio, pois que privado de sentido, nos restitui aquela sensação de pertencimento ao curso do tempo a que estamos habituados. A condição para a aborrecida experiência do tédio é a nossa experiência habitual do tempo como algo prenhe de sentido, de projetos a realizar e tarefas a cumprir. É esse caráter futurante do tempo, cuja face presente só se deixa iluminar por estar voltada ao porvir, que sustenta a familiaridade do mundo. No caso de Brás Cubas, aquilo que sustentava a sua leveza existencial antes da morte de sua mãe era justamente a esperança indeterminada de um grande futuro para si. Se, até então, ele havia experimentado momentos de tédio, esses sempre haviam sido pensados como apenas acidentais e decerto eram facilmente superados com o recurso a algum passatempo, fosse da ordem da folia, fosse da ordem do academicismo superficial, que desde cedo ele sabia indispensável para a chegada do grande futuro a que almejava.

Com a morte de sua mãe, no entanto, tornou-se subitamente claro para Brás Cubas que, se a crença naquele grande futuro indeterminado e a esperança de alcançar uma "superioridade qualquer" eram o sustentáculo do sentido dos seus dias, esses dias simplesmente não tinham mais qualquer sentido. O grande futuro que ele acalentava, cheio de indeléveis realizações, simplesmente não existia, seja porque não havia qualquer coerência necessária entre uma ação e seu resultado, seja porque toda e qualquer realização não era mais do que transitória e tendia à desrealização, ao fim, à morte. O tempo, que Brás até então experimentara como repositório de promessas, das mais disparatadas e augustas possibilidades, aparecia-lhe agora como fiel depositário da morte. Brás começa a suspeitar de um estreito parentesco entre o tempo e o cancro, que, como ele, é "indiferente às virtudes do sujeito; quando rói, rói; roer é o seu ofício".

Perdida a sua dimensão futurante, o seu caráter de possibilidade efetivamente realizável, o tempo presente tende a distender-se e alongar-se indefinidamente. Torna-se vazio e, como tal, incapaz de saciar a fome humana por sentido, o que explica o fato de Brás, ao deixar-se "atoar de imaginação em imaginação", comparar-se a uma "borboleta vadia ou faminta". Vadia porque impossibilitada de engajar-se em qualquer projeto existencial; faminta porque, ainda que fosse possível um tal engajamento, ela permaneceria insaciada e insaciável.

Com a queda de sua compreensão vulgar do tempo, é natural que Brás fale que uma "dor taciturna", fúnebre, macabra, que evoca idéias de morte, lhe apertasse o peito. Difícil é compreender como essa "dor taciturna" pôde se converter em uma "sensação única" e, finalmente, em "uma coisa a que se poderia chamar volúpia do aborrecimento". O que haveria de voluptuoso nesse presente infinito, no qual todas as coisas ameaçam dissolver-se, indiferenciar-se, e todos os apelos tornam-se igualmente interessantes e, portanto, essencialmente desinteressantes?

A essa altura da narrativa, não é ainda possível uma resposta satisfatória a essa pergunta, mas, alguns capítulos antes, Brás já deixara indicado o desconsolo que sentiu ao receber o diploma, que, "se me dava a liberdade, dava-me a responsabilidade." Na seção "Antes da melancolia: o nascimento de Brás Cubas", analisou-se esse desconsolo como tendo origem na recusa brascubiana de qualquer limitação da sua liberdade, por ele compreendida como uma espécie de livre-arbítrio absoluto. Brás, já se disse, não se contentava com nada menos do que tudo. Enquanto viveu na ilusão da ausência de limites, da inexistência da morte, tudo correu bem, e Brás habilmente sempre conseguiu valer-se do império da opinião para conciliar desejos muitas vezes inconciliáveis.

Súbito, porém, a morte se impõe, ele pela primeira vez a vê. Por um lado, essa experiência impossibilita que ele continue a nutrir a sua sede de ilimitado, apontando para o limite extremo de tudo o que é. Isso devia causar-lhe unicamente dor. Causa-lhe, no entanto, também volúpia. Ele é contagiado pela voluptuosa idéia de que, eliminada a possibilidade de uma efetiva realização existencial, a qual naturalmente implicaria a necessidade de escolher um projeto dentre os muitos que se anunciavam e, portanto, de renunciar a todos os demais, ele já não precisava abrir mão do que quer que seja. Súbito, ele via-se tomado por uma desnecessidade de optar, e essa liberdade, se não saciava a fome, ao menos conservava intacta a ilusão daquela absoluta liberdade espiritual a que sempre almejara – e que, mais tarde, ao introduzir a idéia do "desdém dos finados", ele converteria na única superioridade de fato alcançável, sua vingança contra a morte.

É esse caráter voluptuoso de seu aborrecimento que permite finalmente entender por que, enquanto ainda elaborava o luto pela morte de sua mãe, Brás afirma que "por então é que começou a desabotoar em mim a hipocondria, essa flor amarela, solitária e mórbida, de um cheiro inebriante e sutil". A tez amarelada dessa flor corresponde ao fato de ela continuamente evocar a proximidade da morte, haja vista que não é outra a cor resultante das contrações cadavéricas. O fato de ser uma flor solitária, por sua vez, diz respeito ao sumo da experiência realizada pelo próprio Brás, que, ao descobrir a finitude através da morte de sua mãe, foi abruptamente tomado de um sentimento de estrangeiridade em sua própria casa, de não pertencimento ao seu mundo, como se a familiaridade do mundo só se pudesse sustentar ao preço da ilusão da inexistência da morte. Finalmente, a articulação entre morbidez e hipocondria aponta para o abatimento e a falta de vigor que comumente acometem os enlutados, e que, se perdura excessivamente, convertendo-se em uma ferida mal cicatrizada, priva-lhes da capacidade de investir no que quer que seja, deixando-os com os olhos voltados unicamente para o passado e incapazes de esquecer a própria dor.

Todas essas características da hipocondria seriam em princípio apenas desagradáveis e dolorosas e instigariam o enlutado a superá-la o quanto antes. Mas quando Brás afirma que essa "flor amarela, solitária e mórbida" tem, não obstante, "um cheiro inebriante e sutil", ele identifica a hipocondria à volúpia do aborrecimento. Esta seria "uma das sensações mais sutis deste mundo e daquele tempo" justamente porque, como já se mostrou, permite a afirmação da própria liberdade espiritual, aí entendida como absoluta ausência de condicionamentos, em um mundo absolutamente condicionado por esse limite inexorável que é a morte – e não apenas por ele.

Brás, porém, ainda não se diz definitivamente hipocondríaco. Afirma apenas que por então é que nele "começou a desabotoar" essa flor. A essa altura de sua narrativa, portanto, o bulício ainda poderia falar mais alto, a mocidade ainda poderia reagir, a flor da hipocondria ainda poderia morrer em botão.

Assim, quando seu pai, preocupado com seu abatimento, foi buscá-lo na Tijuca "com duas propostas na algibeira" (MP, XXVI), dizendo-lhe que se conformasse com "a vontade de Deus" (MP, XXVI), Brás hesitou:

> Uma parte de mim mesmo dizia que sim, que uma esposa formosa e uma posição política eram bens dignos de apreço; outra dizia que não; e a morte de minha mãe me aparecia como um exemplo da fragilidade das coisas, das afeições, da família... (MP, XXVI)

Enquanto Brás assim hesitava, seu pai é que não perdeu tempo e reavivou-lhe a memória ao repetir a velha sabedoria familiar, transmitida de geração a geração. Disse-lhe:

> (...) não gastei dinheiro, cuidados, empenhos, para te não ver brilhar, como deves, e te convém, e a todos nós; é preciso continuar o nosso nome, continuá-lo e ilustrá-lo ainda mais. Olha, estou com sessenta anos, mas se fosse necessário começar vida nova, começava, sem hesitar um só minuto. Teme a obscuridade, Brás, foge do que é ínfimo. Olha que os homens valem por diferentes modos, e que o mais seguro de todos é valer pela opinião dos outros homens. Não estragues as vantagens da tua posição, os teus meios...
> E foi por diante o mágico, a agitar diante de mim um chocalho, como me faziam, em pequeno, para eu andar depressa, e a flor da hipocondria recolheu-se ao botão para deixar a outra flor menos amarela, e nada mórbida – o amor da nomeada, o emplasto Brás Cubas. (MP, XXVIII)

A posição do velho Cubas é inequívoca: a morte da esposa é fruto da "vontade de Deus". Para alguns, isso poderia significar o reconhecimento de que, embora o intelecto finito do homem não a possa compreender, seu sentido é garantido pela existência Dele.

Mas não para o velho Cubas, que usa esse argumento pura e simplesmente como uma forma de evadir-se da questão que aquela experiência poderia proporcionar-lhe, como aliás proporcionou a seu filho. Foi a "vontade de Deus", afirma o pai de Brás, e não se pensa mais nisso.

A visita do pai explicita o confronto entre a autoridade paterna, que só cuida do futuro, e a sensação de pertencimento ao colo materno, cuja perda prende Brás ao passado. Se o pai lhe exige que continue o nome da família, e mesmo que o ilustre ainda mais, a (morte da) mãe o lembra "da fragilidade das coisas, das afeições, da família...". Se o pai reconhece e defende a opinião pública como depositária do sentido da existência, a (morte da) mãe lhe ensina que mesmo o reconhecimento mais amplo é incapaz de livrar o homem da obscuridade essencial, a morte que lhe habita a alma. Se o pai lhe diz que, "se fosse necessário começar vida nova, começava, sem hesitar um só minuto", a (morte da) mãe faz com que nele comece a desabotoar "a flor da hipocondria", que implica uma resistência a começar o que quer que seja.

Entre o pai e a mãe, o futuro e o passado, o amor da nomeada e a volúpia do aborrecimento, a ação e a paralisia, Brás hesita. O pai vivo, no entanto, logo faz valer os seus dons de "mágico" – estaria Brás sugerindo que pregar a crença no futuro seria uma forma de ilusionismo? – e, como um palhaço, sai a agitar diante dele um chocalho, para ele "andar depressa", como lhe faziam quando era pequeno, antes portanto daquela experiência originária que foi o confronto com a morte (da mãe). Tantas foram as admoestações de seu pai para que deixasse a tristeza e a obscuridade de lado, que o filho acabou cedendo:

> Vencera meu pai; dispus-me a aceitar o diploma e o casamento, Virgília e a Câmara dos Deputados. (...) e a flor da hipocondria recolheu-se ao botão para deixar a outra flor menos amarela, e nada mórbida – o amor da nomeada, o emplasto Brás Cubas. (MP, XXIX)

Decisões importantes como essa, entretanto, não somos nós que as tomamos, elas é que nos tomam a nós. Desse modo, quando, antes de tornar à vida, Brás foi prestar aquela visita a Dona Eusébia que havia acordado com a lembrança de sua mãe, outro incidente haveria de interpor-se entre ele e o seu futuro. Não seria ainda dessa vez que ele descobriria a fórmula do emplasto Brás Cubas, que, ao contrário do que ele então pensava, não se deve tão facilmente confundir com o mero amor da nomeada.

Eugênia e a borboleta preta

Tão logo Brás chegou à casa de Dona Eusébia, esta "começou a falar de minha mãe, com muitas saudades, com tantas saudades, que me cativou logo, posto me entristecesse." Aquela senhora, que confessava ser uma "velha patusca", "percebeu-o nos meus olhos, e torceu a rédea à conversação; pediu-me que lhe contasse a viagem, os estudos, os namoros...". (MP, XXIX) Brás teria falado um pouco de tudo isso e, acabado o assunto, prestada a devida homenagem à lembrança de sua mãe, simplesmente teria ido embora da Tijuca e voltado à cidade, como já decidira depois da conversa com seu pai.

Ocorre que, enquanto assim conversava, a filha de Dona Eusébia juntou-se a eles. E Brás, embora de imediato não se tenha encantado por "Eugênia, a flor da moita" (MP, XXX) – a justaposição de um nome que significa "bem nascida" e de um epíteto que aponta para a proveniência espúria da moça realça o uso ironicamente cruel que Brás Cubas faz da linguagem –, tampouco deixou de notar-lhe a "compostura de mulher casada", que, se lhe "diminuía um pouco da graça virginal", fazia com que parecesse "ainda mais mulher do que era". (MP, XXX)

> Depressa nos familiarizamos; a mãe fazia-lhe grandes elogios, eu escutava-os de boa sombra, e ela sorria, com os olhos fúlgidos, como se lá dentro do cérebro estivesse a voar uma borboletinha de asas de ouro e olhos de diamante...
> Digo lá dentro, porque cá fora o que esvoaçou foi uma borboleta preta (...). Dona Eusébia deu um grito, levantou-se, praguejou umas palavras soltas: – Tesconjuro!... Sai, diabo!... Virgem Nossa Senhora!... (MP, XXX)

A familiaridade do encontro, que já conseguia mesmo apagar a sua motivação originalmente fúnebre, foi subitamente interrompida pela entrada de uma borboleta preta, que Dona Eusébia compara ao próprio diabo, e Brás, sempre brincando com as antíteses, contrapõe a "uma borboletinha de asas de ouro e olhos de diamante" que estaria voejando "dentro do cérebro" de Eugênia.

Em uma primeira leitura, a contraposição entre as duas borboletas é reveladora da assimetria social que marca aquela relação. Brás, "garção bonito, airoso, abastado", encontra-se na companhia de uma "robusta donzelona" e de sua filha, uma bastarda cuja "graça virginal" era menos diminuída por sua compostura do que por seu nascimento. Ciente e cioso dessa assimetria, que, não fosse pela morte de sua mãe, simplesmente teria inviabilizado aquele encontro, Brás é incapaz de reprimir a idéia de ser o objeto da cobiça de Eugênia, cujo cérebro, assim ele projeta, cuidaria apenas dos broches de ouro e anéis de diamante que ele poderia dar-lhe.

No âmbito dessa leitura, a súbita aparição da borboleta preta revelaria a impossibilidade de uma união entre aquele "garção abastado" e aquela "flor da moita". Assim, quando Dona Eusébia esconjura a borboleta preta, isso teria menos a ver com alguma "superstição" do que com a não menos ridícula tentativa de encobrir o abismo social que separava os moços, cujo casamento, assim projeta Brás, seria o objetivo último daquela "velha patusca" – daí os "grandes elogios" feitos à filha...

Ocorre que a lógica implacável do filho da elite vê-se um pouco abalada no fim da tarde, quando, de volta à casa, preparando-se para voltar à cidade, Brás vê "passar a cavalo a filha de Dona Eusébia, seguida de um pajem; fez-me um cumprimento com a ponta do chicote. Confesso que me lisonjeei com a idéia de que, alguns passos adiante, ela voltaria a cabeça para trás; mas não voltou". (MP, XXX)

Esse abalo, como sói acontecer, desperta-lhe o desejo de provar a sua superioridade, dobrando a donzela, desejo que até teria conseguido afastar, não fosse a insistência de Dona Eusébia, que, no dia seguinte, quando ele acabava os "preparativos da viagem", foi buscá-lo à casa, para ele "ir lá jantar" novamente com elas. O narrador, como que defendendo-se postumamente das conseqüências daquele reencontro, joga a culpa no cálculo de Dona Eusébia. Diz-nos: "Cheguei a recusar; mas instou tanto, tanto, tanto, que não pude deixar de aceitar (...)". (MP, XXXII) Brás, a essa altura de sua narrativa, já era novamente só desejo, fosse o desejo de tornar ao bulício da cidade, à noiva e ao Parlamento, fosse o desejo de "glosar à filha o mesmo mote" (MP, XXXII) que o Vilaça glosara à mãe. As admoestações de seu pai, para que esquecesse a morte da mãe e respeitasse a vontade de Deus, pareciam estar fazendo efeito. Brás, finalmente, parecia estar deixando morrer em botão a "flor amarela, solitária e mórbida" da hipocondria. Tudo ia bem até que, depois do jantar, Dona Eusébia resolveu mostrar-lhe a chácara.

> Saímos à varanda, dali à chácara, e foi então que notei uma circunstância. Eugênia coxeava um pouco, tão pouco, que eu cheguei a perguntar-lhe se machucara o pé. A mãe calou-se; a filha respondeu sem titubear:
> – Não, senhor, sou coxa de nascença. (MP, XXXII)

A continuidade entre a borboleta preta que invadiu o primeiro encontro de Brás e Eugênia e o fato de a moça ser "coxa de nascença" é evidente: o seu nascimento espúrio e coxo inviabilizava qualquer autêntica aproximação entre eles. Dada a inferioridade social de Eugênia, que Brás naturaliza ao atribuir-lhe um defeito biológico, aquele casamento era impossível.

Agora desobrigado de qualquer compromisso sério, Brás empenha-se ainda mais em dobrar aquela donzela, em reiterar a sua superioridade, que doravante seria não apenas social, mas também moral, na medida em que apenas verdadeiros cristãos não cuidariam de um defeito tão grave quanto aquele, ou melhor, sentiriam compaixão por ele. Depois daquela revelação, ele permaneceria ainda oito dias na Tijuca, "enlevado ao pé da minha Vênus manca. Enlevado é uma maneira de realçar o estilo; não havia enlevo, mas uma certa satisfação física e moral. (...) Não desci, e acrescentei um versículo ao Evangelho: – Bem-aventurados os que não descem, porque deles é o primeiro beijo das moças" (MP, XXXIII).

A interpretação da assimetria social como fundamento das metáforas da "borboleta preta" e da "coxidão ingênita" de Eugênia é reforçada pela confissão que, já morto e narrador, Brás Cubas faria: "Pobre Eugênia! Se tu soubesses que idéias me vagavam pela mente fora naquela ocasião! Tu, trêmula de comoção, com os braços nos meus ombros, a contemplar em mim o teu bem-vindo esposo, e eu com os olhos em 1814, na moita, no Vilaça, e a suspeitar que não podias mentir ao teu sangue, à tua origem...". (MP, XXXIII)

Essa confissão dá ensejo a que o narrador, imaginando a reação de "uma alma sensível", título do capítulo que se segue ao da bem-aventurança, intrometa-se no curso da narrativa e, dirigindo-se diretamente ao leitor, em uma parábase semelhante às das comédias de Aristófanes, justifique-se do seguinte modo: "Há aí, entre as cinco ou dez pessoas que me lêem, há aí uma alma sensível, que está decerto um tanto agastada com o capítulo anterior, começa a tremer pela sorte de Eugênia, e talvez ... sim, talvez, lá no fundo de si mesma, me chame cínico. Eu cínico, alma sensível? Pela coxa de Diana! (...) eu não sou cínico, eu fui homem (...)." (MP, XXXIV)

A finalidade dessa parábase é quebrar a tendência à identificação entre leitor e protagonista, de modo a gerar um distanciamento favorável à reflexão. Ao negar o próprio cinismo tão enfaticamente a ponto de fazer menção à "coxa de Diana", o narrador acaba por confirmá-lo, de modo a que os seus raciocínios, aparentemente tão bem fundamentados, apareçam ao leitor, agora distanciado e portanto mais atento, como imposturas de classe. Curiosamente, porém, no mesmo movimento em que denuncia a si próprio como cínico, Brás Cubas suaviza essa acusação universalizando-a. O cinismo não seria uma característica individual sua, e tampouco dos jovens de sua classe social, mas sim da natureza humana.

O procedimento (brascubiano) de naturalização ou, conforme o ponto de vista, universalização das próprias experiências é fundamental na tessitura das *Memórias póstumas de Brás Cubas* como um todo. Esse procedimento, que, na narração de Brás Cubas, converte-se em verdadeiro mecanismo, do qual praticamente nada escapa, é o que garante ao personagem a aparência de filósofo. Os capítulos em que ele narra o seu encontro com Eugênia, no entanto, são mais exemplares do que os outros por revelarem as molas detrás do mecanismo, os interesses particulares de Brás Cubas. Neste caso, a naturalização do defeito de Eugênia serve para encobrir o seu caráter social e, por intermédio da parábase "a uma alma sensível", ao mesmo tempo para revelar o defeito de uma sociedade que, contrariamente à moral cristã que afeta professar – não é à toa que o título de dois dos oito capítulos que compõem o episódio referem-se diretamente a passagens bíblicas –, valora os homens de acordo com o seu nascimento, isto é, com as suas posses. Sob essa ótica, é correta a interpretação de Roberto Schwarz, segundo a qual as *Memórias póstumas de Brás Cubas* teriam sido escritas "contra o seu pseudo-autor",[19] no intuito de desvelar o caráter violento e irracional da ideologia das elites brasileiras.

O problema é que, ao contrário do que pretende, essa interpretação de forma alguma esgota o episódio de Eugênia. O fato de que é sempre possível reportar uma reflexão pretensamente universal a um interesse particular não anula, por si só, a universalidade dessa reflexão. Assim, por mais que nos tenha parecido necessário chamar a atenção para o funcionamento do mecanismo ideológico de naturalização dos vícios sociais no relato de Brás Cubas, cumpre retomar a simpatia pelo personagem que até o momento havia norteado a nossa reconstrução do romance.

A (primeira) visita a Dona Eusébia, como já se disse, foi motivada pelo respeito de Brás Cubas à memória de sua mãe, última homenagem que ele lhe teria feito antes de voltar ao bulício e sepultar de vez a melancolia que começava a desabrochar em seu peito. Nessa visita, porém, uma borboleta preta sobressaltou a mãe e a filha, rompendo a familiaridade da situação e nela insinuando um elemento estranho. Esse elemento estranho foi anteriormente lido como uma espécie de denúncia da assimetria social ali presente. O filósofo Brás Cubas, entretanto, tem uma outra interpretação do acontecimento, que apresenta em um capítulo à parte, imediatamente posterior ao da primeira visita a Dona Eusébia. Nesse capítulo, intitulado justamente "A borboleta preta", escreve o narrador:

No dia seguinte, como eu estivesse a preparar-me para descer, entrou no meu quarto uma borboleta, tão negra como a outra, e muito maior do que ela. Lembrou-me o caso da véspera, e ri-me; entrei logo a pensar na filha de Dona Eusébia, no susto que tivera, e na dignidade que, apesar dele, soube conservar. A borboleta, depois de esvoaçar muito em torno de mim, pousou-me na testa. Sacudi-a, ela foi pousar na vidraça; e, porque eu a sacudisse de novo, saiu dali e veio parar em cima de um velho retrato de meu pai. Era negra como a noite. O gesto brando com que, uma vez posta, começou a mover as asas, tinha um certo ar escarninho, que me aborreceu muito. Dei de ombros, saí do quarto; mas, tornando lá, minutos depois, e achando-a ainda no mesmo lugar, senti um repelão dos nervos, lancei mão de uma toalha, bati-lhe e ela caiu.

Não caiu morta; ainda torcia o corpo e movia as farpinhas da cabeça. Apiedei-me; tomei-a na palma da mão e fui depô-la no peitoril da janela. Era tarde; a infeliz expirou dentro de alguns segundos. Fiquei um pouco aborrecido, incomodado.

– Também por que diabo não era ela azul? – disse comigo.

E essa reflexão – uma das mais profundas que se tem feito, desde a invenção das borboletas – me consolou do malefício, e me reconciliou comigo mesmo. (MP, XXXI)

Esse capítulo, que Brás escreve afetando temer que "algum leitor circunspecto" o detenha para perguntar se "é apenas uma sensaboria ou se chega a empulhação" (MP, XXXII), é um dos mais coerentes do livro, na medida em que concentra em forma de alegoria os principais estágios de sua relação com Eugênia. Como em um corte em movimento característico do cinema, o vôo da borboleta preta conduz a câmera da imagem dos três conversando, na casa de Dona Eusébia, até a testa de Brás, em casa, onde finalmente pousa. Brás tenta afastar aquele elemento estranho, índice da coxidão ingênita de Eugênia, na esperança talvez de poder acalentar o desejo pela filha de Dona Eusébia, cuja "dignidade" ele ambiguamente admirara na visita do dia anterior.

Na primeira vez em que tenta afastar a borboleta preta, ela quase desaparece de sua consciência, mas é impedida por uma barreira tão invisível quanto as principais barreiras sociais: a vidraça. Na segunda vez, a sacudidela tem efeito contrário ao que esperava, e a borboleta preta pára sobre um retrato de seu pai, aquele mesmo homem que sempre ensinara Brás Cubas a temer a obscuridade, e que, portanto, devia temer mais do que tudo um casamento com uma mulher de estirpe inferior, "uma coxa de nascença". O fato de que, "uma vez posta" sobre o retrato de seu pai, a borboleta começou a mover as asas, remete ao embate entre a consciência de classe e o desejo de Brás, do qual aquela parecia escarnecer, o que lhe "aborreceu muito". Para escapar a esse embate, Brás tentou sair do quarto; "mas, tornando lá, minutos depois, e achando-a ainda no mesmo lugar", não suportou mais a lembrança da "negritude" de Eugênia e, com um repelão, abateu a borboleta, sacrificando a possibilidade de assumir qualquer compromisso com uma "flor da moita".

O problema é que seu desejo por ela não se deixou tão facilmente sacrificar: a borboleta preta "ainda torcia o corpo e movia as farpinhas da cabeça". Em vez de sentir raiva do próprio desejo ou mesmo da consciência de classe que lhe impossibilitava a sua satisfação, Brás apelou então para uma solução de compromisso: a compaixão. Foi o álibi da compaixão que lhe permitiu ficar oito dias "ao pé" de Eugênia, "ao pé dessa criatura tão singela, filha espúria e coxa, feita de amor e desprezo", já que, arremata ele o seu raciocínio compassivo, "ao pé dela sentia-me bem, e ela creio que ainda se sentia melhor ao pé de mim" (MP, XXXIII). Foi, em suma, o álibi da compaixão que, no domingo seguinte, lhe permitiu ganhar o "primeiro beijo de Eugênia – o primeiro que nenhum outro varão jamais lhe tomara", e que quase foi surpreendido por Dona Eusébia, que "entrou inesperadamente, mas não tão súbita, que nos apanhasse ao pé um do outro" (MP, XXXIII).

Além do evidente ridículo a que o narrador submete a compaixão, virtude capital do cristianismo que mais tarde seria fulminada definitivamente pela "teoria do benefício" (MP, CXLIX),[20] a crueldade de Brás Cubas é repisada no plano da linguagem, através do uso insistente da expressão "ao pé de", que, salvo engano, ocorre cinco vezes na página solitária em que Brás narra a sua "bem-aventurança" ao "pé da minha Vênus Manca" (MP, XXXIII). Como a compaixão não é capaz de salvar nenhum desventurado, "a infeliz expirou dentro de alguns segundos". Traduzindo: depois do beijo, Brás abandonou Eugênia à sua própria sorte.

Como esse comportamento lhe deixasse "aborrecido, incomodado", foi inevitável o recurso à filosofia, que muitos pensadores já disseram só poder nascer em momentos de crise (Ortega y Gasset), ou de grande perigo (Nietzsche). Pergunta-se Brás em tom de revolta: "Também por que diabo não era ela azul?" Esse raciocínio metafísico, que revela como Brás não perdoa à natureza o defeito da borboleta preta, encontra uma correspondência perfeitamente simétrica no capítulo que se segue à descoberta da coxidão de Eugênia. A correspondência é, aliás, salientada pelo próprio narrador, que escreve:

> O pior é que era coxa. Uns olhos tão lúcidos, uma boca tão fresca, uma compostura tão senhoril; e coxa! Esse contraste faria suspeitar que a natureza é às vezes um imenso escárnio. Por que bonita, se coxa? por que coxa, se bonita? Tal era a pergunta que eu vinha fazendo a mim mesmo ao voltar para casa, de noite, sem atinar com a solução do enigma. O melhor que há, quando se não resolve um enigma, é sacudi-lo pela janela fora; foi o que eu fiz; lancei mão de uma toalha e enxotei essa outra borboleta preta, que me adejava no cérebro. Fiquei aliviado e fui dormir. Mas o sonho, que é uma fresta do espírito, deixou novamente entrar o bichinho, e aí fiquei eu a noite toda a cavar o mistério, sem explicá-lo. (MP, XXXIII)

Vê-se que, a despeito do seu confronto com a finitude constitutiva da existência por ocasião da morte de sua mãe, Brás Cubas, como nos tempos de faculdade, continua a não se contentar com nada menos do que tudo. A coexistência dos opostos bonita e coxa, borboleta e preta, ou mesmo, bela e bastarda parece-lhe "um imenso escárnio", como se a natureza, podendo ser inteiramente isso ou aquilo, optasse conscientemente por nunca ser plenamente nada, resguardando sempre em seu seio uma negatividade que lhe parece insuportável.* Essa negatividade, que se revela fenomenicamente na forma de figuras ambíguas como a borboleta preta ou Eugênia, é em

---

* Brás Cubas, aqui, raciocina como Manuel Bandeira, que um dia escreveu: "A vida assim nos afeiçoa,/ Prende. Antes fosse toda fel!/ Que ao se mostrar às vezes boa,/ Ela requinta em ser cruel." (BANDEIRA, M. "A vida assim nos afeiçoa". In: *Estrela da vida inteira*. Rio de Janeiro: Nova Fronteira, 1993, p. 55.)

última instância a mola que move a marcha do devir, aquela mesma marcha que atropelou a sua santa mãe, apesar de todas as suas qualidades. A lógica desse mecanismo, que Brás Cubas havia desistido de entender depois que seu pai novamente lhe incutira o amor da nomeada, propondo-lhe uma noiva e uma cadeira no Parlamento, aparece-lhe mais uma vez como um enigma confrangedor. Desta feita, sua consciência não fica boquiaberta diante de uma morte biológica, mas diante de uma mácula, a coxidão, mortal para o seu desejo, para a sua vontade de quedar-se ao pé de Eugênia.

O encontro com Eugênia marca, portanto, um aprofundamento na ferida existencial que maculou a carne de Brás Cubas ao viver a morte de sua mãe. Quando a dor então sentida começava a dissipar-se e a ferida a cicatrizar, Eugênia, a "bem nascida", lhe aparece para revelar que a morte, ou a imperfectibilidade do ser humano de que ela é a evidência cabal, não deve ser vista apenas como um limite externo à vida, como aquilo que, sendo de natureza inteiramente distinta da natureza da vida, apenas marcaria o seu fim, sem no entanto dispor do poder de interferir em seu desdobramento. Ao contrário, a coxidão de Eugênia é a mordida da morte na vida, que, mais uma vez, revela-se incapaz de escapar a seu "dente tenaz". Eugênia, apesar de "uns olhos tão lúcidos, uma boca tão fresca, uma compostura tão senhoril", apesar de seus bons genes, traz, não obstante, a morte, "negra como a noite", na carne.

"Confesso que tudo aquilo me pareceu obscuro, incongruente, insano...", poderia repetir Brás, mas não o fez. Tentou, ao contrário, enxotar esse outro enigma, "essa outra borboleta preta", para fora de seu espírito. A princípio, não teve sucesso e foi obrigado a "cavar o mistério, sem explicá-lo". Mas logo encontrou uma solução: enxotar a própria Eugênia, o que viria a fazer imediatamente após conquistar-lhe o primeiro beijo. "Pois um golpe de toalha rematou a aventura. Não lhe valeu a imensidão azul, nem a alegria das flores, nem a pompa das folhas verdes, contra uma toalha de rosto, dois palmos de linho cru. Vejam como é bom ser superior às borboletas!" (MP, XXXI)

Se Eugênia, "filha espúria e coxa", não era a borboleta (de sangue) azul que ele procurava, isso não significava que tal borboleta azul não pudesse ser encontrada alhures. A esperança de uma existência sem ambigüidades, de uma vida livre do "escárnio da natureza" ainda pulsava em seu peito. Afinal, a essa altura de sua narrativa, ele tem motivos para "suspeitar que a natureza é *às vezes* um imenso escárnio", mas não sempre. Virgília, a noiva escolhida por seu pai, filha do "Conselheiro Dutra (...), uma influência política" (MP, XXVIII), haveria de ser plenamente eugênica. Esta é, ao menos, a expectativa com que, após breve hesitação, ele encerra o episódio da borboleta preta:

> Vejam como é bom ser superior às borboletas! Porque, é justo dizê-lo, se ela fosse azul, ou cor de laranja, não teria mais segura a vida; não era impossível que eu a atravessasse com um alfinete, para recreio dos olhos. Não era. Esta última idéia restituiu-me a consolação; uni o dedo grande ao polegar, despedi um piparote e o cadáver caiu no jardim. Era tempo; aí vinham já as próvidas formigas... Não, volto à primeira idéia; creio que para ela era melhor ter nascido azul. (MP, XXXI)

Quanto a Eugênia, abandonada à margem do caminho, ele lhe dedica um capítulo de despedida, no qual apresenta a sua filosofia das botas curtas:

> As botas apertadas são uma das maiores venturas da terra, porque, fazendo doer os pés, dão azo ao prazer de as descalçar. (...) Enquanto esta idéia me trabalhava no famoso trapézio, lançava eu os olhos para a Tijuca, e via a aleijadinha perder-se no horizonte do pretérito, e sentia que o meu coração não tardaria também a descalçar suas botas. E descalçou-as o lascivo. (...) Em verdade vos digo que toda sabedoria humana não vale um par de botas curtas.
>
> Tu, minha Eugênia, é que não as descalçaste nunca; foste aí pela estrada da vida, manquejando da perna e do amor, triste como os enterros pobres, solitária, calada, laboriosa, até que vieste também para esta outra margem... O que eu não sei era se a tua existência era muito necessária ao século. Quem sabe? Talvez uma comparsa de menos fizesse patear a tragédia humana. (MP, XXXVI)

Por esse réquiem à "aleijadinha", cujo mau gosto dificilmente se deixará superar em outro momento de um livro que não prima pela fineza, fica patente que o abalo provocado pela coxidão de Eugênia não foi ainda suficiente para paralisar o ímpeto vital de Brás Cubas, que, como o próprio nos diz, descalçou lascivamente as botas curtas com as quais ficara ao pé da "flor da moita", recuperando assim toda a sua agilidade e chegando ao ponto de afirmar a vida como sendo "o mais engenhoso dos fenômenos, porque só aguça a fome, com o fim de deparar a ocasião de comer".

A conclusão final do episódio, em que Brás Cubas cruelmente repisa a sua superioridade sobre a moça utilizando o verbo "patear", última referência a suas "patas", é digna de atenção: indo além de qualquer consideração sobre a relação entre o defeito e o nascimento socialmente espúrio de Eugênia, ele faz alusão a uma "tragédia humana", que talvez fracassasse com "uma comparsa de menos". De que tragédia humana ele estaria a falar aqui se, como todo o episódio de Eugênia indica, propriamente trágica é apenas a situação dela, mas não a da humanidade em geral?

A resposta a essa pergunta depende da lembrança de que se trata de um livro de memórias póstumas, de um enredo cujo narrador já conhece o fim. Vale, em todo caso, continuar acompanhando cronologicamente a sua narrativa, a fim de participar na gênese da perspectiva melancólica que, no final das contas, permitirá a Brás Cubas falar de uma tragédia humana na qual também as borboletas de sangue azul estariam incluídas.

Marcela e a sege

Descalçadas as botas curtas, enquanto ainda "saboreava esse rápido, inefável e incoercível momento de gozo, que sucede a uma dor pungente," enfim – este é o título do capítulo que se segue imediatamente ao das botas – Brás Cubas narra sua entrada na cidade (MP, XXXV),[21] e, mais especificamente, na casa do pai de Virgília. Já o primeiro encontro com o Conselheiro Dutra, que "achou que a minha candidatura era legítima", e com a filha, "que não desmentiu em nada o panegírico de meu pai" – aquele que pretensamente lhe teria convencido a abandonar o luto pela morte da mãe – foi definitivo. Escreve Brás: "Eu, que levava idéias a respeito da pequena, fiteia de certo modo; ela, que não sei se as tinha, não me fitou de modo diferente; e o nosso olhar primeiro foi puro e simplesmente conjugal. No fim de um mês estávamos íntimos." (MP, XXXVII) Nesse momento de sua vida parecia, enfim, que o grande futuro que Brás Cubas sempre almejara estava prestes a concretizar-se. O casamento com a filha de uma "influência política" garantia-lhe, de um só golpe, uma rica prole e uma cadeira no Parlamento. Tudo corria bem, no compasso do mais certo, quando, matando o tempo à espera de um jantar na casa de Virgília, Brás consulta o relógio e "cai-me o vidro na calçada" (MP, XXXVIII). Um intérprete mais afoito notaria na queda do relógio uma quebra do tempo, uma espécie de empacar pouco distinto de outros empacares já vivenciados por Brás. Este, porém, não tinha ainda pressa. Sem sobressalto, entrou "na primeira loja que tinha à mão; era um cubículo – pouco mais – empoeirado e escuro" (MP, XXXVIII).

A própria descrição do cenário, um "cubículo empoeirado e escuro", empresta à narrativa um clima de suspense que se diria cinematográfico. Brás, ao que tudo indica, está a poucos instantes de um encontro fatal, que o leitor não terá ainda como saber se promovido pelo acaso ou pela lógica implacável de um mecanismo narrativo ainda invisível. Escreve o defunto:

> Ao fundo, por trás do balcão, estava sentada uma mulher, cujo rosto amarelo e bexiguento não se destacava logo, à primeira vista; mas logo que se destacava era um espetáculo curioso. Não podia ter sido feia; ao contrário, via-se que fora bonita, e não pouco bonita, mas a doença e uma velhice precoce destruíam-lhe a flor das graças. As bexigas tinham sido terríveis; os sinais, grandes e muitos, faziam saliências e encarnas, declives e aclives, e davam uma sensação de lixa grossa, enormemente grossa. Eram os olhos a melhor parte do vulto, e aliás tinham uma expressão singular e repugnante, que mudou, entretanto, logo que eu comecei a falar. Quanto ao cabelo, estava ruço e quase tão poento como os portais da loja. Num dos dedos da mão esquerda fulgia-lhe um diamante. Crê-lo-eis, pósteros? essa mulher era Marcela. (MP, XXXVIII)

O diálogo que se segue ao reconhecimento de Marcela é cheio de silêncios. Brás mal consegue articular duas palavras. Sua consciência parece novamente boquiaberta. Marcela é que, após reprimir "um movimento como para esconder-se ou fugir", assume as rédeas da conversação. "Falou-me longamente de si, da vida que levara, das lágrimas que eu lhe fizera verter, das saudades, dos desastres, enfim das bexigas, que lhe escalavraram o rosto, e do tempo, que ajudou a moléstia, adiantando-lhe a decadência." Após o relato, Marcela perguntou-lhe se ele já se casara, e a resposta, seca, foi "ainda não" (MP, XXXVIII). Nessa resposta, vale salientar, o "ainda" anula o "não". Ainda.

Nesse momento, apesar de novamente deparar com a ação cancerígena do tempo, vendo-o unicamente como princípio de corrosão – ou "enxurro", para retomar os termos de um capítulo anterior –, Brás quer apressá-lo. Nessa pressa, nessa ânsia por se "ver fora daquela casa" e da companhia de Marcela, advinha-se uma tentativa desesperada de fechar os olhos à experiência que ali se anunciava, de recuperar o passo. Para tanto, urgia esquecer o rosto escalavrado da outrora "linda Marcela", condição indispensável para retomar uma experiência do tempo como princípio de geração, como depositário do grande futuro que lhe esperava ao lado de Virgília.

"Supunha entrar numa casa de relojoeiro", diz Brás a Marcela, "queria comprar um vidro para este relógio; vou a outra parte; desculpe-me; tenho pressa." Marcela, porém, não aceitou a desculpa e impediu a partida imediata de Brás. Em vez de permitir que ele fosse consertar o tempo, digo, o seu relógio, foi ela quem assumiu as vezes de relojoeiro – "chamou um moleque, deu-lhe o relógio e, apesar da minha oposição, mandou-o a uma loja na vizinhança" (MP, XXXVIII). Brás foi obrigado a ficar parado onde estava.

Enquanto Brás esperava, e concluía, a partir da oferta da espanhola de lhe vender "finas jóias por preços baratos", que "a paixão do lucro era o verme roedor daquela existência" (MP, XXXVIII), um outro acaso se insinua naquele encontro casual. O narrador abre um novo capítulo, aparentemente sem qualquer relação com o enredo do romance, para descrever a entrada na loja de um sujeito baixo com a sua filha de quatro anos. Este conta a Marcela que a menina "fala na senhora a todos os instantes, e (...) ontem veio pedir-me com voz muito humilde (...) que queria oferecê-los [um padre-nosso e uma ave-maria] a Santa Marcela" (MP, XXXIX). Quando Brás, depois da saída da dupla, pergunta à espanhola quem era ele, ela lhe responde:

– É um relojoeiro da vizinhança, um bom homem; a mulher também; e a filha é galante, não? Parecem gostar muito de mim... é boa gente.
Ao proferir estas palavras havia um tremor de alegria na voz de Marcela; e no rosto como que se lhe espraiou uma onda de ventura... (MP, XXXIX)

Este capítulo, "o vizinho", que tende a passar despercebido, revela no entanto a complexidade das *Memórias póstumas*. Brás Cubas, a caminho da casa de Virgília, o futuro, deixa o seu relógio cair e quebrar, e é obrigado a ficar parado junto a Marcela, o passado. Esta, apesar de negociar jóias – num cubículo e com o rosto escalavrado, é verdade, mas com um diamante "num dos dedos da mão esquerda", índice talvez de que "diamonds are forever"... –, toma para si a tarefa de fazer o tempo (no relógio) de Brás Cubas voltar a andar, ou seja, assume as vezes de um relojoeiro. Enquanto Brás, que "supunha entrar numa casa de relojoeiro", é obrigado a ficar parado ao pé dessa outra Vênus manca, entram na loja um homem e sua filha, que, ao saírem, deixam na voz de Marcela "um tremor de alegria" e em seu rosto "uma onda de ventura". Quando Brás indaga quem é o homem, Marcela lhe diz que se trata de "um relojoeiro da vizinhança".

A repetição insistente da metáfora do relojoeiro, que, ao consertar relógios, faz o tempo voltar a andar, recuperando-lhe o caráter futurante ou projetivo, leva o leitor a perceber que, apesar das bexigas e das saudades de um passado não tão remoto assim, em que fora a "linda Marcela, como lhe chamavam os rapazes do tempo" (MP, XIV), esta conseguira superar a melancolia a que a sua decadência física sem dúvida convidava. Marcela, apesar "do tempo, que ajudou a moléstia, adiantando-lhe a decadência"; e apesar da "alma decrépita" que Brás lhe atribuía, encontrou, na vizinhança, um relojoeiro; na vida, uma fonte de alegria e ventura que a motivava a seguir adiante.

Brás, no entanto, que trazia ainda "um tipo elegante e uma encadernação luxuosa" (MP, XXXVIII), que tinha muito menos motivos do que a espanhola para choramingar "o curso incessante das águas" (MP, CXXXVII), em sua busca por um relojoeiro na vizinhança, encontrou apenas a ruína de seu primeiro amor. Se Marcela encontrou o seu relojoeiro, a pergunta que a narrativa deixa ao leitor é se Brás teria encontrado o seu.

Nisto entrou o moleque trazendo o relógio com o vidro novo. Era tempo; já me custava estar ali; dei uma moedinha de prata ao moleque; disse a Marcela que voltaria noutra ocasião, e saí a passo largo. Para dizer tudo, devo confessar que o coração me batia um pouco; mas era uma espécie de dobre de finados. O espírito ia travado de impressões opostas. Notem que aquele dia amanhecera alegre para mim. Meu pai, ao almoço, repetiu-me, por antecipação, o primeiro discurso que eu tinha de proferir na Câmara dos Deputados; rimo-nos muito, e o sol também, que estava brilhante, como nos mais belos dias do mundo; do mesmo modo que Virgília devia rir, quando eu lhe contasse as nossas fantasias do almoço. Vai senão quando, caí-me o vidro do relógio; entro na primeira loja que me fica à mão; e eis me surge o passado, ei-lo que me lacera e beija; ei-lo que me interroga, com um rosto cortado de saudades e bexigas...

Lá o deixei; meti-me às pressas na sege, que me esperava no Largo de S. Francisco de Paula, e ordenei ao boleeiro que rodasse pelas ruas fora. O boleeiro atiçou as bestas, a sege entrou a sacolejar-me, as molas gemiam, as rodas sulcavam rapidamente a lama que deixara a chuva recente, e tudo isso me parecia estar parado. Não há, às vezes, um certo vento morno, não forte nem áspero, mas abafadiço, que nos não leva o chapéu da cabeça, nem redemoinha nas saias das mulheres, e todavia é ou parece ser pior do que se fizesse uma e outra coisa, porque abate, afrouxa, e como que dissolve os espíritos? Pois eu tinha esse vento comigo; e, certo de que ele me soprava por achar-me naquela espécie de garganta entre o passado e o presente, almejava por sair à planície do futuro. O pior é que a sege não andava.

– João – bradei eu ao boleeiro. – Esta sege anda ou não anda?

— Uê! nhonhô! Já estamos parados na porta de sinhô conselheiro. (MP, XL)

Apesar de Brás finalmente ter conseguido sair, e "a passo largo", da companhia de Marcela e de seu cubículo asfixiante, seu coração lhe batia estranhamente, em "uma espécie de dobre de finados". Ele ainda não sabia disso, mas esse compasso fúnebre ditaria, daí em diante, o passo curto de sua existência. Ou melhor, de sua obra, definida por ele mesmo no prólogo ao leitor como uma "obra de finado". Nesse momento, tudo o que ele sabia é que seu "espírito ia travado de impressões opostas". De um lado, a recordação de um futuro com que, ainda naquela manhã, ele contava. Futuro cheio de discursos proferidos na Câmara dos Deputados e dos risos de Virgília. De outro, um relógio quebrado e uma ex-amante corroída pelas bexigas. Bexigas que, como o cancro de sua mãe e a coxidão de Eugênia, laceravam-lhe a consciência com uma interrogação. Entre um lado e outro, Brás Cubas, em forma de pêndulo, hesitava.

Na tentativa de, decididamente, deixar para trás o passado, com seu "rosto cortado de saudades e bexigas", e chegar logo à "planície do futuro", lisa e sem escaras como o rosto de Virgília, Brás meteu-se "às pressas na sege", que o esperava no Largo de São Francisco. A frase seguinte merece ser lida com redobrada atenção: "O boleeiro atiçou as bestas, a sege entrou a sacolejar-me, as molas gemiam, as rodas sulcavam rapidamente a lama que deixara a chuva recente, e tudo isso me parecia estar parado."

A descrição do atiçamento das bestas, do sacolejo da carroceria, do gemido das molas e finalmente do movimento das rodas da sege contrasta vivamente com a percepção de Brás Cubas que, mortificado em seu lugar, afirma que "tudo isso me parecia estar parado". Esse contraste aponta para uma cisão irremediável entre a subjetividade de Brás Cubas, o que se poderia chamar seu tempo interior, e a objetividade do mundo, cujo tempo, como dizia Nelson Rodrigues, é o dos relógios e das folhinhas. Por mais que, como se lê no início do capítulo da sege, o moleque de Marcela tenha entrado "trazendo o relógio com o vidro novo", o relógio existencial de Brás perdera os ponteiros;* por mais que ele, de algum modo, fosse capaz de reconhecer o movimento da sege e das coisas à sua volta, esse reconhecimento lhe deixava indiferente, sendo incapaz de mobilizá-lo. Se "as rodas da sege sulcavam rapidamente a lama", Brás Cubas, como indica a própria brevidade da última frase do período, subitamente viu-se atolado em uma outra lama mais espessa: a sua interioridade. "E tudo isso me parecia estar parado."

A afirmação de que o capítulo da sege pode ser lido como o capítulo em que é descrita a súbita constituição da interioridade de Brás Cubas, como o momento daquela cisão definitiva entre eu e mundo que tornará possível a sua conversão em um morto que narra, apóia-se na consideração atenta do clima no âmbito dessa interioridade. Como no "cubículo empoeirado e escuro" de Marcela, do qual Brás pretensamente teria saído "a passo largo", o clima existencial – o *páthos* – de Brás Cubas é agora ditado por um "vento morno".

Vento morno: não quente nem frio, "não forte nem áspero, mas abafadiço, que nos não leva o chapéu da cabeça nem redemoinha na saia das mulheres, e todavia é ou parece ser pior do que se fizesse uma ou outra coisa, porque abate, afrouxa e como que dissolve os espíritos". Esse vento morno, escreve Brás, "eu tinha esse vento comigo", indicando ao leitor como um fenômeno a princípio externo, o sopro do vento, acabou por ser introjetado, e, em última instância, por constituir a sua identidade. Vale lembrar, naturalmente, que sopro é a tradução literal da palavra grega *"psiché"*, comumente vertida por "alma".

O vento morno que, de chofre, constituiu a alma e passou a comandar a percepção da realidade de Brás Cubas certamente "me

---

* É notável a semelhança entre o capítulo da sege e o sonho de Isak Borg (Viktor Sjöström) que abre o filme *Morangos silvestres* (Smultronstället), de Ingmar Bergman (Suécia, 1957). No sonho do protagonista, memorialista (póstumo) da estirpe de Brás Cubas, distinguem-se a princípio a imagem de um relógio sem ponteiros e a de uma carroça transportando um caixão. Em sua progressão, vê-se então que a roda da carroça fica presa ao poste de luz contíguo ao poste do relógio, no qual bate repetidamente até se desprender, fazendo a carroça emborcar e o caixão cair. Finalmente, vemos a imagem do protagonista abrindo o caixão e deparando consigo mesmo lá dentro.

soprava", conjectura ele, "por achar-me naquela espécie de garganta entre o passado e o presente". Seguindo o raciocínio do próprio autor, torna-se patente que é uma determinada relação com o tempo a responsável pela constituição de sua identidade peculiar.

O fato de que uma experiência particular do tempo possa ser definidora da identidade de alguém é a prova de que o tempo de que se está aqui a falar não pode ser o tempo abstrato, cronológico, dos relógios e das folhinhas. O tempo de Brás Cubas, que configura a sua perspectiva, é marcado pelo desejo ardente de "sair à planície do futuro", mas pela impossibilidade de escapar daquela "espécie de garganta entre o passado e o presente".

Ele ficou preso a essa garganta quando, pela primeira vez, teve a "garganta presa". Àquela altura, por ocasião da morte de sua mãe, no entanto, ainda lhe parecia possível escapar a ela e chegar "à planície do futuro". No caminho até a casa de Virgília, porém, dois obstáculos mantiveram-no parado onde estava: Eugênia e Marcela. Como se viu, ele conseguiu deixar esses obstáculos para trás. Algo, porém, não pôde não trazer consigo: o vento morno, ou, se se preferir, a memória daqueles encontros, decisiva para a constituição de sua identidade de "memorialista". Essa memória, indissociável de sua dilacerante consciência do tempo como princípio de corrupção, é justamente o que "abate, afrouxa e como que dissolve os espíritos".

Para fugir a ela, ele entrou às pressas na sege, a caminho da casa de Virgília. "O pior é que a sege não andava", anota ele, contando em seguida como repreendeu o boleeiro pela demora. A resposta do boleeiro é, no entanto, decisiva: ele já havia chegado onde pretendia, mas não fora capaz de se dar conta disso. A visão do passado enegrecia-lhe a vista e a possibilidade de vislumbrar o futuro. Estaria ele definitivamente preso à sua interioridade, ao seu subsolo?

A teoria das edições humanas

O título do capítulo que narra o reencontro com Marcela, "A quarta edição" (XXXVIII), remete a um filosofema que Brás Cubas havia cunhado na Tijuca, enquanto ainda curtia o luto pela morte de sua mãe. Coerentemente com o clima fúnebre da ocasião, e após mais uma leitura dos *Pensamentos* de Pascal, Brás resolveu polemizar com o mestre, anotando o seguinte: "Deixa lá dizer Pascal que o homem é um caniço pensante. Não; é uma errata pensante, isso sim. Cada estação da vida é uma edição, que corrige a anterior, e que será corrigida também, até a edição definitiva, que o editor dá de graça aos vermes." (MP, XXVII)

Essa anotação, que, isolada, soa ao mesmo tempo provocativa e despropositada, como aliás boa parte dos filosofemas do autor, aparece no contexto de uma parábase, em que Brás Cubas, imaginando Virgília lendo as suas memórias póstumas, antecipa a indignação dela frente à sua pretensão de evocar fidedignamente acontecimentos ocorridos cinqüenta anos antes e lhe responde jocosamente: "Ah! indiscreta! ah! ignorantona! Mas é isso mesmo que nos faz senhores da terra, é esse poder de restaurar o passado, para tocar a instabilidade de nossas impressões e a vaidade dos nossos afetos." (MP, XXVII)

A articulação entre a "teoria das edições humanas" (MP, XXXVIII) e o próprio estatuto de Brás Cubas como memorialista póstumo soa como uma confissão. Ao afirmar que apenas depois da última edição, "que o editor dá de graça aos vermes", um homem é capaz de "tocar a instabilidade de nossas impressões", corrigindo-a e convertendo-a em algo de estável – compreensível, previsível, controlável –, ele indica que, antes da morte, fora apenas um joguete do destino, mas que agora, "desafrontado da brevidade do século", quem fazia o seu destino era ele, o narrador, o "defunto autor". De acordo com essa indicação, o Brás Cubas-personagem da narrativa pode ser descolado do Brás Cubas-narrador, que titereia todos os personagens de sua obra, inclusive a si próprio.

A repreenda de Brás à "ignorantona" Virgília, por lhe pedir provas da objetividade de seu relato, aponta ainda para o caráter assumidamente construtivo da memória (de Brás Cubas), que confessa ser capaz de "recordar" a sua história como uma história coerente apenas na medida em que é capaz de esquecer o que desestabiliza a coesão de sua (grande) narrativa, coesão que, apesar de todos os capítulos aparentemente despropositados, como o do vizinho relojoeiro, Brás Cubas almeja.

Assim, quando, na introdução a seu reencontro com Marcela, Brás escreve que, "naquele tempo, estava eu na quarta edição, revista e emendada, mas ainda inçada de descuidos e barbarismos; defeito que, aliás, achava alguma compensação no tipo, que era elegante, e na encadernação, que era luxuosa" (MP, XXXVIII), isso significa que, àquela altura de sua vida, Brás não alcançara ainda a posição privilegiada em que um homem se torna capaz de ver através da instabilidade de suas impressões, descortinando a implacável necessidade de que, à primeira ou quarta vista, elas estariam privadas. Essa posição privilegiada, eis um dos paradoxos centrais do livro e da "tragédia humana", só é alcançável com a morte. Por isso Brás Cubas escreve no primeiro capítulo das *Memórias póstumas* que não é propriamente "um autor defunto, mas um defunto autor, para quem a campa foi outro berço" (MP, I).

Campa, note-se de passagem, é a tradução da palavra grega *sèma*, também origem da palavra "sentido". Só depois da morte, de dentro do túmulo, é que se pode avaliar o sentido de uma vida. Nesse ponto, Brás Cubas retoma a conclusão de *Édipo rei*, que se encerra com a seguinte fala do corifeu: "Guardemo-nos de chamar um homem feliz, antes que ele tenha transposto o termo de sua vida sem ter conhecido a tristeza."[22]

Virgília e a alucinação

"Era verdade." (MP, XLI) Eis as palavras com que Brás Cubas abre o capítulo decisivo em que ele narrará por que acabou não se casando com Virgília, que até então lhe aparecera como a imagem mesma do grande futuro que sempre sonhara para si. Era verdade que ele já tinha chegado à casa dela; era verdade que, a despeito de sua própria percepção de que tudo estava parado, a sege se movera; era verdade, enfim, que ele trazia consigo o vento morno do capítulo anterior: a morte na alma.

Sobre este encontro com Virgília, que o recebeu com a "fronte nublada", repreendendo-o pelo atraso, escreve o narrador:

Defendi-me do melhor modo; falei do cavalo que empacara, e de um amigo, que me detivera. De repente morre-me a voz nos lábios, fico tolhido de assombro. Virgília... seria Virgília aquela moça? Fitei-a muito, e a sensação foi tão penosa, que recuei um passo e desviei a vista. Tornei a olhá-la. As bexigas tinham-lhe comido o rosto; a pele, ainda na véspera tão fina, rosada e pura, aparecia-me agora amarela, estigmada pelo mesmo flagelo que devastara o rosto da espanhola. Os olhos, que eram travessos, fizeram-se murchos; tinha o lábio triste e a atitude cansada. Olhei-a bem; peguei-lhe na mão, e chamei-a brandamente a mim. Não me enganava; eram as bexigas. Creio que fiz um gesto de repulsa. (MP, XLI)

Nesse breve parágrafo, chega ao ápice o movimento existencial que se desencadeara na vida de Brás Cubas a partir da morte de sua mãe e que acabaria por configurar e legitimar a sua perspectiva de defunto autor.

Esse movimento pode ser descrito como um movimento de interiorização progressiva da dilacerante vivência do tempo como princípio de corrupção. Tal interiorização funda-se na recordação sistemática de todos os seus encontros com a morte e na repetição obsessiva da estrutura, sempre idêntica, que articula esses encontros. Recordação e repetição de experiências "esclarecedoras" da finitude humana, como a essa altura já deve ter ficado claro ao leitor, são os princípios que orientam a, não por acaso, monótona construção das *Memórias póstumas de Brás Cubas*. Monótona porque o narrador só tem o interesse de recordar aquilo que, em sua biografia, repete e reforça a dor que sentiu pela primeira vez ao ver sua mãe morrer. Essa repetição, como veremos adiante, será a base de sua filosofia do trágico como apresentada no capítulo do delírio.

Não é à toa, portanto, que o encontro com Virgília começa com uma desculpa. Brás não aceita assumir a responsabilidade por seu atraso, por ter perdido o momento oportuno de chegar à casa, ao baú e, quem sabe, ao coração de Virgília. Atribui essa responsabilidade ao "cavalo que empacara" e a "um amigo, que me detivera". A idéia de um empacar que veda o seu caminho até "a planície do futuro", mantendo-o preso "naquela espécie de garganta entre o passado e o presente" já é conhecida do leitor: apareceu diretamente no episódio do almocreve, em que "empacou o jumento" e Brás Cubas quase encontrou a própria morte; e indiretamente nos episódios da morte de sua mãe, da descoberta da coxidão de Eugênia e da visão da face lacerada de Marcela, o "amigo" que o detivera, fazendo-o empacar como um cavalo, a despeito do fato de sua sege ter facilmente sulcado a lama do dia anterior.

O movimento de interiorização progressiva da consciência da finitude a que se aludiu acima fica claro nesses quatro encontros. No primeiro, graças ao almocreve, a morte sequer ultrapassou a soleira de sua consciência, tendo quando muito deixado a porta entreaberta. A prova disso é o fato de Brás Cubas ter se recuperado tão prontamente a ponto de embaçar aquele que acabara de salvá-lo. No segundo, a morte de sua mãe deixou sua consciência boquiaberta, mas, se o fez descobrir o absurdo de um dia a vida acabar, não o fez ainda capaz de perceber o fato de que a vida acaba a cada dia. No terceiro encontro, a morte deixa de ser pensada unicamente como o fim biológico da vida, como aquilo que a ela se opõe, e ganha a concretude de uma mácula, de uma imperfeição sempre "ao pé" daquilo que deveria ser perfeito. Eugênia é bonita e coxa, viva e morta a um só tempo. No quarto encontro, o poder corrosivo do tempo manifesta-se progressivamente em Marcela, condenada a sobrevivê-lo, a viver a própria morte. Finalmente, no episódio da sege, Brás Cubas já não necessita de nenhum "amigo" para lhe deter, de nenhum "cavalo" para lhe fazer empacar. Apesar de, no princípio do capítulo, ter reconhecido que o mundo se movia e que ele é que achava que tudo parecia estar parado, no fim do capítulo sua consciência perde o controle sobre a distinção entre o movimento exterior e a imobilidade interior, e o vento morno que pretensamente sopraria apenas (em) sua alma alastra-se por toda parte. No mundo de Brás Cubas, passa a soprar apenas um vento morto.

Nesse momento da narrativa, no entanto, Brás Cubas, ao menos o Brás Cubas-personagem, ainda não tem consciência disso. Assim, quando se defende do "mau humor" de Virgília, aludindo a impedimentos exteriores como a causa de seu atraso, não está mentindo. Ao menos não conscientemente. Com os olhos voltados para o futuro,

insiste ainda em esquecer, em deixar para trás os entraves às grandes ações ainda por realizar.
"Vai então, empacou o jumento". Ou, nas palavras do capítulo em questão: "De repente, morre-me a voz nos lábios, fico tolhido de assombro." A estrutura repete-se, monotonamente. O movimento existencial de Brás Cubas é, mais uma vez, abruptamente interrompido. Dessa vez, por uma alucinação, que, como uma fusão cinematográfica, sobrepõe Marcela a Virgília, o passado ao futuro, a morte à vida, a corrupção à geração, o devir ao ser. "A sensação foi tão penosa", escreve o narrador, "que recuei um passo e desviei a vista". Depois de algum tempo de dolorosa contemplação da trágica imbricação dos opostos, em meio à qual Brás Cubas não conseguiu esconder um "gesto de repulsa",

> Virgília afastou-se, e foi sentar-se no sofá. Eu fiquei algum tempo a olhar para os meus próprios pés. Devia sair ou ficar? Rejeitei o primeiro alvitre, que era simplesmente absurdo, e encaminhei-me para Virgília, que lá estava sentada e calada. Céus! Era outra vez a fresca, a juvenil, a florida Virgília. Em vão procurei no rosto dela algum vestígio da doença; nenhum havia; era a pele fina e branca do costume. (MP, XLI)

E, no entanto, era tarde demais. Se, até então, em todos os seus encontros com a morte, Brás Cubas sempre conseguira achar uma saída ou ao menos acreditar em uma, nesse encontro fatal anuncia-se a impossibilidade da fuga. Ao projetar na pele imaculada da noiva a varíola que corroera a beleza de Marcela, torna-se patente que ele já não necessita de mais nenhuma evidência objetiva do parentesco essencial entre ser e devir. Ao contrário. Doravante é a sua consciência que se encarregará de antecipá-lo alucinatoriamente. Essa compulsão à antecipação, como uma sombra, acompanhará todos os seus passos e fará com que ele perca o compasso da existência, chegando sempre tarde demais onde quer que vá.

Nesse momento, em que o caráter alucinatório da consciência de Brás Cubas passa a dispensar a facticidade de novas experiências da finitude, fica claro que ele está condenado a ver sempre na felicidade presente "uma gota da baba de Caim" (MP, VI).[23] Essa visão da

Natureza como "mãe e inimiga" (MP, VII), que só dá a vida para poder dar a morte, acabará por vedar todos os possíveis caminhos de Brás Cubas até a ação. E assim, condenado à inação, ele finalmente assumirá a tez cadavérica daquele que não foi, que, por ter vivido como um morto, acabou por converter-se em um defunto autor.

Que (não) escapou a Aristóteles

O capítulo da alucinação só ganha plena inteligibilidade a partir da leitura do capítulo irreverente sobre o "que escapou a Aristóteles" (MP, XLII), que Brás Cubas interpola entre o capítulo da alucinação e o capítulo em que anuncia o aparecimento de "Lobo Neves, um homem que não era mais esbelto do que eu, nem mais elegante, nem mais lido, nem mais simpático, e todavia foi quem me arrebatou Virgília e a candidatura" (MP, XLIII). Como o próprio narrador deixa claro, a explicação acima para a perda de Virgília, que poderia ser qualificada como uma "explicação física", é apenas negativa e, portanto, insuficiente. Com vistas a sanar essa insuficiência, Brás Cubas proporá então uma "explicação metafísica", que, apesar do tom jocoso das referências do narrador ao pensamento aristotélico, será de fato capaz de iluminar a natureza do "impulso" subjacente à alucinação que pôs tudo a perder. Escreve o aspirante a filósofo:

> Outra coisa que também me parece metafísica é isto: – Dá-se movimento a uma bola, por exemplo; rola esta, encontra outra bola, transmite-lhe o impulso, e eis a segunda bola a rolar como a primeira rolou. Suponhamos que a primeira bola se chama... Marcela – é uma simples suposição; a segunda, Brás Cubas; a terceira, Virgília. Temos que Marcela, recebendo um piparote do passado, rolou até tocar em Brás Cubas – o qual, cedendo à força impulsiva, entrou a rolar também até esbarrar em Virgília, que não tinha nada com a primeira bola; e eis aí como, pela simples transmissão de uma força, se tocam os extremos sociais, e se estabelece uma coisa que poderemos chamar – solidariedade do aborrecimento humano. Como é que este capítulo escapou a Aristóteles? (MP, XLII)

A idéia de uma "solidariedade do aborrecimento humano" faz referência à "volúpia do aborrecimento" que Brás Cubas teria experimentado na Tijuca, enquanto ainda elaborava o luto pela morte de sua mãe. O caráter paradoxal dessa sensação, "uma das sensações mais sutis desse mundo e daquele tempo", já foi realçado na seção "Na Tijuca: o desabotoar da flor amarela", em que se discutiu como o aborrecimento, ou o tédio, pode gerar o grande prazer (dos sentidos) que se costuma associar à volúpia. O prazer de permanecer como que estrangeiro ao mundo e indiferente a todas as ocupações com que ele cotidianamente nos requisita estaria fundamentalmente associado à desnecessidade de optar. Se o aspecto doloroso do tédio é deixar o sujeito sem ter nada a fazer, essa dor é convertida em volúpia no momento em que se constata, como aconteceu pela primeira vez com Brás Cubas por ocasião da morte de sua mãe, que todo fazer redunda em nada. Diante dessa constatação, não há mais excelsa fonte de prazer do que nada fazer. Só na inatividade, assim pensa Brás, é possível encontrar um refúgio contra o caráter necessariamente parcial e finito da satisfação associada a qualquer atividade. Se nenhuma atividade garante uma satisfação plena e, ainda por cima, implica sempre a renúncia a uma série de outras atividades, aquelas que se escolheu não fazer, apenas renunciando de antemão a qualquer escolha é que se pode evitar o desprazer inerente ao ato mesmo de escolher – ou viver.

Essa é a "sabedoria" que ganha corpo em Brás Cubas como "volúpia do aborrecimento" e que, no capítulo "Na Tijuca", ele próprio deriva do "desabotoar da hipocondria". A hipocondria, comumente pensada como uma "mania de doença", tem como principal sintoma uma preocupação excessiva com a morte a que qualquer doença, por mais ínfima que seja a sua manifestação e por maiores que sejam os cuidados do hipocondríaco, pode conduzir. Essa préocupação excessiva leva o hipocondríaco a cercar-se dos mais intrincados esquemas de segurança para evitar o assalto dos germes potencialmente portadores da morte. Nesse sentido, a hipocondria aparece concretamente como uma espécie de compulsão à antecipação.

Essa compulsão à antecipação, por sua vez, não nasce de uma reflexão desinteressada sobre a condição humana, ou, conforme o caso, sobre a condição da própria saúde. Ela é antes o reflexo de uma patologia, da lógica de um mecanismo (*lógos*) impulsionado por um afeto (*páthos*), que, ao se instalar na vida de alguém, passa a determinar o seu modo de ser, por menos que esse alguém esteja plenamente consciente disso. No caso de Brás Cubas, o afeto que, a partir da morte de sua mãe, progressivamente se converteu na principal "força impulsiva" de sua existência é a melancolia.

Ainda que Brás Cubas, em diversos momentos da obra, associe imediatamente a melancolia à hipocondria (MP, II), é possível propor uma distinção conceitual em que a melancolia aparece como o princípio – nos dois sentidos da palavra, o de começo e o de fundamento – daquela compulsão à antecipação que acima definimos como sendo a expressão mais concreta da hipocondria. Essa compulsão à antecipação, por sua vez, estaria na base do tédio e da volúpia do aborrecimento a ele correlata, na medida em que é a antecipação do fim de todas as coisas que faz com que elas se tornem incapazes de engajar o homem em alguma atividade, deixando-o preso a um presente infinito em que nada consegue efetivamente lhe interessar.

Assim, se é que essa associação entre os afetos que perpassam a narrativa de Brás Cubas e as dimensões do tempo procede, pode-se especular que o tédio diz respeito a uma experiência do presente como infinito; a hipocondria diz respeito a uma experiência do futuro como ameaça; e a melancolia diz respeito a uma experiência do passado como dor. Quando se propõe um primado da melancolia sobre a hipocondria e o tédio, quer-se indicar que, no caso de Brás Cubas, a "força impulsiva" determinante vem da ferida aberta no passado, cuja dor traga toda a energia disponível para novos investimentos no futuro, o qual necessariamente aparece como fonte potencial de mais dor, tendo como reflexo, no presente, o não engajamento existencial que faz o tempo alongar-se indefinidamente, deixando Brás Cubas preso "naquela espécie de garganta entre o passado e o presente", entre a dor e a construção de uma vida voltada exclusivamente para a tentativa de evitá-la.

Relendo o capítulo "que escapou a Aristóteles" sob a ótica do Brás Cubas-personagem, torna-se claro que, apesar de casual, o reencontro com Marcela só ganhou o peso definitivo que viria a ter, porque, por trás do rosto lacerado da espanhola, Brás Cubas enxergou um mecanismo inescapável que haveria de lacerar todo e qualquer rosto que lhe aparecesse, por mais fresco e puro que fosse. A universalização da experiência contida no caso particular de Marcela, porém, não seria possível sem a intervenção de um "impulso" que, vindo do passado – do encontro com a morte de sua mãe e com a coxidão de Eugênia –, houvesse transmitido a Brás Cubas aquela compulsão à antecipação que o levaria a ver no futuro o peso do passado, ou melhor, que o incapacitaria de ver propriamente o futuro como algo distinto do passado. Dessa incapacidade, e da tentativa de evitar a dor a ela correlata, brota a alucinação, que fechando o seu caminho ao futuro, consolida a estratégia brascubiana de defender-se da repetição da dor passada a qualquer preço. Ao preço inclusive do próprio casamento, da própria geração, da própria vida.

Relendo o mesmo capítulo sob a ótica do Brás Cubas-narrador, entretanto, torna-se evidente que já o aparentemente casual reencontro com Marcela é fruto do impulso melancólico de justificar a qualquer preço a verdade objetiva de sua melancolia, que o narrador insiste em vender como o impulso ou a tonalidade afetiva fundamental daqueles que efetivamente conhecem a verdade profunda sobre a existência: o seu caráter trágico. Mas esse é o tema do próximo capítulo. Por ora, contentemo-nos em acompanhar, simpaticamente, o que se passa com o Brás Cubas-personagem tão logo a melancolia se instala definitivamente em sua vida.

Depois da melancolia: da volúpia do aborrecimento ao desdém dos finados

A descrição fenomenológica do romance feita até aqui abordou apenas um terço das *Memórias póstumas*, justamente a parte do livro em que se configura o destino melancólico de Brás Cubas e ele vem a ser um defunto autor. A partir do momento em que esse destino "se abate" sobre ele, o afã por escapar à melancolia que marca todos os encontros de Brás Cubas entre as mortes de sua mãe e de seu pai –

esse período entre duas mortes é o decisivo para a compreensão da "obra em si mesma" (MP, AL) – dá lugar ao afã de zombar de todos aqueles que, por um ou outro motivo, ainda julgam possível escapar a esse destino. Se, por um lado, Brás Cubas pensa a melancolia como constitutiva da própria condição humana, por outro, vê na fidelidade à melancolia a marca de sua própria superioridade. Há, portanto, no capítulo "que escapou a Aristóteles", uma fusão do Brás Cubas-personagem com o Brás Cubas-narrador, fusão já anunciada em diversos momentos anteriores do livro, mas só inteiramente consumada no capítulo em que a descrição física da transmissão do impulso de uma bola (o personagem) à outra (o narrador) é pensada como uma "coisa que também me parece metafísica", a saber: a constituição do fundamento último da narrativa.

A morte do pai é, coerentemente com a função por ele desempenhada ao longo do romance – instigar em Brás Cubas a "sede de nomeada" –, descrita no capítulo que se segue imediatamente àquele em que Brás Cubas relata brevemente como perdeu Virgília e a candidatura. "Meu pai ficou atônito com o desenlace, e quer-me parecer que não morreu de outra coisa. Eram tantos os castelos que engenhara, tantos e tantíssimos os sonhos, que não podia vê-los assim esboroados, sem padecer um forte abalo no organismo." (MP, XLIV) Se, quando da morte de sua mãe, como mostramos na seção "Na Tijuca: o desabotoar da flor amarela", seu pai fora fundamental para impulsionar Brás Cubas para além da melancolia que, já então, começava a desabotoar, morto o pai, "o mágico, a agitar diante de mim um chocalho (...) para eu andar mais depressa" (MP, XXVIII), já não há qualquer outro impulso que possa concorrer com a pulsão melancólica. A morte do pai, ao contrário, tende a reforçá-la, na medida em que repete a experiência do limite da racionalização e do controle humanos que Brás Cubas fez pela primeira vez ao ver morrer a mãe. Dessa feita, dada a trivialidade que a morte começa a assumir a seus olhos, o relato é bem menos pungente do que o relato da morte da mãe, mas não menos prenhe de conseqüências. Escreve Brás: "Morreu sem lhe poder valer a ciência dos médicos, nem o nosso amor, nem os cuidados, que foram muitos, nem coisa nenhuma; tinha de morrer, morreu." (MP, XLIV)

Segue-se ainda, como o coroamento da sucessão de perdas entre as mortes da mãe e do pai, a perda de Sabina, a irmã com quem acabou brigando ao longo da partilha da herança. "Fizeram-se finalmente as partilhas, mas nós estávamos brigados. (...) Tal qual a beleza de Marcela, que se esvaiu com as bexigas." (MP, XLVI) Se, à primeira vista, parece esdrúxula a comparação entre uma briga de irmãos e a varíola de uma ex-namorada, essa estranheza logo se desfaz quando se atenta para o fato de que tanto a briga quanto a doença remetem a um mesmo fenômeno: ao fato de que nada escapa ao "enxurro da vida" (MP, XXIII). Esse fato, tal é o credo do narrador, justifica a verdade objetiva de sua melancolia, de sua "afeição interior". Ao mesmo tempo, no entanto, a própria inscrição de fenômenos tão díspares quanto os supracitados em uma mesma série depende já dessa mesma "afeição interior" que esses fenômenos viriam a justificar. Tampouco aqui é possível escapar à circularidade da compreensão. Ou, nas palavras de Brás Cubas: "Marcela, Sabina, Virgília... aí estou eu a fundir todos os contrastes, como se esses nomes e pessoas não fossem mais do que modos de ser da minha afeição interior." (MP, XLVII) O jogo de palavras é aqui tentador: a afeição interior (ou *páthos*) determinará a feição de Brás Cubas como narrador, a qual, por sua vez, alimentará essa afeição interior com uma narração feita sob medida para confirmá-la. No afã dessa confirmação, todos os personagens da narrativa, "esses nomes e pessoas" em princípio contrastantes, autônomos e singulares, serão fundidos e convertidos em mero instrumento de uma prova. Essa prova (da verdade objetiva da melancolia), por sua vez, dependerá do corrosivo exercício da galhofa, que ora se pode identificar à pura e simples zombaria, ora à ironia. Mas não antecipemos os fatos.

Ao episódio da partilha e da briga com Sabina, segue-se o segundo maior salto cronológico do livro, que só perde para o salto que vai da descrição da morte à descrição do nascimento do narrador. Pode-se mesmo dizer que este segundo salto prepara a segunda vida de Brás Cubas. Uma vida que não começa com o seu nascimento biológico, mas sim com a origem do defunto autor, que se anuncia com a morte de sua mãe e se consolida definitivamente no episódio da alucinação na casa de Virgília, quando ele passa a antecipar alucinatoriamente o fim de todas as coisas.

Tomado dessa compulsão à antecipação, que priva de todas as coisas o seu valor e o seu sentido, Brás Cubas passou os dez anos seguintes "recluso, indo de longe em longe a algum baile, teatro ou palestra, mas a mor parte do tempo passei-a comigo mesmo. Vivia; deixava-me ir ao curso e recurso dos sucessos e dos dias, ora buliçoso, ora apático, entre a ambição e o desânimo" (MP, XLVII).

Cumpre notar como, nesses anos de reclusão, Brás Cubas entregou-se radicalmente àquela desnecessidade de optar que, nas seções "Na Tijuca: o desabotoar da flor amarela" e "Que não escapou a Aristóteles", associamos à volúpia do aborrecimento. A volúpia, nesse momento de sua vida, está ligada não apenas às prostitutas que "embalaram aí a sua elegante abjeção" (MP, XLVII), mas, sobretudo, à afirmação de sua "liberdade espiritual" (MP, XCIX), à possibilidade de não se comprometer com o que quer que seja, trate-se de uma esposa ou um partido político; à possibilidade de viver como um estrangeiro em sua própria terra, alheio à pretensa gravidade de todas as ocupações que mobilizavam os seus contemporâneos.

O problema é que, como o próprio Brás Cubas anotou no capítulo XXV, aquele em que cunhou a expressão "volúpia do aborrecimento" (MP, XXV),[24] essa volúpia dificilmente é duradoura. Naquele momento, ele facilmente abriu mão dela com uma auto-exortação: "Reagia a mocidade, era preciso viver." (MP, XXV) E teria vivido, e teria trocado essa volúpia por outras menos aborrecidas, não fossem os encontros por nós comentados ao longo deste capítulo. Devido a estes, acabou retornando a ela, que, se não chega a ser um emplasto anti-hipocondríaco, é ao menos um bálsamo para a melancolia. Um bálsamo tão transitório quanto tudo o mais – à exceção do mal que pretensamente deveria aliviar. A pergunta é: o que Brás Cubas poderia fazer, quando a mocidade já não mais reagia? Quando ficou claro que ele havia perdido o momento oportuno para consumar os sonhos paternos – essa perda fica clara na narrativa como um salto de dez anos em um parágrafo –, o que lhe restaria, uma vez esgotada a volúpia do aborrecimento?

Enquanto esta durou, Brás Cubas, em meio a seu exílio voluntário, "escrevia política e fazia literatura" (MP, XLVII), e, embora tenha chegado até mesmo "a alcançar certa reputação de polemista e de poeta" (MP, XLVII),

quando me lembrava do Lobo Neves, que já era deputado, e de Virgília, futura marquesa, perguntava a mim mesmo por que não seria melhor deputado e melhor marquês do que o Lobo Neves – eu, que valia muito mais do que ele –, e dizia isto a olhar para a ponta do nariz... (MP, XLVII)

Ao leitor que acompanhou a nossa descrição da melancolia como o afeto que serve de princípio e fundamento à narrativa de Brás Cubas, soa um bocado estranha a sua lembrança um tanto quanto ressentida "do Lobo Neves, que já era deputado". Afinal, como mostramos, não foi propriamente Lobo Neves que conquistou Virgília, mas sim Brás Cubas que a perdeu. Foi Brás Cubas que não suportou a idéia de assumir um compromisso tão eterno quanto o casamento diante da "fragilidade das coisas, das afeições, da família" (MP, XXVI) e, sobretudo, diante da transitoriedade da beleza de Virgília, cuja "pele fina e branca do costume" (MP, XLI) acabaria, cedo ou tarde, convertida em uma "imponente ruína" (MP, V). A prevalecer a lógica da melancolia de Brás Cubas, motor de sua alucinação, Lobo Neves é que teria algo a invejar-lhe, a saber: a consciência da própria condição, que lhe impedia de assumir qualquer compromisso efetivo e prendia-o à voluptuosidade de não fazer nada a sério.

Nesse raciocínio, por meio do qual Brás Cubas converte a sua derrota social em uma espécie de superioridade ontológico-epistemológica, encontra-se resumida a sua "filosofia da ponta do nariz", cujo pressuposto é o mesmo mecanismo de universalização que já adotara para, transcendendo as suas experiências particulares, afirmar que a melancolia seria a característica essencial de toda a humanidade. Com que direito ele realiza essas universalizações, é algo que a narrativa não se ocupa em discutir explicitamente. Mas o fato é que, se durante os dez anos que se seguiram à morte de seu pai, Brás Cubas não fez nada a sério, tendo se abandonado "ao curso e recurso dos sucessos e dos dias, ora buliçoso, ora apático, entre a ambição e o desânimo", agora, quando a volúpia do aborrecimento não lhe parecia mais suficientemente voluptuosa, e algo nele reagia, o que nele reagia era justamente a sua memória.

Se, como mostramos anteriormente, a condição para a volúpia do aborrecimento era uma lembrança constante, espécie de baixo contínuo de todo o livro, das experiências da própria finitude desencadeadas a partir da morte de sua mãe, agora essa lembrança constante, sem perder a sua "força impulsiva", ganha um reforço significativo: a lembrança de que homens como o Lobo Neves, que valiam muito menos do que ele, pois que permaneciam ignorantes da própria condição, não obstante se achavam superiores a ele e tinham essa superioridade respaldada socialmente.

Isso não poderia continuar assim... Embora Brás Cubas, no tom distanciado que o caracteriza, não manifeste explicitamente a sua revolta, é ela que determinará todos os desdobramentos posteriores de sua narrativa, na qual ele se ocupará em destruir meticulosamente, um a um, todos os falsos princípios e ideais que davam um sentido à vida dos homens à sua volta, tomando inclusive a sua própria biografia como artifício retórico para fortalecer o seu argumento. Da volúpia do aborrecimento, Brás Cubas passará à volúpia do ressentimento.

O ressentimento de Brás Cubas, em analogia com a sua memória reduplicada, tem um caráter duplo e talvez mesmo triplo: em primeiro lugar, é o ressentimento do melancólico com relação a uma natureza, que, sendo "às vezes um imenso escárnio" (MP, XXXIII), não é como deveria ser; em segundo lugar, é o ressentimento contra os outros homens, que, sendo incapazes de reconhecer isso, julgam-se felizes, e, ainda que sem o saber, escarnecem dele, Brás Cubas, incapaz de esquecer;* em terceiro lugar, talvez, haja aí um ressenti-

---

* Em sua *Segunda consideração intempestiva: da utilidade e desvantagem da história para a vida* (Rio de Janeiro: Relume Dumará, 2003, p. 9), Nietzsche escreveu o seguinte acerca da imbricação entre felicidade e esquecimento: "(...) em meio à menor como em meio à maior felicidade é sempre uma coisa que torna a felicidade o que ela é: o poder-esquecer ou, dito de maneira mais erudita, a faculdade de sentir a-historicamente durante a sua duração. Quem não pode se instalar no limiar do instante, esquecendo todo passado, quem não consegue se firmar em um ponto como uma divindade da vitória sem vertigem e sem medo, nunca saberá o que é a felicidade, e ainda pior: nunca fará algo que torne os outros felizes." Compare-se essa passagem com o capítulo do delírio de Brás Cubas (MP, VII).

mento contra si próprio, um ressentimento contra o próprio ressentimento, contra a impossibilidade de se deixar levar pelo apelo de qualquer ação. Em todo caso, incapaz de agir, Brás Cubas não o é de reagir. Incapaz de construir, não o é de destruir. Sob essa ótica, o fato de ter perdido o "momento oportuno" (MP, LVI) para assumir, de um só golpe, um casamento e uma cadeira no parlamento, uma responsabilidade pessoal e uma responsabilidade política, não era de todo privado de atrativos. Garantia-lhe uma posição privilegiada, fora da vida, como a de um estrangeiro ou mesmo a de um defunto, para colocar-se acima dos outros, para zombar de todos aqueles que assumiam alguma responsabilidade, que se engajavam no que quer que fosse. Se os homens não sabiam que tudo era nada e que tudo redundaria em nada, ele, Brás Cubas, encarregar-se-ia de mostrar-lhes.

No âmbito dessa interpretação, a articulação entre a "pena da galhofa" e a "tinta da melancolia" torna-se clara. O poder corrosivo da galhofa, que, desde Aristóteles, é pensada como um instrumento para afirmar a própria superioridade,[25] é a expressão da revolta e do ressentimento de Brás Cubas, que assim reage ao "escárnio da Natureza" (MP, XXXIII) e à ignorância dos outros homens. Tal poder é utilizado por Brás Cubas em função da demonstração da verdade de sua melancolia, segundo a qual a descoberta da finitude acarreta a perda irreparável da confiança ingênua em um sentido fechado para o mundo e, conseqüentemente, para as ações do homem. Na ausência desse sentido para sempre perdido, tudo o que restaria ao homem que vive nesse "mundo abandonado por Deus"[26] é vingar-se desse abandono, não apenas renunciando inteiramente a engajar-se em qualquer ação, como e sobretudo denunciando o caráter derrisório de todo e qualquer engajamento.

Se a renúncia ao engajamento é a marca do Brás Cubas-personagem, que leva uma vida que se poderia dizer irônica, no sentido de distanciada de si própria, deslocada, clandestina, determinada pelo insuportável peso de sua melancolia – em alemão, a palavra para melancolia diz literalmente "ânimo pesado" (*Schwermut*) –, a denúncia da Natureza, "mãe e inimiga", assim como a dos homens que ainda não foram capazes de surpreender essa inimizade, é a marca do Brás Cubas-narrador, que constrói uma narrativa que se poderia dizer irônica, na medida em que apresenta, com uma naturalidade dissimulada – a primeira tradução para o latim do termo grego *eironéia* foi justamente *dissimulatio* –, episódios que, como ele bem o sabe, chamarão a atenção do leitor para o caráter absurdo dos comportamentos humanos usuais.

A presente evocação da diferença entre narrador e personagem serve apenas para chamar a atenção para o seu progressivo movimento de aproximação. À medida que a ironia vai ocupando o primeiro plano da narração, em que o peso da melancolia vai aparecendo cada vez mais encoberto pela ironia, e não diretamente, como nos episódios que se seguem à morte da mãe de Brás Cubas, narrador e personagem vão se confundindo, sem no entanto apagar inteiramente o rastro de sua diferença.[27] Assim como o narrador narra a sua história do "outro mundo", o personagem vive a sua vida como se fosse outra vida que não a sua.

Ambos comungam de um mesmo desdém pelos outros, que, no entanto, se expressa de modos sutilmente distintos ao longo da narrativa. Sobre o alheamento que acabamos de lhe atribuir, e que, como o próprio esclarece, seria fruto de um certo espírito de vingança, escreve o personagem-narrador:

(...) eu galgara os quarenta anos, e não era nada, nem simples eleitor de paróquia. (...) Multidão, cujo amor cobicei até a morte, era assim que eu me vingava às vezes de ti; deixava burburinhar em volta do meu corpo a gente humana, sem a ouvir, como o Prometeu de Ésquilo aos seus verdugos. Ah! tu cuidavas encadear-me ao rochedo da tua frivolidade, da tua indiferença, ou da tua agitação? Frágeis cadeias, amiga minha; eu rompia-as de um gesto de Gulliver. Vulgar coisa é ir considerar no ermo. O voluptuoso, o esquisito, é insular-se o homem no meio de um mar de gestos e palavras, de nervos e paixões, decretar-se alheado, inacessível, ausente. O mais que podem dizer, quando ele torna a si – isto é, quando torna aos outros –, é que baixa do mundo da lua; mas o mundo da lua, esse desvão luminoso e recatado do cérebro, que outra coisa é senão a afirmação desdenhosa de nossa liberdade espiritual? Vive Deus! eis um bom fecho de capítulo. (MP, XCIX)

Vem à luz nessa passagem a mesma dialética do senhor e do escravo[28] que já aparecera quando Brás Cubas menciona a lembrança de "Lobo Neves, que já era deputado". Se, por um lado, Brás Cubas aos quarenta anos "não era nada", na medida em que até então não conseguira conquistar o reconhecimento da multidão, por outro lado, o fato de ele afirmar que cobiçou esse amor "até a morte" é ironicamente subvertido pelas características dessa mesma multidão que, logo a seguir, ele fornece: "frivolidade, indiferença, agitação". Em certo sentido, é a multidão que deveria cobiçar o seu amor, e não o contrário.

Brás Cubas, como já terá ficado claro, identifica-se com o senhor de Hegel, na medida em que não foge ao combate face a face com a morte. Como senhor que julga ser, ou, nos termos de Aristóteles,[29] como um homem excepcional, luta pelo próprio reconhecimento, pelo reconhecimento da verdade da própria melancolia. O problema é que a multidão dos escravos que lhe pode dar esse reconhecimento, encadeada ao "rochedo da frivolidade, da indiferença e da agitação", não reconhece a sua própria condição e, assim, é incapaz de reconhecer a "verdade" corporificada por Brás Cubas. O mais grave é que, mesmo que a multidão fosse capaz de reconhecer a superioridade de Brás Cubas, esse reconhecimento de nada lhe valeria, na medida em que ele não reconheceria a multidão como digna de reconhecê-lo.

Assim, a saída que ele encontra, ao menos nesse momento de sua vida, aos quarenta anos, é "insular-se (...), decretar-se alheado, inacessível, ausente": morto. Somente dessa posição privilegiada para além da multidão e de suas frívolas ocupações é que ele pode chegar à "afirmação *desdenhosa* de nossa liberdade espiritual", ou seja, à afirmação da positividade de não ser nada. Se algo fosse, seria apenas com base no reconhecimento de um outro que ele não reconhece. Ou, o que é ainda pior, com base na ignorância do "enxurro perpétuo". Neste caso, portanto, quem desdenha não quer comprar.

Fugindo aos condicionamentos próprios à multidão e à morte própria à Natureza, ele afirma negativamente a própria liberdade, que, repita-se, pensa como ausência absoluta de condicionamentos. E aí se instala o paradoxo: Brás julga escapar à limitação e à morte –

seja a morte pensada como finitude natural, seja pensada como heteronomia ou reconhecimento da indistinção entre "voltar a si" e "voltar aos outros" – fingindo-se de morto. Um morto que só não renuncia a uma ação: narrar, isto é, exercitar o próprio desdém. Contra tudo e contra todos, inclusive contra si mesmo – como vimos, não faltam momentos em sua biografia nos quais ele se compraz em relatar como se deixou levar pelo amor à multidão ou, o que é pior, pelo apelo de uma ação qualquer.

E assim se explica o enigmático fecho do capítulo XCIX. Se "não há nada tão incomensurável quanto o desdém dos finados" (MP, XXIV), a má consciência, a consciência ressentida e desdenhosa de Brás Cubas é convertida em fundamento último da realidade, isto é, de sua narrativa. "Vive Deus!" (MP, XCIX)

Elevando a sua consciência ao lugar vazio outrora ocupado por Deus, Brás deixa de ser o personagem e se converte no próprio autor da tragédia. Um tragediógrafo que, como o seu modelo divino, converte todos os seus personagens em simples marionetes, cujas vidas passam a não ter nenhum outro sentido senão corroborar a verdade de sua melancolia e, correlatamente, de seu desdém por uma Natureza que não tinha o direito de ser o que é.

CAPÍTULO 3

A tragédia de Brás Cubas

> "há coisas de sobra que não se dizem
> há coisas que sobram no que se diz
> nossa miséria é uma alegria de palavras?"
> Marcos Siscar[1]

Entre Brás Cubas e Brás Cubas: a eterna contradição humana

A ambiguidade contida na ideia de uma "tragédia de Brás Cubas" brotou da descrição fenomenológica das *Memórias póstumas* empreendida no capítulo anterior, que culminou com a hipótese de que a origem do defunto autor não se confunde com o nascimento biológico do personagem, relatado no capítulo X, mas sim com o momento em que ele passa a antecipar alucinatoriamente o fim de todas as coisas, relatado no capítulo XLI, sobre a sua "alucinação". A partir dessa (dis)secção de Brás Cubas, toda a vida do personagem Brás Cubas antes do capítulo da alucinação pode ser lida como a condição para a inteligibilidade da perspectiva (melancólica) do narrador Brás Cubas, ao mesmo tempo que a perspectiva do narrador Brás Cubas condiciona o modo como a vida do personagem Brás Cubas será lembrada, isto é, narrada. Assim como na brincadeira infantil do cabo-de-guerra, a desistência de um dos oponentes levaria à queda do outro, de modo que se torna temerária qualquer tentativa de eleger o narrador ou o personagem como o fundamento último da narrativa. Brás Cubas deve ser lido como um narrador-personagem *e* como um personagem-narrador.

Essa hipótese permite retomar sob uma nova luz, mais concreta, as considerações do primeiro capítulo deste trabalho. Ali, tentou-se caracterizar a obra de arte (machadiana) como uma corda distendida, um espaço entreaberto pela tensão entre três pares dialéticos: o par autor-personagem, o par leitor-obra[2] e o par eu-outro. O fundamental naquela caracterização era a percepção de que o próprio da obra de arte é ser o lugar da resistência mútua de cada um dos contendores à força de seu oponente. Tendo em vista que cada um dos pólos só pode vir a ser o que é a partir dessa resistência mútua, a tensão instaurada pela obra tem uma prioridade ontológica com relação a ambos os pólos. A obra, sob essa ótica, é como o hífen aqui utilizado na grafia dos pares dialéticos: ao separar, reúne, ao reunir, separa; ao distinguir, identifica, ao identificar, distingue.

A ambigüidade da expressão "tragédia *de* Brás Cubas" aponta justamente para a impossibilidade de um apaziguamento dessa luta. Se, ao ouvir essa expressão, o leitor entende o genitivo* objetivamente, a ênfase recai sobre a tragédia do personagem Brás Cubas, que, fazendo a figura de herói trágico, acaba por sucumbir a um destino que foge inteiramente ao seu controle. Se, por outro lado, o leitor entende o genitivo subjetivamente, a ênfase recai sobre a tragédia narrada por Brás Cubas, que, a partir de uma posição privilegiada, póstuma ou mesmo divina, titereia os personagens de sua narrativa, determinando-lhes o destino.

A inscrição lingüística dessa ambigüidade é apenas a marca mais visível da ambigüidade que caracteriza todos os níveis das *Memórias*

---

* Nas línguas declináveis, como o latim e o alemão, os substantivos possuem flexões que indicam não apenas o seu gênero (masculino e feminino), o seu número (singular ou plural) e o seu grau (aumentativo ou diminutivo), mas também o seu caso, isto é, a função sintática que desempenham na oração (sujeito, objeto direto, objeto indireto etc.). Nessas línguas, o genitivo é o caso que exprime a relação de posse, ou de alguns sentidos limitativos, entre um nome e seu complemento ou adjunto. Em latim, por exemplo, para se dizer "o assassinato de Pedro", não é necessária a utilização de preposição entre os dois substantivos. Basta alterar a terminação do substantivo Pedro, que se escreve Petr*us* quando é o sujeito da oração (caso nominativo) e Petr*i* quando é adjunto adnominal (caso genitivo). Ocorre que, em diversos usos do genitivo, que na língua portuguesa normalmente é indicado pela preposição "de", permanece uma interessante ambigüidade. Quando nos referimos ao "assassinato de Pedro", não fica imediatamente claro se Pedro foi o assassinado, foi o objeto do crime (genitivo objetivo) ou se Pedro foi o assassino, o autor do crime (genitivo subjetivo). É a ambigüidade do genitivo contido na idéia de uma "tragédia de Brás Cubas"que será explorada ao longo de todo este capítulo.

póstumas discutidos até aqui. Ela corresponde, da forma mais imediata, à tensão entre o Brás Cubas-autor e o Brás Cubas-personagem, a qual pressupõe, na tessitura do próprio romance, a tensão entre o ímpeto paranóico do ingente "eu" do narrador e a resistência dos personagens de sua narrativa, que algumas vezes fazem ouvir uma voz "outra" que não a sua. A inscrição lingüística dessa ambigüidade corresponde, finalmente, a uma ambigüidade na própria posição do leitor das *Memórias póstumas*, que, se permanece fiel ao imperativo de deixar aparecer a "obra mesma", oscila entre uma atitude simpática, calcada na identificação com o personagem e no esquecimento do narrador, e uma atitude irônica, calcada na identificação com o narrador e na conseqüente ridicularização do personagem e de todo o seu entorno.

Simpatia e ironia, aproximação e distanciamento, memória e esquecimento são, aliás, as posições entre as quais oscila não apenas o leitor das *Memórias póstumas*, mas também o narrador. A própria estrutura de um livro de memórias gera inevitavelmente aquela cisão que não escapou à nossa descrição fenomenológica: de um lado, o narrador, que escreve a partir do futuro, com os olhos voltados para o que já não é, e que portanto é sempre póstumo; de outro lado, a presentificação do que foi, a imagem especular de si mesmo em tempos idos e vividos, que, como qualquer imagem especular, duplica, diferencia, pressupõe a identificação (aquele outro sou eu) na medida mesma em que a despedaça (aquele outro não sou mais eu).

O narrador, sob essa ótica, é convertido em uma espécie de leitor de si mesmo, dessa obra que é sua vida. E o leitor, impossibilitado de uma identificação plena com Brás Cubas pelo mesmo mecanismo que impede a identificação plena do narrador consigo mesmo, é forçado continuamente a assumir a responsabilidade pela (construção da) narrativa. Uma responsabilidade que, como já deve ter ficado claro, não deve ser total, pois de outro modo ficaria eliminada a alteridade da obra, única razão para lê-la; ou a alteridade inerente à vida, melhor razão para vivê-la (ou, no caso, recordá-la).

O problema é que o narrador das *Memórias póstumas*, como veremos adiante, de forma alguma concordaria com essa última afirmação. Brás Cubas, como vimos no capítulo anterior a partir de uma simpática atenção às peripécias do personagem, caracteriza-se justamente por uma recusa da "eterna contradição humana",[3] que, segundo o próprio Deus do conto "A igreja do diabo", seria a ambigüidade fundamental que serve de fonte a todas as demais. Essa ambigüidade fundamental, reflexo do parentesco essencial entre ser e devir que Brás Cubas foi progressivamente descobrindo ao longo de seus múltiplos encontros com a morte descritos no capítulo anterior, é justo o que ele sempre pretendeu extirpar de sua vida. Enquanto viveu, não foi capaz disso e só lhe restou a revolta contra uma existência que não era como deveria ser. A questão é saber se, com a sua conversão em defunto (autor), ele se tornou capaz de corrigir o "imenso escárnio" da Natureza por intermédio de sua técnica literária. A questão é saber se, ao assumir a posição de narrador *e* morto, Brás efetivamente conseguiu realizar a tão desejada passagem de herói trágico a autor da tragédia.

Entre o drama e a narração: o que não escapou a Brás Cubas

Na seção anterior, a tentativa de realçar a série de ambigüidades que constituem a complexidade das *Memórias póstumas de Brás Cubas* encobriu a necessidade de discutir explicitamente uma hipótese que, a princípio, soa no mínimo discutível: a hipótese de que um romance (moderno) como as *Memórias póstumas de Brás Cubas* possa ser lido como uma tragédia. Será cabível a comparação entre o romance, gênero narrativo por excelência, e a tragédia, a mais elevada expressão do gênero dramático? Não será intransponível a diferença entre drama e narração? Em suma: com que direito se pode falar em uma "*tragédia* de Brás Cubas"?

Há ao menos duas estratégias possíveis para uma resposta a essas perguntas. A primeira, que se diria mais natural, na medida em que reproduz a forma clássica do silogismo, nos obrigaria a formular um conceito (universal) de tragédia, a achar um termo médio comum às tragédias em geral e ao romance *Memórias póstumas de Brás Cubas* em particular, e, finalmente, a concluir com a defesa do título deste capítulo. A segunda, que seria mais coerente com o ponto de partida deste trabalho, segundo o qual a idéia de interpretação, de romance ou de tragédia deve brotar da atenção à autonomia de uma obra (de arte) exemplar, nos levaria a fugir de uma discussão universalista sobre a natureza dos gêneros e a voltar os olhos para a obra mesma em questão, as *Memórias póstumas de Brás Cubas*, visando a estabelecer se, no que tem de mais singular, ela fornece uma possibilidade de superação da diferença tradicional entre os conceitos de romance e tragédia.

O problema é que, também aqui, a distinção entre essas duas estratégias hermenêuticas, ao separá-las, reúne-as, chamando a atenção para a ambigüidade de sua co-pertinência originária. A segunda estratégia, sob uma certa ótica, só se torna compreensível como uma tentativa de superação (ou fundamentação) da primeira, de modo que necessariamente a implica. Vejamos brevemente como.

A definição de tragédia, ponto de partida da primeira estratégia, pode ser extraída da *Poética*, de Aristóteles, a mais importante obra sobre o tema. Escreve o filósofo:

> É pois a Tragédia imitação de uma ação de caráter elevado, completa e de certa extensão, em linguagem ornamentada e com as várias espécies de ornamentos distribuídas pelas diversas partes [do drama], [imitação que se efetua] não por narrativa, mas mediante atores, e que, suscitando o medo e a compaixão, tem por efeito a purificação dessas emoções.[4]

Tendo em vista que, na abertura do livro, Aristóteles dissera que seu propósito era o de classificar as diferentes espécies de poesia de acordo com três critérios diferenciais – os meios, os modos e os objetos da imitação –, cumpre extrair da definição acima os elementos que propiciaram o estabelecimento da diferença tradicional entre a tragédia e a epopéia, forma literária que antecede histórico-filosoficamente o romance.[5]

Quanto ao objeto da imitação, "uma ação de caráter elevado", nada distingue a imitação épica da imitação trágica, sendo aliás esta a semelhança que distingue ambas da comédia, que, em vez de representar os mitos dos heróis, é a "imitação de homens inferiores".[6]

Quanto aos meios, a "linguagem ornamentada" da tragédia, cuja métrica era mais próxima da língua falada e que continha partes de canto coral, diferia bastante do "verso heróico"[7] da poesia épica. Finalmente, e essa é a diferença que mais nos interessa, o modo de imitação da tragédia é o drama, encenação "mediante atores", "completa e de certa extensão" – isto é, baseada nas unidades de tempo, lugar e ação –, ao passo que o modo de imitação da epopéia é a narração, que interpõe sempre um mediador, o narrador, entre os acontecimentos narrados e os espectadores.

Disso decorrem duas experiências distintas do tempo. A narração, em princípio, trabalha com fatos passados. Quando elabora um relato, o narrador deixa claro que já conhece o fim de sua história, de modo que o que ocorreu não poderá ser modificado. Assim, mesmo que a construção da narrativa implique, de algum modo, a vivificação dos feitos do passado, o narrador costuma deixar clara a impossibilidade de o leitor interferir em seu desfecho. Em contrapartida, quando compõe um drama, o dramaturgo deve arranjá-lo de modo a que o espectador tenha a impressão de que tudo está se desenrolando naquele momento e de que o curso dos acontecimentos ainda não está inteiramente determinado. Deve, portanto, tornar presentes os acontecimentos. Por oposição à narração, que trabalha com o tempo passado, o drama trabalha com a presentificação do tempo representado.[8]

A diferença entre a forma dramática e a forma narrativa, portanto, é a que mais evidentemente separa a tragédia, mesmo quando apenas lida e não encenada, do romance. Se nos contentássemos com o caráter aparentemente estanque dessa diferença, a idéia de uma tragédia de Brás Cubas estaria definitivamente descartada. Felizmente, porém, nem mesmo Aristóteles se contenta com uma topologia tão reducionista. No capítulo XXIV da *Poética*, ele elogia Homero, o grande poeta épico, com as seguintes palavras:

> (...) só ele não ignora qual seja propriamente o mister do poeta. Porque o poeta deveria falar o menos possível por conta própria, pois, assim procedendo, não é imitador. Os outros poetas, pelo contrário, intervêm em pessoa na declamação, e pouco e poucas vezes imitam, ao passo que Homero, após breve intróito, subitamente apresenta

varão ou mulher, ou outra personagem caracterizada – nenhuma sem caráter, todas as que o têm.⁹

A importância dessa passagem repousa sobre o fato de realçar algo que imprime um caráter mais dialético, ou, para voltar aos termos da seção anterior, ambíguo, à diferença entre os gêneros poéticos estabelecida pelo próprio Aristóteles. Utilizando Homero como exemplo, o filósofo chama a atenção para o fato de que a primazia do narrador não exclui o discurso direto dos próprios personagens da narrativa, que, em diversos momentos, são representados de modo tão dramático que fazem esquecer a onipresença do narrador e a experiência do tempo própria à narração. Nesse sentido, poder-se-ia mesmo dizer que a eficácia da forma narrativa depende de sua "impureza". Se o efeito visado pela epopéia é o espanto e mesmo o assombro com os feitos dos antepassados heróicos, a passagem da admiração à imitação da conduta dos heróis, que é propriamente a base da pedagogia homérica, depende de algo que aproxime os ouvintes da epopéia desses modelos tão distantes não apenas no tempo, mas em sua familiaridade com os deuses. A tese de Aristóteles é a de que essa aproximação depende da utilização da forma dramática no seio mesmo da forma narrativa, na medida em que, se a narração distancia e favorece a observação e o aprendizado, o drama aproxima e favorece a identificação e a imitação.

A observação aristotélica sobre a presença de elementos dramáticos em Homero vale de forma ainda mais contundente para as *Memórias póstumas de Brás Cubas*, em que se alternam momentos pungentemente dramáticos, como o relato da morte da mãe do protagonista, com uma série de intervenções do narrador que visam justamente a quebrar as identificações a que essas passagens dramáticas dão ensejo. É possível inclusive conjeturar que a presença do narrador só se torna tão conspícua ao longo do romance, porque, em diversos momentos, ele pressente que as suas intenções didáticas ficam ameaçadas pela tendência do leitor a se deixar levar pelo enredo e a se identificar empaticamente com os personagens, chegando mesmo a compreendê-los (MP, LXXI).¹⁰ O que, para o narrador, significa: chegando mesmo a compreender o incompreensível.

Uma vez que Aristóteles complexifica a diferença entre drama e narração a partir do exemplo de um poeta épico, ficamos tentados a indagar se uma tal complexificação também não seria possível a partir do exemplo de um poeta trágico. Ainda que essa idéia não encontre um respaldo tão explícito na letra do próprio texto aristotélico, é possível conjeturar que o efeito visado pela tragédia, a catarse do medo e da compaixão, pressupõe não apenas a presentificação dos acontecimentos e a conseqüente identificação (entre os espectadores e os personagens) favorecidas pela forma dramática. Para que possa haver a catarse do medo, que pressupõe identificação entre a situação do espectador e a dos personagens, é preciso não deixar que ele se converta em horror, ou seja, é preciso preservar a distância estética, lembrando periodicamente ao espectador que, por mais próximo que lhe pareça o drama, trata-se de um drama alheio, incapaz de arrancá-lo à margem segura, a platéia, em que se encontra. Em algumas tragédias clássicas, esse efeito de distanciamento era promovido pelo coro, cujas intervenções explicativas, ou narrativas, criavam uma espécie de barreira entre a platéia e os personagens, atualizando a consciência de que, no final das contas, há uma diferença entre acontecimentos encenados, por mais competente que seja a sua presentificação, e acontecimentos efetivamente vividos. Ao mesmo tempo, é apenas o distanciamento gerado pela consciência de que se trata de um drama alheio que, dialeticamente, torna possível a compaixão, que se pode definir como uma espécie de medo pelo outro, a qual, por sua vez, só pode ser purificada se o medo, ou seja, a compaixão por si mesmo, vier lembrar os espectadores de que, apesar de alheio, trata-se de um drama humano, que em princípio não poupa ninguém, o que, portanto, inviabiliza o sentimento de superioridade que sentem aqueles que se julgam inteiramente ao abrigo de dores que só poderiam tocar os "outros".

Apesar de não anular a diferença entre a epopéia, antecessora do romance, e a tragédia, o que essa leitura dialética da *Poética* de Aristóteles deixou claro é que não se deve associar a tragédia unicamente ao modo dramático, assim como tampouco se deve associar a epopéia (e o romance) exclusivamente ao modo narrativo. A diferença entre a poesia épica e a poesia trágica repousa na medida da mistura, ou melhor, no modo como, em cada obra singular, se estabelece a tensão entre drama e narração.

A lembrança de que a atenção à singularidade de uma obra de arte determinada é mais importante do que qualquer discussão universalista sobre a natureza dos gêneros poéticos nos remete de volta à diferença entre as duas estratégias hermenêuticas para a justificação do título deste capítulo anteriormente mencionadas, a que se baseia na estrutura do silogismo e a que se baseia na recusa do mecanismo silogístico de identificação.

O que o longo excurso pela *Poética* de Aristóteles nos permitiu entrever é que, uma vez que se recusa uma identificação unívoca entre tragédia e drama, por um lado, e entre romance e narrativa, por outro, torna-se possível conferir ao modo dramático a função de termo médio que permitiria falar em uma tragédia de Brás Cubas. Se efetivamente pretendêssemos seguir "com rigor" o modelo silogístico de argumentação, seríamos levados a dizer o seguinte: a tragédia é o gênero poético caracterizado por uma preponderância do modo dramático sobre o modo narrativo. O romance *Memórias póstumas de Brás Cubas* caracteriza-se por uma preponderância do modo dramático sobre o modo narrativo. Logo, o romance *Memórias póstumas de Brás Cubas* é uma tragédia.

O problema dessa desastrada tentativa de aplicar a uma obra de arte uma forma de pensamento que lhe é totalmente estranha e externa é evidente. Compromete-nos com uma premissa que nenhuma leitura das *Memórias póstumas de Brás Cubas* endossaria: a premissa de que essa obra se caracteriza por uma preponderância do modo dramático sobre o modo narrativo. Se a rigidez silogística não faz justiça à complexidade da obra machadiana, aliás revelando-nos o quanto a lógica tem a aprender com a estética, a estética com a fenomenologia e a fenomenologia com cada obra singular, isso não significa que devamos jogar fora o bebê junto com a água suja do banho.

A leitura da *Poética* que estrutura as premissas do silogismo acima deve ser conservada. Assim, embora recusemos qualquer preponderância apriorística do modo dramático sobre o modo narrativo nas *Memórias póstumas de Brás Cubas* como um todo, o que inviabiliza a aplicação do rótulo de "tragédia" para essa obra em sua totalidade, sustentamos a idéia de que há episódios da narrativa de Brás Cubas, ainda que parcos, em que o modo dramático relega a voz do narrador a um segundo plano. Uma reconstrução desses episódios, que lhes confira aquela espécie de unidade (de tempo, lugar e ação) que falta à obra como um todo, como veremos na seção Brás Cubas como herói trágico, é o que justifica falar em uma "tragédia de Brás Cubas", entendendo-se aqui o genitivo objetivamente e o conceito de tragédia aristotelicamente. Essa reconstrução, entretanto, não tem como negar a preponderância do modo narrativo ao longo da obra, de modo que a expressão "tragédia de Brás Cubas", quando o genitivo é entendido subjetivamente, nos obriga a ir além do conceito aristotélico de tragédia. Da tensão entre drama e narração, somos portanto levados a uma outra tensão, entre distintos conceitos de tragédia, tema da próxima seção.

Entre a poética da tragédia e a filosofia do trágico

Talvez não seja supérfluo salientar que, de acordo com a interpretação da seção anterior, a preponderância de drama ou de narração nas *Memórias póstumas de Brás Cubas* tem menos a ver com a presença de discursos diretos ou indiretos ao longo do texto do que com a tensão que se estabelece entre o leitor e a obra. Há passagens do texto que inegavelmente solicitam do leitor uma quase plena identificação com o personagem, ao passo que outras solicitam um distanciamento irônico. Na identificação simpática, mais aparentada ao drama, ressalta o Brás Cubas personagem; no distanciamento irônico, mais aparentado ao romance, o Brás Cubas narrador, que, ao rir do seu passado e quebrar a unidade de tempo, lugar e ação, recusa-se a identificar-se consigo mesmo. Mais uma vez, a simpatia exigida pela leitura fenomenológica proposta no capítulo anterior nos obriga a sustentar essa tensão. Se, em nossa leitura, não podemos nem cair em uma identificação plena com Brás Cubas, nem em um dis-

A SEGUNDA VIDA DE BRÁS CUBAS 167

tanciamento absoluto com relação a suas peripécias, já que tanto o excesso de empatia quanto o excesso de ironia feririam a medida da obra, cumpre no entanto distinguir, no âmbito da obra, aqueles momentos em que a identificação é exigida daqueles momentos em que o distanciamento é indispensável.

A dificuldade inerente à exposição dessa diferença tem a ver com a essência da linguagem (de um estudo como este), que não apenas se estrutura em torno de uma rígida oposição entre sujeito e objeto, causa e efeito, forma e matéria, fundamento e fundado, como também faz soar estranho qualquer pensamento que não reconheça incondicionalmente a vigência dos princípios de identidade, de não-contradição e do terceiro excluído. Assim, por mais que não queiramos de forma alguma perder de vista o fato de que não há identificação sem distanciamento, drama sem narração, ou Brás Cubas (personagem) sem Brás Cubas (narrador) – e vice-versa! –, cumpre-nos chamar a atenção para uma outra ambigüidade contida na expressão "tragédia de Brás Cubas", aquela entre dois distintos conceitos de tragédia, a qual, esperamos, tornará mais nítida a lábil fronteira que serve de origem aos pares dialéticos que acabamos de mencionar.[11]

Em seu *Ensaio sobre o trágico*, texto seminal para o reconhecimento da diferença que ora nos importa considerar, escreve Peter Szondi: "Desde Aristóteles, há uma poética da tragédia, mas apenas desde Schelling uma filosofia do trágico."[12]

Em linhas gerais, a diferença entre a poética da tragédia e a filosofia do trágico é a diferença entre "um ensinamento acerca da criação poética",[13] que pretende "determinar os elementos da arte trágica",[14] suas características e seu efeito, por oposição à arte dos poetas épico e cômico, e uma "teoria do trágico, que volta sua atenção não mais para o efeito da tragédia e sim para o próprio fenômeno trágico".[15] Pensada a princípio de modo estanque, a oposição entre a *Poética* de Aristóteles e a filosofia trágica de Schelling é a oposição entre uma obra de caráter eminentemente empírico, baseada na análise de uma série de obras de arte disponíveis ao escrutínio de seu autor, que visa à constituição de uma teoria dos gêneros poéticos,[16] e uma obra que, a partir da análise de uma tragédia exemplar como

Édipo rei, nela descobre o paradigma do próprio modo de ser, trágico, da realidade. Se, em Aristóteles, pensador da Antigüidade, a tragédia ainda pode purificar a existência de seu absurdo, na medida em que o ocaso do herói faz resplandecer o divino sentido de seu mundo, em Schelling, pensador da Modernidade, a tragédia traz à luz a insuperável tragicidade de um tempo histórico que se pode caracterizar como um entretempo (*Zwischenzeit*), um tempo que já *não é mais* o do mundo fechado dos gregos e *não é ainda* o da almejada restauração da totalidade.* O homem moderno, preso "naquela espécie de garganta entre o passado e o presente" e ansioso "por sair à planície do futuro" (MP, XL), aparece, no seio da filosofia trágica, como aquele que chegou tarde demais para os velhos deuses e cedo demais para os novos, e que, portanto, tem o paradoxo como único alimento. Escreve Schelling:

> Muitas vezes se perguntou como a razão grega podia suportar as contradições de sua tragédia. Um mortal, destinado pela fatalidade a ser um criminoso, lutando *contra* a fatalidade e no entanto terrivelmente castigado pelo crime que foi obra do destino! O *fundamento* dessa contradição, aquilo que a tornava suportável, encontrava-se em um nível mais profundo do que onde a procuraram, encontrava-se no conflito da liberdade humana com o poder do mundo objetivo, em que o mortal, sendo aquele poder um poder superior – um *fatum* –, tinha *necessariamente* que sucumbir, e, no entanto, por não ter sucumbido *sem luta*, precisava ser *punido* por sua própria derrota. O fato de o criminoso ser punido, apesar de ter tão-somente sucumbido ao poder superior do destino, era um reconhecimento da liberdade humana, uma *honra* concedida à liberdade. A tragédia grega hon-

---

* Embora seja possível explicar a diferença entre a poética da tragédia e a filosofia do trágico em Aristóteles e Schelling de modo estanque, a partir de considerações histórico-filosóficas que acabariam por isolar a primeira como uma expressão exclusiva da Antigüidade e a segunda como um fruto caracteristicamente moderno, não é possível negligenciar que, de acordo com o interesse prévio do leitor, tanto é possível reconhecer o embrião de uma filosofia do trágico na poética da tragédia de Aristóteles quanto é possível reconhecer uma aceitação tácita da definição aristotélica de tragédia na filosofia do trágico de Schelling. Também aqui a tensão entre pólos mutuamente dependentes aponta para a prioridade ontológica da tensão que, ao diferenciá-los, condiciona o estabelecimento de suas respectivas identidades.

rava a liberdade humana ao fazer seu herói *lutar* contra o poder superior do destino: para não ultrapassar os limites da arte, tinha de fazê-lo *sucumbir*, mas, para também reparar essa humilhação da liberdade humana imposta pela arte, tinha de fazê-lo *expiar* – mesmo que através do crime perpetrado pelo *destino*... Foi *grande* pensamento suportar voluntariamente mesmo a punição por um crime *inevitável*, a fim de, pela perda da própria liberdade, provar justamente essa liberdade e perecer com uma declaração de vontade livre."[17]

Se, na leitura que fizemos da *Poética* (da tragédia) de Aristóteles, as categorias centrais são as de drama e narração, na leitura que se pode fazer da passagem acima da filosofia do trágico de Schelling, as categorias centrais são as de liberdade e necessidade. A compreensão do trágico como modo de ser da realidade (humana) implica a interpretação do conflito essencial entre a "vontade livre" e o "*fatum*", entre o poder do homem de moldar o próprio destino e o "poder superior" sob o qual ele tem "*necessariamente* que sucumbir". "Esse conflito [entre a liberdade e a necessidade]", prossegue Schelling, "não termina com a derrota de uma ou de outra, mas pelo fato de ambas aparecerem indiferentemente como vencedoras e vencidas."[18]

A base dialética da concepção de Schelling é o que justificou a sua breve menção no âmbito deste trabalho, que, no entanto, não visa de forma alguma a aprofundar a discussão do pensamento do filósofo alemão, mas sim, como já se adiantou, a utilizar o conflito que ele identifica como a essência do trágico para tornar visível a diferença entre os dois usos do genitivo na expressão "tragédia de Brás Cubas".

Para o esclarecimento do uso objetivo do genitivo, como concluímos na seção anterior, a referência à *Poética* de Aristóteles é indispensável, na medida em que nos permite caracterizar como "trágico" um período da trajetória de Brás Cubas no qual ele aparece como um herói trágico, que, como qualquer herói trágico, depois de ouvir as palavras do oráculo e tentar escapar ao destino por ele predito, vive as experiências fundamentais da "peripécia" e do "reconhecimento".

Para o esclarecimento do uso subjetivo do genitivo, por outro lado, a idéia de uma filosofia do trágico é fundamental, na medida em que nos permite caracterizar como "trágica" a visão de mundo que estrutura toda a narrativa do defunto autor. Essa visão trágica do mundo, se por um lado é condicionada pelas experiências vividas por Brás Cubas entendido como herói trágico, por outro, atua de forma decisiva na determinação do modo como essas experiências, que corroboram a sua visão trágica do mundo, serão lembradas. Parece-nos que, fiel ao interesse melancólico de sua narrativa e à obsessão por provar a verdade objetiva de sua melancolia, o narrador Brás Cubas empenhou-se ao máximo em apagar todos os rastros daquelas experiências que pudessem contradizer o sumo da filosofia trágica que ele pretendia nos transmitir de sua pretensa posição privilegiada no outro mundo.

Tendo em vista que, ao uso objetivo do genitivo na expressão "tragédia de Brás Cubas" correspondem as passagens mais dramáticas da obra, calcadas no conceito aristotélico de tragédia, que exige sobretudo a identificação entre leitor e personagem; e que, ao uso subjetivo, correspondem as passagens mais narrativas, que exigem do leitor um distanciamento do personagem e uma aceitação da filosofia trágica do narrador, cumpre-nos agora, neste capítulo que é sem dúvida menos fenomenológico que o anterior, embora de forma alguma anti-fenomenológico, fazer um pequeno panorama, quase uma caricatura, da estrutura da obra como um todo, de modo a realçar a diferença entre os episódios em que sobressai uma ou outra das supramencionadas concepções de tragédia.

A estrutura das *Memórias póstumas de Brás Cubas*

A fixação da estrutura de uma obra tão complexa e, portanto, dinâmica quanto as *Memórias póstumas de Brás Cubas* é uma tarefa fadada ao fracasso. Feita essa ressalva, o esboço de estrutura que propomos a seguir pode ser útil para propiciar uma visualização mais sistemática não apenas da obra em questão, mas, sobretudo, da leitura das *Memórias póstumas* que está na base deste trabalho.

A construção de oposições abstratas entre pólos dialeticamente contrapostos que alimentou nossa empreitada até aqui tem fundamentalmente dois intuitos: em primeiro lugar, o intuito de tornar visível o caráter derivado de cada um dos oponentes, que só podem vir a ser o que são a partir da tensão mútua que lhes constitui; em segundo lugar, o de permitir uma (dis)secção do defunto autor que torne no mínimo problemática qualquer tentativa de atribuição de um predicado definitivo que caracterize satisfatoriamente a sua identidade (como aqueles que lhe foram atribuídos pela maioria dos críticos tradicionais da obra machadiana).

1.	capítulos I a IX	Prólogo metafísico. Apresentação da necessidade de "um emplasto anti-hipocondríaco destinado a aliviar a nossa melancólica humanidade" é seguida pela apresentação de uma filosofia do trágico, que justifica a reivindicação brascubiana da universalidade da melancolia.
2.	capítulos X a XXII	Romance de (de)formação. Antes da melancolia (e da tragédia), Brás Cubas se apresenta como mais um homem que expressa o seu meio social e reproduz as suas "deformidades" mecanicamente. Nesse sentido, ele não havia ainda propriamente se tornado o Brás Cubas que nos interessa.
3.	capítulos XXIII a XLVI	A tragédia de Brás Cubas, o personagem, tem algumas das principais características exigidas por Aristóteles. Ao fim, enseja o nascimento de Brás Cubas, o narrador, isto é, o ironista implacável. Único conjunto de episódios do livro em que o modo dramático tende a suplantar o narrativo.
4.	capítulos XLVII a XLIX	Apresentação da técnica literária do narrador corresponde à exposição do império da técnica. A filosofia da ponta do nariz é a sua confissão de que tudo e todos deverão servir (de instrumento) à demonstração sistemática da verdade de sua melancolia, ou melhor, de sua filosofia do trágico, enunciada no prólogo metafísico.

5. capítulos
   L a CLIX

Uma vida no subsolo, na clandestinidade. Utilização sistemática da ironia como mimese do modo de ser trágico da realidade, que a tudo corrói. Simultaneamente, como afirmação da própria superioridade. Os ídolos de pés de barro derrubados por Brás:
1. altruísmo (pela filosofia da ponta do nariz)
2. poesia, arte (pela vaidade e a sede de nomeada)
3. ética (pela lei da equivalência das janelas)
4. amor, "pêndula entre prazer e dor" (pelo fastio e a finitude)
5. leitor, bibliômano, crítico (pela sua intrínseca alienação)
6. família (pelo jogo de interesses pecuniários que a sustenta)
7. casamento (pelo adultério e os interesses pecuniários)
8. política (pelo conservadorismo e a vacuidade das elites)
9. filosofia (pelo humanitismo)
10. caridade, religião (pela teoria do benefício)
11. a vida (pela morte)

6. capítulo
   CLX

Resumo da tragédia do personagem Brás Cubas – "sou o que não foi" – e coroação da vingança de seu autor: o que não foi deliberadamente e, portanto, o que não ficou calado, o que nem mesmo a morte, isto é, a vida, conseguiu silenciar.

De acordo com a divisão acima, já teríamos abordado no segundo capítulo deste estudo os três primeiros estágios do romance, especialmente o estágio 3, que agrupa o conjunto de episódios que, vistos sob a ótica deste capítulo, configuram "a tragédia de Brás Cubas", entendido como herói trágico. Uma interpretação do modo como Brás Cubas pode ser considerado um herói trágico a partir de algumas das categorias fixadas por Aristóteles na *Poética* será brevemente esboçada na seção "Brás Cubas como herói trágico".

Na seção "Brás Cubas como tragediógrafo", por sua vez, os mesmos acontecimentos que configuram a tragédia de Brás Cubas entendido como um herói trágico serão considerados sob uma ótica sutilmente distinta. Discutiremos de que forma aquilo que, para o personagem, parece ser a ação de um destino incompreensível, que lhe deixa sempre com a consciência boquiaberta, é em realidade moldado pelo narrador, o Brás Cubas tragediógrafo, com o fito de comprovar a sua filosofia do trágico.

Essa comprovação, como veremos na seção seguinte, "Brás Cubas como porta-voz da Natureza", depende de uma imitação, pelo narrador, da ironia trágica que atribui à Natureza, da qual, a partir de uma certa altura de sua biografia e desde o começo das *Memórias póstumas*, se fará porta-voz.

A voz da Natureza, aliás, é a voz dominante do capítulo do delírio, cerne do prólogo metafísico das *Memórias*, que "funciona assim como uma tese da qual o romance, a narrativa da vida e dos amores de Brás Cubas, será a demonstração".[19] Tendo em vista que a filosofia do trágico como apresentada sinteticamente no capítulo do delírio é a expressão discursiva e a universalização da melancolia de Brás Cubas, que servirá de fio condutor à composição de sua obra como um todo, na seção "O sentido retórico-cosmológico do delírio de Brás Cubas", empreenderemos uma análise detalhada desse capítulo.

Já na seção "O crepúsculo dos ídolos", dedicaremos nossa atenção ao modo como Brás Cubas, em imitação da Natureza e coerentemente com a sua filosofia do trágico, utilizará a sua ironia para demolir todos os ídolos de sua sociedade, os sentidos sobre os quais os seus contemporâneos baseavam suas vidas, a fim de, desnudando o seu absurdo, comprovar a verdade objetiva de sua melancolia.

Nas seções "A tragédia do narrador" e "O saldo de Brás Cubas", finalmente, indagaremos se o narrador teria alcançado o seu objetivo, ou se, ironicamente, seus propósitos autorais não teriam sido subvertidos pelo mesmo mecanismo que ele julgava controlar tão bem. A partir dessa questão, além da tragédia (em sentido aristotélico) do Brás Cubas-personagem (genitivo objetivo) e da tragédia (ou filosofia do trágico) escrita pelo Brás Cubas-narrador (genitivo subjetivo), teríamos também uma tragédia do Brás Cubas-narrador (genitivo objetivo), que, recolocando o problema da diferença entre narrador e personagem, simultaneamente dois e um, nos levará a conceber as *Memórias póstumas de Brás Cubas* como um exemplar único para a compreensão da tragédia da linguagem.

Brás Cubas como herói trágico

A descrição fenomenológica da vida de Brás Cubas entre as mortes de sua mãe e de seu pai, empreendida no capítulo anterior, foi orientada pela necessidade de tornar visível a gênese de sua melancolia. A melancolia, como tentamos mostrar, é a disposição afetiva que dá o tom da narrativa de Brás Cubas, determinando não apenas o que será lembrado e o que será esquecido, mas, sobretudo, o que *não* será esquecido. Essa melancólica impossibilidade de esquecer (os seus encontros com a finitude), de tirar os olhos do passado e voltá-los para o futuro, foi o que, em última instância, acabou por vedar todos os caminhos de Brás até a realização. Subjugado pelo peso excessivo de sua memória, ao cabo das *Memórias póstumas* só restou a esse memorialista, no célebre capítulo "das negativas", inventariar tudo o que não foi e não fez.

Ainda que o tom de bazófia com que ele se gaba de não ter transmitido "a nenhuma criatura o legado de nossa miséria" (MP, CLX) não deva ser desprezado, o fato é que esse balanço tardio de sua vida não se afina inteiramente com as suas ações entre as duas mortes que lhe acabaram por selar o destino (de) melancólico. Apesar de a ironia das palavras finais do livro visar a converter até mesmo a melancolia do narrador em uma superioridade com relação a homens inconscientes de sua condição, por um lado, e à própria Natureza, por outro, a cuja voracidade Brás se nega a entregar novos frutos, o fato é que, naquele período decisivo de sua vida discutido no capítulo anterior, Brás Cubas não se entregou sem luta. Se as irônicas palavras finais de sua obra são uma espécie de louvor à inação, pensada como a única forma de resistência a uma existência que não é o que deveria ser, as ações e as palavras que se seguem ao seu período de luto na Tijuca – "Reagia a mocidade, era preciso viver." – apontam em uma direção bem diferente.

A tragédia de Brás Cubas, sob essa ótica, não deve ser confundida com a mera apresentação de um homem sendo esmagado por uma necessidade cega, um poder superior, um *fatum*. De acordo com a supracitada passagem de Schelling, só há tragédia onde o herói trágico, como herói que é, não sucumbe sem luta. Na verdade, pode-se inclusive ir além de Schelling e afirmar que só há tragédia onde é a própria luta por escapar a um destino anunciado que possibilita a realização desse destino.

Tendo em vista que esse mecanismo de inversão do sentido de uma ação é, no campo da tragédia, análogo ao tropo retórico* da inversão de sentido que, desde Quintiliano, recebeu o nome de "ironia", pode-se afirmar que sem ironia não há tragédia. Em todo caso, sem ironia não haveria uma "tragédia de Brás Cubas". Como nenhuma leitura das *Memórias póstumas* pode negligenciar a ironia, trata-se agora de mostrar como o conceito de ironia trágica nos permite caracterizar aristotelicamente o período entre as mortes de sua mãe e de seu pai como "a tragédia de Brás Cubas".

O conceito de ironia trágica pressupõe a convicção de que sem ironia não há tragédia. Esse conceito remonta à obra de Connop Thirwall, *On the irony of Sophocles*,[20] na qual ele defende a existência de dois níveis de ironia na tragédia. O primeiro desses níveis é o que ele chama de "ironia da ação (trágica)" e o segundo de "ironia do poeta (trágico)".

A ironia da ação trágica é o que permite diferenciar a idéia de destino propriamente trágica da idéia de destino presente nos mitos que a tragédia toma como matéria-prima. Enquanto nos mitos o destino aparece como uma espécie de necessidade cega, de violência em estado bruto que arrasta gratuitamente o herói, apresentado como joguete ou marionete dos deuses, na tragédia não há tal passividade. A queda do herói, para ser trágica, precisa em alguma medida ser auto-infligida. A ironia da ação trágica, como bem mostrou Peter Szondi em seu ensaio sobre *Édipo rei*, repousa sobre "a unidade

---

* Em seu tratado *Institutio Oratoria*, Quintiliano (35-95 d.C.) procurou inventariar e conciliar as contribuições de Aristóteles e de Cícero ao estudo da retórica. Ao enumerar as formas de ornamentar a linguagem e assim aumentar o seu poder de persuasão, Quintiliano define os tropos, palavra cuja origem etimológica remonta ao verbo grego *tropêo*, que significa "girar", como aquelas figuras de linguagem que alteram o sentido usual das palavras. Dentre os tropos retóricos mais importantes estão a ironia, a sinédoque, a metonímia, a hipérbole, a metáfora e a metalepse.

de salvação e destruição. A destruição em si não é trágica, mas sim o fato de a salvação tornar-se destruição. O trágico não se consuma com a queda do herói, mas sim com o fato de o homem sucumbir no caminho que tomou justamente para escapar à ruína".[21] Essa é, aliás, uma possível interpretação do que Aristóteles chama de Peripécia (*metabolé*), definida na *Poética* como "a mutação dos sucessos no contrário".[22]

A ironia da ação trágica, no entanto, pressupõe uma ironia *diante* da ação trágica, ou seja, um distanciamento irônico-reflexivo por parte daqueles que a conformam: o poeta trágico e o espectador da tragédia. Se, sob a perspectiva do herói, não é possível apreender que todas as suas ações o conduzem justamente na direção contrária à que pretendia ir; e, ao mesmo tempo, se admite que nessa inversão de sentido típica da ironia pensada como tropo da retórica é que repousa a tragicidade da ação trágica, então é forçoso concluir que a ironia da ação trágica só se torna visível a partir da ironia do autor, ou, conforme o caso, do espectador da tragédia. Isso, aliás, é o que Aristóteles indica na *Poética* quando afirma que sem Reconhecimento não há tragédia.[23] Édipo só apreende a tragicidade de sua situação quando se torna um espectador de si mesmo.

A partir dessa imbricação entre ironia e tragédia, que subverte não apenas as interpretações tradicionais da ironia machadiana, como também a interpretação que será desenvolvida na próxima seção, revelando que nas *Memórias póstumas* há mais de um conceito de ironia em tensão dialética com os demais, cumpre finalmente retomarmos panoramicamente a análise da série de peripécias que levaram Brás Cubas a converter-se finalmente em um defunto autor.

A série dessas peripécias tem início com a morte da mãe de Brás Cubas, que se poderia mesmo comparar ao oráculo que afasta Édipo de Corinto e o leva para o seio da cidade materna e para o cumprimento de seu destino. Nesse episódio, anuncia-se para Brás o absurdo da finitude, do devir, da incoerência entre as ações de uma pessoa e o resultado dessas ações. Pode-se dizer que, nesse momento, o "grande futuro" com que ele sempre sonhara lhe aparece como uma ilusão.

A descrição pungente da morte da mãe gera uma identificação radical com o personagem, já que a morte biológica não poupa mesmo a ninguém, e ali Brás Cubas realiza uma experiência efetivamente universal, escapando ao mecanismo de universalização das comezinhas "tragédias particulares" que perpassa a maior parte de sua narrativa. Essa identificação, apesar das parábases irônicas do narrador, confere um caráter dramático à narrativa.

A súbita descoberta do caráter trágico da existência, que ele chama de "obscuro, incongruente, insano" (MP, XXIII), precipita Brás Cubas em um estado de luto, e ele escreve que "por então é que começou a desabotoar em mim a hipocondria, essa flor amarela, solitária e mórbida, de um cheiro inebriante e sutil" (MP, XXV).

Ao perceber o começo do desabotoar da melancolia, Brás Cubas faz de tudo para fugir a ela, e, embora com menos presteza do que teria desejado seu pai, investe todas as suas energias em retornar ao bulício, à vida que tivera antes da morte de sua mãe. Tenta-o primeiro com Eugênia, até descobrir a sua coxidão, que põe tudo a perder, e depois com Virgília, a noiva que seu pai escolhera para ele. Quando está indo pedir a sua mão em casamento, porém, o seu relógio cai ao chão e se quebra, e, ao ir consertá-lo, ao tentar fazer o tempo voltar a andar, ele depara com Marcela, o seu amor de juventude, corroída pelas bexigas.

As evidências da morte sem sentido de sua santa mãe, da coxidão de Eugênia e da varíola de Marcela, no entanto, não são ainda suficientes para que ele abandone o afã de escapar àquele destino (de) melancólico. Ao chegar à casa de Virgília, porém, bastante atrasado, mas ainda decidido a pedir sua mão em casamento, ele olhou para ela e

> a sensação foi tão penosa, que recuei um passo e desviei a vista. Tornei a olhá-la. As bexigas tinham-lhe comido o rosto; a pele, ainda na véspera tão fina, rosada e pura, aparecia-me agora amarela, estigmada pelo mesmo flagelo que devastara o rosto da espanhola. Os olhos, que eram travessos, fizeram-se murchos; tinha o lábio triste e a atitude cansada. (MP, XLI)

O episódio da alucinação, em que, como numa fusão cinematográfica, Marcela e Virgília, passado e futuro, se fundem, é aquele em que a ironia da ação trágica encontra o seu ápice. Desde a experiência da morte de sua mãe, que lhe revelou sem encobrimentos o parentesco essencial entre ser e devir, vida e morte, geração e corrupção, tudo o que Brás Cubas fez foi tentar voltar ao bulício, ao "grande futuro" que seu pai e seu entorno social lhe prometiam. Cada nova tentativa de voltar à vida – a uma vida não maculada pelo peso da finitude – teve no entanto sempre o resultado inverso ao que ele esperava. Quanto mais fugia da morte, Brás Cubas ironicamente mais ia ao seu encontro. Até que, no encontro fatal com Virgília, ao contrário do que acontecera nos anteriores, ele finalmente reconheceu a impossibilidade da fuga. Ao projetar na pele imaculada da noiva a varíola que corroera a beleza de Marcela, torna-se patente que ele já não necessita de mais nenhuma evidência objetiva do parentesco essencial entre vida e morte. Ao contrário. Doravante é a sua melancolia que se encarregará de antecipá-lo alucinatoriamente, como aliás ele próprio nos explica no capítulo "que escapou a Aristóteles".

Esse reconhecimento da impossibilidade da fuga, ou, nos termos de Schelling, da impotência da liberdade face à necessidade, constitui a principal peripécia na vida de Brás Cubas.[24] Se, desde o nascimento em berço esplêndido, ele parecia fadado a um "grande futuro", a morte da mãe e as experiências de morte que rapidamente lhe sucedem, todas com nome de mulher, convertem o grande futuro em um enorme passado, cujo peso é tão ingente que faz com que Brás Cubas, apesar de todo o seu afã por recuperar o prumo, finalmente sucumba. A evidência de sua queda, da cesura no curso socialmente pré-estabelecido de sua vida, é o retiro de dez anos que ele faz imediatamente após a morte de seu pai, ocorrida aliás pouquíssimo tempo depois da morte de sua mãe.

Nesse retiro, em que se consolida a distância reflexiva de Brás Cubas com relação às suas experiências imediatas, fica claro que ele está destinado a ver sempre na felicidade presente "uma gota da baba de Caim" (MP, VI).[25] Essa visão da Natureza como "mãe e inimiga" (MP, VII), que só dá a vida para poder dar a morte, acabará por vedar todos os possíveis caminhos de Brás Cubas até a ação, e assim, condenado à inação, ele finalmente assumirá a tez cadavérica daquele que não foi, que, por ter vivido como um morto, acabou por converter-se em um defunto autor.

O célebre capítulo final do livro, "das negativas", em que Brás Cubas se gaba por tudo o que não foi e não fez, e, finalmente, diz que saiu da vida com um "pequeno saldo" justamente por não ter transmitido "a nenhuma criatura o legado de nossa miséria" (MP, CLX), aparece, à luz dessa interpretação da tragédia de Brás Cubas, como uma atualização quase literal da sabedoria trágica que, segundo a versão de Nietzsche, o rei Midas teria arrancado a Sileno, companheiro de Dionísio. Escreve o filósofo:

> Reza a antiga lenda que o rei Midas perseguiu na floresta, durante longo tempo, sem conseguir capturá-lo, o sábio Sileno, o companheiro de Dionísio. Quando, por fim, ele veio a cair em suas mãos, perguntou-lhe o rei qual dentre as coisas era a melhor e a mais preferível para o homem. Obstinado e imóvel, o demônio calava-se; até que, forçado pelo rei, prorrompeu finalmente, por entre um riso amarelo, nestas palavras: – Estirpe miserável e efêmera, filhos do acaso e do tormento! Por que me obrigas a dizer o que seria mais salutar para ti não ouvir? O melhor de tudo é para ti inteiramente inatingível: não ter nascido, não ser, *nada* ser. Depois disso, porém, o melhor para ti é logo morrer.[26]

Se, sob um certo ponto de vista, o riso amarelo de Sileno corresponde à tez amarelada e cadavérica de Brás Cubas, por outro lado, não se pode negligenciar que o silêncio obstinado do primeiro, que só falou forçado pelo rei Midas, contrapõe-se à loquacidade desenfreada do segundo. Tal loquacidade, por sua vez, se é a marca do Brás Cubas narrador, de forma alguma caracteriza o Brás Cubas personagem, o herói trágico cujas esperanças foram ceifadas pela ironia da ação trágica descrita ao longo desta seção. Em defesa dessa diferença entre narrador e personagem, basta lembrar de seu incômodo e de seu silêncio, dos constantes empacamentos e da "consciência boquiaberta", que marcam os seus reencontros com sua mãe moribunda e Marcela variolada, e de seus encontros decisivos com Eugênia e Virgília. Esses silêncios, apesar de muitas vezes aparecerem encobertos pelas intervenções do narrador, que visam a roubar a dignidade de seu personagem e, sobretudo, a atrair para si a atenção do espectador, são eloqüentes. Apontam para o drama (trágico) de Brás Cubas, que não é anulado pelo simples fato de o "mesmo" Brás Cubas, ao assumir postumamente a posição de narrador, querer empurrá-lo para baixo do tapete da (sua) história. Lida a contrapelo, a história de Brás Cubas não é exatamente a que ele pretende ter nos transmitido.

Tal leitura a contrapelo da ironia da ação trágica que marca o período da vida de Brás Cubas entre as mortes de sua mãe e de seu pai, no entanto, só é possível a partir da "ironia do poeta trágico", de um tipo de distanciamento irônico-reflexivo que caracteriza tanto o poeta trágico quanto o espectador da tragédia. Como veremos na seção seguinte, o recalcamento do caráter dramático da história de Brás Cubas, que tentamos realçar ao longo desta seção, funda-se na filosofia trágica do Brás Cubas narrador, cujo fim conspícuo, curiosamente, é justamente eliminar de sua narrativa a possibilidade da ambigüidade que caracteriza uma determinada interpretação da tragédia.

Ao tornar-se um espectador de si mesmo, Brás Cubas não quer entrever em nenhum momento de sua vida aquele tipo de abertura que caracteriza a temporalidade própria ao drama, e, por isso, deixa claro desde a primeira linha que já conhece o fim da sua (e de qualquer) história: a morte. Assim, se a princípio o leitor não pode jamais esquecer que a existência de Brás Cubas como configurada nas *Memórias póstumas* emana do interesse (melancólico) daquele que a reconstrói postumamente, e da filosofia trágica com que ele pretende formular e justificar a sua disposição afetiva fundamental, tampouco deve esquecer, como mostraremos no fim deste capítulo, que um dos aspectos da "tragédia humana" de que Brás Cubas tanto fala consiste justamente no fato de um homem jamais ter o controle absoluto sobre a sua vida, ou um autor sobre a sua história.

Mas, como diria Brás, não antecipemos os acontecimentos.

Brás Cubas como tragediógrafo

Sem a ironia da ação trágica, não há tragédia, mas apenas um destino cego. A condição para a configuração de uma verdadeira tragédia é que, em alguma medida, o herói, ainda que sem o saber, cause o seu destino no movimento mesmo de escapar a ele. A ironia da ação trágica, no entanto, para aparecer como tal, depende do distanciamento do poeta ou, conforme o caso, do espectador da tragédia, já que, enquanto as realiza, o próprio herói evidentemente não pode ter consciência da ironia embutida em suas ações. Um reconhecimento precoce demais inibiria a ação e, conseqüentemente, inviabilizaria a falta trágica (*hamartía*) da qual depende qualquer tragédia.

Na seção anterior, demos a entender que se pode atribuir a Brás Cubas a responsabilidade pelo seu destino, na medida em que foi seu afã por "fechar o baú com o problema da vida e da morte" (MP, XXV), por embotar a própria consciência da finitude constitutiva da existência, que, em sentido contrário ao que ele visava, sempre e de novo fez com que ele deparasse com manifestações cada vez mais concretas e, para ele, insuportáveis dessa mesma finitude. Não houvesse ele pretendido fechar os olhos ao problema da vida e da morte, talvez tivesse conseguido suportar melhor uma visão da vida da qual a morte não está necessariamente excluída.

Ao argumento da seção anterior acerca da responsabilidade de Brás Cubas pelo próprio ocaso, porém, sempre se poderia objetar que, a partir da ótica do personagem, foi sempre o acaso, ou um destino incompreensível, que tudo comandou. Tudo começou com o cancro de sua mãe, dir-nos-ia ele, pelo qual ninguém em sã consciência tentaria responsabilizá-lo. O mesmo se poderia dizer com relação à sua demora em deixar a Tijuca e o luto, que poderia ser atribuída ou ao acaso de Dona Eusébia haver se mudado em momento inoportuno para a casa roxa ao lado da sua; ou à insistência da mesma Dona Eusébia, que foi buscá-lo no dia seguinte ao de sua primeira visita, instando muito para que ele fosse novamente visitá-las, ela e a filha. O choque do encontro com a beleza coxa de Eugênia, por sua vez, poderia ser facilmente atribuído ao defeito biológico da moça, aos misteriosos desígnios de uma Natureza que, como frisou o próprio

Brás, "é às vezes um imenso escárnio" (MP, XXXIII). Quanto ao reencontro com Marcela variolada, só se teria tornado possível pelo terrível acaso de um relógio quebrado, descuido do qual não está livre nenhum ser humano. E mesmo a alucinação com Virgília, se por um lado tem de ser atribuída àquele que deforma a realidade de acordo com interesses mais ou menos conscientes, por outro, pode servir para desresponsabilizar o alucinado, que, como qualquer alienado, não tem como responder pelo teor de sua própria alienação.

Com relação ao problema da responsabilidade de Brás Cubas, o personagem, por sua própria tragédia, portanto, não é possível chegar a uma conclusão satisfatória, já que, onde um leitor enxerga a ação da liberdade, outro, com igual direito, poderia enxergar a ação da necessidade, travestida de acaso ou de absurdo, e outro ainda poderia enxergar uma fusão de ambas. Mas se, de fato, até o episódio da alucinação, é fácil aceitar que os acasos parecem comandar os encontros de Brás Cubas, conduzindo-o, como se fossem expressão do Destino, para a consolidação de sua melancolia, a partir da conversão de Brás Cubas em um inativo (narrador), ocorrida logo após a morte de seu pai, no período em que ele se manteve à margem de tudo, naquela letargia digna de um eremita ou de um defunto (autor), torna-se gritante a impossibilidade de o leitor continuar a sustentar uma identificação simpática com (as peripécias de) o personagem, condição para que ele apareça como um herói trágico.

A partir desse ponto de virada, analisado mais detidamente na seção "Depois da melancolia", encerra-se a tragédia do personagem Brás Cubas, que, se por um lado é a condição para a inteligibilidade da gênese da posição (melancólica) do narrador Brás Cubas, por outro, só se torna ela própria compreensível a partir do distanciamento exigido por esse mesmo narrador, cuja ironia, do capítulo XLVII, em que é enunciada a sua filosofia da ponta do nariz, até o fim do livro, o capítulo das negativas, chegando mesmo até o prólogo metafísico dos primeiros capítulos, dará o tom de sua narrativa.

Tendo em vista a estrutura circular da obra, a compreensão do delírio relatado no capítulo VII, em que Brás Cubas apresenta sinteticamente a filosofia trágica que serviria de base à construção de suas

Memórias, aí incluída a tragédia de Brás Cubas analisada na seção anterior, pode ser ajudada não apenas pela interpretação dessa tragédia, mas igualmente por uma consideração atenta daqueles capítulos (XLVII a XLIX) em que ele apresenta explicitamente as bases de sua técnica literária. Nesses três breves capítulos, o narrador deixa clara a sua intenção de manipular não apenas o próprio passado, mas também as vozes de todos os demais personagens de sua narrativa, inclusive e, sobretudo, a voz da Natureza, que permaneceria um risco para os seus paranóicos propósitos autorais caso ele permitisse a sua livre expressão. Escreve o narrador:

> Nariz, consciência sem remorsos, tu me valeste muito na vida... (...) Essa sublimação do ser pela ponta do nariz é o fenômeno mais excelso do espírito, e a faculdade de a obter não pertence ao faquir somente: é universal. Cada homem tem necessidade e poder de contemplar o seu próprio nariz, para o fim de ver a luz celeste, e tal contemplação, cujo efeito é a subordinação do universo a um nariz somente, constitui o equilíbrio das sociedades. Se os narizes se contemplassem exclusivamente uns aos outros, o gênero humano não chegaria a durar dois séculos: extinguia-se com as primeiras tribos. (...) A conclusão, portanto, é que há duas forças capitais: o amor, que multiplica a espécie, e o nariz, que a subordina ao indivíduo. Procriação, equilíbrio.

Nessa passagem, mais uma vez encontramos em operação o mecanismo de universalização de experiências particulares que caracteriza Brás Cubas e que, não raro, tende a converter os seus visos de filósofo em algo bastante próximo do ridículo. Assim, ao contrário da tradição interpretativa machadiana,[27] que vê em passagens como essa a reiteração da circunspecta influência de Schopenhauer[28] sobre Machado de Assis, negligenciando a função específica desempenhada pelas "passagens filosóficas" no âmbito das *Memórias póstumas* e assim ferindo grosseiramente a autonomia da obra, parece-nos mais interessante chamar a atenção para o fato de que, embora a contemplação do próprio nariz não seja um fator desprezível na constituição do equilíbrio – e, caberia igualmente lembrar, do desequilíbrio – das sociedades, a afirmação da necessidade de uma negação sistemática da alteridade, que soa problemática quando diz respeito ao "gênero humano", soa incontestável quando diz respeito à caracterização da posição de Brás Cubas como narrador.

Quando ele afirma que, "se os narizes se contemplassem exclusivamente uns aos outros, o gênero humano não chegaria a durar dois séculos", basta resistir ao charme de um narrador cujo principal sortilégio é oferecer a seus leitores fórmulas universais sobre tudo, sabedoria barata facilmente ostensível, que logo tornará patente o fato de que, embora permaneça controversa a questão acerca do caráter ontológico do egoísmo ou do narcisismo universais, não há controvérsia quanto ao fato de que a técnica (literária) de Brás Cubas como narrador consiste em sua excessiva contemplação do próprio nariz, cujo efeito não é outro senão a subordinação do universo a sua perspectiva, a seu interesse fundamental, a sua melancolia, a seu ressentimento.

Ao subordinar todos os personagens de sua narrativa à sua disposição afetiva fundamental, à sua "afeição interior" (MP, XLVII),[29] Brás Cubas inviabiliza a possibilidade de novas experiências que, em sentido contrário àquelas vividas entre as mortes de sua mãe e de seu pai, pudessem relativizar a verdade de sua melancolia. Da enunciação da "filosofia da ponta do nariz" em diante, o propósito conspícuo de toda a sua narração será o de converter sistematicamente todas as suas lembranças em instrumentos para a comprovação da objetividade de sua melancolia, o que necessariamente implica o esquecimento de episódios que pudessem comprometê-la.

As memórias de Brás Cubas, sob essa ótica, são todo o contrário da memória involuntária comumente referida a Proust. Além de ser rigorosamente comandado por um mecanismo cuja lógica serve implacavelmente à exclusão da alteridade e à imposição da idéia de que a melancolia seria a única resposta condizente com a descoberta do parentesco essencial entre vida e morte, o ato de lembrar que funda a narrativa póstuma de Brás Cubas sopra um "vento morno" (MP, XL) sobre tudo o que é lembrado. Em sentido inverso ao daquela presentificação radical do passado que é a base do drama trágico, capaz de insuflar vida nos acontecimentos, na medida em que sustenta a identificação entre o espectador e os personagens nele existencialmente engajados – o espectador torce pelos personagens –, as memórias de Brás Cubas podem ser reputadas póstumas em sentido hiperbólico. Não são póstumas apenas porque ele é um defunto autor ou porque póstumo é o caráter de toda memória que se apresenta narrativamente, mas, sobretudo, porque mortificam tudo o que tocam, ao evocar melancolicamente o caráter derrisório de todo e qualquer engajamento.

A partir da consideração atenta da filosofia da ponta do nariz, aquilo que, sob a ótica do Brás Cubas personagem, aparecia como fruto de uma sucessão de acasos, de um destino incompreensível ou de uma Natureza escarninha, passa a aparecer como o resultado de uma técnica narrativa, que, alimentada pela melancolia, subordina tudo à visão trágica do mundo que lhe é correlata. Quando Brás Cubas, em outro momento da obra, afirma que "o Destino [é o] grande procurador dos negócios humanos" (MP, LVII), ele sem o saber nos dá a chave para a compreensão de sua posição como narrador, que consiste em deixar com que o Destino, "casualmente", confirme a sua compreensão melancólica da existência como um "enxurro perpétuo".

A tragédia de Brás Cubas, sob essa ótica, só pode ser apreendida em toda a sua complexidade quando se depreende o seu caráter radicalmente circular. Por um lado, é a tragédia de um "herói" que, enredado em uma série de experiências absurdas por sua imprevisibilidade, incontrolabilidade e incompreensibilidade, sucumbe no momento em que se deixa tomar pelo peso da melancolia, assim vendo-se constrangido (por essa disposição afetiva) a renunciar a todo e qualquer engajamento existencial. Simultaneamente, por outro lado, é a tragédia de um homem que, tendo sobrevivido à própria queda e vendo-se incapaz de sustentar a sua posição heróica, curva-se à sua melancolia sem de forma alguma curvar-se ao (seu) destino.* Impossibilitado de engajar-se efetivamente em qualquer ação por força

---

* Neste ponto, Brás Cubas, o herói caído, assemelha-se bastante a Édipo, depois de furar os olhos e, pelas mãos de Antígona, ser conduzido ao bosque de Colono, perto de Atenas. Como nos esclarece o grande helenista Erwin Rohde: "Ele [Édipo em Colono] de fato aparece para nós como um sofredor inocente, mas também como um [velho] rabugento de natureza temerária e violenta, vingativo, teimoso, e voluntarioso, que foi antes bruta-

das experiências descritas no Capítulo 2 deste trabalho, Brás Cubas, macerado pelo ressentimento, dará o salto que configurará a sua ação como inativo, isto é, a sua ação como narrador, única que ainda julga aceitável, digna de si: da idéia de que sua vida não foi como deveria ser, saltará para a idéia fixa de que *a* Vida (*a* Natureza, *o* Homem) não é o que deveria ser. Essa universalização, que serve de matriz a todas as demais, é o delírio (paranóico) que estrutura a posição do narrador das *Memórias póstumas de Brás Cubas*, cuja filosofia trágica serve de fio condutor a toda sua narrativa, aí naturalmente incluída – eis a prova da circularidade da obra! – a tragédia de Brás Cubas descrita na seção anterior.

O salto que dá origem a Brás Cubas, repita-se ainda uma vez, deve ser localizado entre a alucinação do personagem diante de Virgília e a enunciação da filosofia da ponta do nariz que caracteriza a técnica literária do narrador. Uma vez que se aceita essa hipótese, podemos retomar as palavras do "defunto autor" no primeiro capítulo das *Memórias póstumas*, quando ele afirma que para ele "a campa foi outro berço" (MP, I), referindo-se aí à sua morte biológica ocorrida em "agosto de 1869" (MP, I), e interpretá-las coerentemente com a diferença entre personagem e narrador que viemos tentando caracterizar ao longo de todo este trabalho. Ao fazermos isso, torna-se patente que a segunda vida de Brás Cubas, a sua paradoxal vida de morto, de agente (ator) inativo ou, em suas palavras, defunto autor, teria começado muito antes de 1869, mais exatamente quando, incapaz de agir em sentido próprio, isto é, de engajar-se existencialmente em qualquer ação, e, ao mesmo tempo, incapaz de uma inação

---

lizado do que enobrecido pelos sofrimentos. (...) Basta apenas ler a peça [*Édipo em Colono*] sem idéias pré-concebidas, para ver que esse velho passional e selvagem, impiedosamente lançando terríveis maldições sobre seus filhos, vingativamente regozijando-se pela futura infelicidade de seu próprio país, ignora inteiramente 'a profunda paz vinda dos deuses' ou a 'iluminação do sofredor pio' que a interpretação literária tradicional apressadamente sempre lhe atribuiu. O poeta não é alguém que enfeita as duras realidades da vida com frases banais de insípida consolação. Ele percebeu claramente que o efeito mais comum da infelicidade e da miséria sobre os homens não é o de 'iluminá-los', mas sim o de debilitá-los e vulgarizá-los." (Ver ROHDE, E. *Psyche: The cult of souls and belief in immortality among the greeks*. Nova York: Harcourt, Brace & Company, 1925, p. 431.)

absoluta, ele passou a agir *como se* não estivesse agindo, passou a agir *como se* pudesse permanecer à margem de suas próprias ações, tal qual um observador desinteressado, um simples narrador.

O problema é que, evidentemente, a idéia de uma observação ou de uma ação desinteressadas é tão quimérica quanto a idéia, que até hoje sustenta algumas religiões, de uma inação absoluta. Assim sendo, se a melancolia deve ser vista como o interesse que dá o tom da (pretensa) inação de Brás Cubas, cumpriria perguntar de que modo ela dá igualmente o tom de sua narração.[30] Se, de acordo com a filosofia da ponta do nariz, a melancolia de Brás Cubas deve subordinar a si todos os outros interesses, perspectivas e disposições afetivas potencialmente presentes em suas memórias, como é que a antecipação (hipocondríaca) do fim de todas as coisas, manifestação mais imediata da melancolia, aparece narrativamente? Além disso, cumpriria igualmente perguntar o que interessa a esse interesse. Qual é a intenção recôndita em uma universalização absoluta da melancolia, seja como princípio existencial a regular a (in)ação do personagem, seja como princípio literário a regular a (in)ação do narrador?

A última dessas questões já foi respondida, de passagem, na página anterior. Ao afirmarmos que Brás Cubas, após a alucinação com Virgília, curvou-se à sua melancolia sem curvar-se ao (seu) destino, deixamos indicado que, movida por essa melancolia, a idéia fixa que passou a sustentar o sentido de seus dias e, conseqüentemente, a sua posição como narrador e personagem, como um personagem com visos de narrador (ou observador distanciado) de si mesmo, foi a idéia de vingança. Brás Cubas toma para si, como ponto de honra, a missão de se vingar da Natureza, de provar que podia ser mais forte do que ela, que poderia até destruí-lo, mas jamais vencê-lo. A Natureza, pensada como a personificação da alteridade, de tudo o que sempre escapa à compreensão e ao controle humanos, a inimiga indestrutível, precisava ser domada, silenciada, vencida.

Tomado por essa espécie de volúpia do ressentimento, extrato mais profundo daquela "volúpia do aborrecimento" (MP, XXV) que tantas vezes aparece ao longo das *Memórias póstumas*, Brás Cubas não quer correr riscos em sua disputa com a Natureza. Assim, quando considerado como personagem das *Memórias*, sua estratégia, sobretudo após o desfecho da tragédia analisada na seção anterior, é não entregar mais quaisquer frutos à voracidade de sua inimiga, tentando, dentro do possível, não agir, isto é, só agindo na clandestinidade[31] ou então quando já é tarde demais.[32] Se, por outro lado, consideramos Brás Cubas como narrador das *Memórias*, ou, para voltar aos termos do título desta seção, como tragediógrafo – portador e divulgador de uma filosofia trágica –, sua estratégia é antecipar-se à voracidade da Natureza, chamando a atenção para o caráter derrisório não apenas de todas as suas ações, mas igualmente das ações dos demais personagens de sua narrativa, que, ao contrário dele, permaneceriam ignorantes de sua condição.

Nesse sentido, o distanciamento inerente à perspectiva do tragediógrafo Brás Cubas, que, querendo denunciar e assim secretamente escapar ao "enxurro da vida", permanece sempre distante de si mesmo e de qualquer engajamento existencial, permite-nos entrever aquilo que, sob a ótica do herói trágico Brás Cubas, permanecia encoberto: o fato de que a ironia da ação trágica, que converte todo engajamento na vida em um engajamento na morte, não tem nada de natural, e, ao menos no âmbito das *Memórias póstumas*, dificilmente pode ser atribuída ao destino.

Para o ressentimento e o espírito de vingança de Brás, não bastaria simplesmente, a partir do distanciamento inerente à ironia do poeta trágico (ou narrador), tornar visível a ironia da ação trágica quando ela ocorre, já que, em princípio, ela não precisa ocorrer necessariamente.[33] É possível imaginar ações que não operem em sentido inverso ao pretendido. Assim, a única maneira de Brás Cubas *garantir* a própria vitória sobre a voracidade da Natureza era, como personagem, não engajar-se em nada e, desse modo, só lhe entregar frutos podres ou sem valor pessoal; e, como narrador, caricaturar de tal forma a Natureza e sua voracidade de modo a, pelo exagero, tornar visível um processo de corrosão que, muitas vezes, não é perceptível ao longo do tempo de uma vida humana, sobretudo quando esse tempo não é compreendido de modo linear. Com o fito de excluir de sua narrativa qualquer possibilidade de uma ação que não parecesse derrisória aos olhos do leitor, Brás sistematicamente apequena a si mesmo e a todos os demais personagens de sua narrativa, descobrindo sempre motivos vis por trás de qualquer ação, mesmo as aparentemente mais belas.

Destarte, pode-se afirmar, a melancolia que, no plano existencial, converte-se em inação, no plano narrativo converte-se em ironia, expressão do fato de que Brás Cubas, derrotado pelo Destino, arrancará a vitória das garras da derrota ao converter-se, ele próprio, em senhor do destino. Pelo menos dos destinos dos personagens de sua narrativa. Ao antecipar compulsivamente o fim de todas as coisas, em imitação caricatural de sua própria representação da Natureza, Brás Cubas aprisiona nas malhas dessa representação aquilo que, por definição, sempre escapa a seu império. Através dos mecanismos de antecipação e universalização que estruturam sua narrativa, Brás Cubas introduz na Natureza uma coerência que, a rigor, ela não tem, e assim restitui a si mesmo aquele controle cuja perda está na origem de sua melancolia. "Vive Deus! eis um bom fecho de capítulo." (MP, XCIX)[34]

Brás Cubas como porta-voz da Natureza

A caracterização de Brás Cubas como tragediógrafo resguarda ao menos dois sentidos distintos. Em primeiro lugar, Brás Cubas pode ser visto como o autor de sua própria tragédia, aquele que, ao recordar postumamente o seu passado, reconstruiu todo um período de sua vida, o período inscrito entre as mortes de sua mãe e de seu pai, de acordo com a estrutura do drama trágico como apresentada por Aristóteles na *Poética*. Em segundo lugar, Brás Cubas pode ser visto como portador e divulgador de uma filosofia trágica, que, no âmbito das *Memórias póstumas*, não serve de fundamento apenas à tragédia de Brás Cubas em sentido aristotélico, mas ao todo da obra.

De acordo com a interpretação das *Memórias póstumas* proposta até aqui, a gênese do tragediógrafo Brás Cubas não pode ser compreendida sem uma atenção à tragédia do herói trágico Brás Cubas, ao passo que esta tampouco pode ser compreendida sem uma investigação do interesse que serviu de fundamento à sua elaboração.

Essa tensão entre autor e personagem ou entre tragediógrafo e herói trágico, dado o caráter circular da obra, que genialmente encena o caráter circular da interpretação e da memória, preexiste, repita-se, aos pólos por ela engendrados. Tal prioridade ontológica é o que, em larga medida, explica a sensação de artificialidade gerada por uma interpretação das *Memórias póstumas* que, para expor a (trágica) co-pertinência dos opostos, precisa o tempo todo desatar o nó górdio que os une da única maneira possível, a maneira de Alexandre.[35] Se a violência, como já se indicou na seção "O problema da arbitrariedade do ponto de partida da interpretação", é inerente a toda e qualquer interpretação, então a interpretação mais fiel à obra mesma, a interpretação menos paranóica e mais simpática, será justo aquela que, no movimento de explicitar o sentido da obra, for capaz de explicitar a sua própria paranóia, o seu próprio ímpeto totalitário, pondo-se a si mesma em questão.

No caso das *Memórias póstumas de Brás Cubas*, entretanto, verifica-se um fato curioso: a simpatia implica a paranóia. A simpatia exigida pelo método fenomenológico obriga-nos a explicitar a estrutura paranóica da obra, que, lida a partir de uma identificação com o narrador e um distanciamento com relação ao personagem – o narrador antes de vir a ser o seu conceito –, aparece-nos como comandada por uma idéia fixa que antecede e justifica a idéia fixa que matou Brás Cubas, aquela envolvendo a criação de um "emplasto anti-hipocondríaco, destinado a aliviar a nossa melancólica humanidade" (MP, II). Trata-se da idéia de que uma visão sem encobrimentos da verdade última sobre a condição humana gera necessariamente a melancolia, que portanto seria a disposição afetiva fundamental da humanidade como um todo, mesmo que, para a maioria dos mortais, não apareça como tal. É, aliás, o fato de que ela permanece encoberta para a maioria que, além de fazer Brás Cubas, na melhor tradição aristotélica,[36] sentir-se superior a todos os demais, explica a tarefa que ele assume ao redigir as suas *Memórias póstumas*: revelar a verdade última sobre a trágica condição do homem.

Como os profetas bíblicos, no entanto, Brás Cubas sabe que sua mensagem não chegaria aos ouvidos normalmente moucos a que era endereçada sem a ajuda de um artifício tão duvidoso quanto eficaz. Sabe que, para fazer-se ouvido, não basta (1) enunciar prosaicamente uma verdade, é preciso (2) pregar com o próprio exemplo, sacrificar-se em nome da verdade que se professa. Sabe, ademais, que o próprio exemplo, por mais eloqüente que seja, pode não ser ainda suficiente e que, para inculcar a verdade que se quer transmitir no espírito de leitores potencialmente resistentes a ela, cumpre ainda (3) universalizar o próprio exemplo, vê-lo monotonamente repetido por tudo e por todos.

As *Memórias póstumas*, lidas como uma peça de retórica, cujo intuito é demonstrar a objetividade da melancolia (de Brás Cubas), são constituídas por três grandes movimentos, que correspondem aos três supramencionados níveis da sabedoria (profética) de Brás Cubas: 1) a apresentação, no prólogo metafísico, e mais especificamente no capítulo do delírio, de uma visão (trágica) da Natureza e da condição humana que, no entender de Brás, deve necessariamente engendrar a melancolia; 2) a confirmação dessa visão trágica na forma de uma tragédia de Brás Cubas, em que, no final, o herói acaba por sucumbir à Natureza e ao peso da melancolia por ela engendrada; e 3) a reiteração dessa visão trágica por meio da demonstração sistemática de que nada escapa à voracidade da Natureza, de cuja ironia, ou escárnio (MP, XXXIII),[37] a ironia escarninha de Brás Cubas se fará porta-voz.

O decisivo nesse esboço da estrutura da obra, menos detalhado do que o apresentado na seção "A estrutura das *Memórias póstumas de Brás Cubas*", na medida em que elide a discussão da filosofia da ponta do nariz, condição para a visualização do caráter retórico das *Memórias póstumas*, é a apreensão da relação necessária entre a melancolia e a ironia. A compreensão do que está em jogo nessa relação, como nos indicou o próprio Brás Cubas em seu prólogo ao leitor, é a chave para a visualização da "obra em si mesma". Afinal, diz-nos o autor, "escrevi-a com a pena da galhofa e a tinta da melancolia, e não é difícil antever o que poderá sair desse conúbio" (MP, AL).

Ao contrário do que ele ironicamente sugere, é enorme a dificuldade de antever o que gera e o que é gerado por esse conúbio, na medida em que a relação entre ironia e melancolia não é unívoca, pois, ao contrário da noção de melancolia, que parece ter um significado relativamente estável ao longo da obra, a noção de ironia é radicalmente instável, como aliás já começou a ficar claro a partir da distinção entre a ironia da ação e a ironia do poeta trágico esboçada anteriormente. Assim, na breve reconstrução que se seguirá dos movimentos 1 e 3 das *Memórias*, mister é atentarmos sempre para o modo como ironia e melancolia podem ser articulados. Cumpre entender de que modo o ânimo pesado (*Schwermut*) que caracteriza a perspectiva melancólica pode aparecer fenomenologicamente como ironia, ou galhofa – termo irônico em si mesmo, pois designa ao mesmo tempo uma "manifestação alegre e ruidosa" e "uma zombaria explícita e veemente", próxima ao "deboche" e sobretudo ao "escárnio",[38] como se fosse possível rir simultaneamente *com* e *de* alguém.

Diga-se de passagem que, uma vez que se admite a plausibilidade de uma "tragédia de Brás Cubas", pensada como uma obra redigida por Brás Cubas com o intuito de defender uma filosofia trágica, o riso constante que perpassa as suas palavras pode ser lido como um riso *com* a Natureza, isto é, um riso que tenta imitar hiperbolicamente o escárnio que Brás lhe atribui; e um riso *da* Natureza, já que, ao efetuar essa mimese literária do caráter corrosivo da existência, do caráter mortífero da vida, e assim antecipar-se ao inelutável, Brás de algum modo julga poder manter-se superior a ele.

O sentido retórico-cosmológico do delírio de Brás Cubas

O capítulo do delírio tem um título sugestivo, na medida em que o encontro entre Brás Cubas e Natureza, ou Pandora, é fundamental para a interpretação das memórias póstumas de Brás Cubas como uma armação,* ou, se se preferir, um delírio paranóico, em que todas as peças têm de fazer sentido, onde nada existe por acaso, ou

---

* A compreensão das memórias póstumas de Brás Cubas, e não das *Memórias póstumas de Brás Cubas*, como uma armação (*Ge-stell*), ou, na tradução brasileira de Heidegger, como uma com-posição paranóica, surgiu da leitura de seu texto "A questão da técnica", em que ele afirma que "a essência da técnica moderna se mostra no que chamamos de com-

melhor, onde mesmo o acaso é fruto de uma necessidade retórica, a da negação sistemática de uma existência que, dada a sua ambigüidade ou tragicidade, não é o que deveria ser. Esse capítulo, que Eça de Queirós sabia de cor, apresenta a enunciação mais direta da filosofia do trágico que, como expressão discursiva do raciocínio implícito na melancolia de Brás Cubas, dá o tom de toda a sua obra.

O delírio começa quando Brás Cubas, após tomar "a figura de um barbeiro chinês" e logo depois sentir-se "transformado na *Suma Teológica* de Santo Tomás", é "restituído à forma humana" e arrebatado por um hipopótamo, em cujo dorso será conduzido "à origem dos séculos" (MP, VII). "O silêncio daquela região era igual ao do sepulcro", escreve o defunto autor, "dissera-se que a vida das coisas ficara estúpida diante do homem" (MP, VII).

Ao descrever essa região, em que as coisas negam-se à voracidade hermenêutica do homem, opondo o seu silêncio à nossa loquacidade, Brás compara esse silêncio àquele do sepulcro, remetendo a imaginação do leitor para a visualização do parentesco essencial entre a morte como fim biológico e a morte como experiência da finitude da compreensão humana, que, como tal, é indissociável da própria vida. Essa comparação será reforçada logo em seguida, quando a personificação da vida, que é também a da morte, aparece em uma "figura de mulher", reportando o leitor – ao menos o leitor deste trabalho – para a lembrança de que, ao longo das *Memórias póstumas*, todos os encontros de Brás Cubas com a morte tiveram sempre um nome de mulher: Eugênia, Marcela, Virgília... Escreve o narrador:

---

posição", isto é, no "apelo de exploração que reúne o homem a dis-por do que se desencobre como dis-ponibilidade". A idéia de *Ge-stell* interpreta a necessidade humana de instrumentalizar tudo, de dispor de tudo, como o sintoma do afã de um controle absoluto da natureza que inviabilizasse experiências da finitude como as vivenciadas por Brás Cubas ao longo de sua tragédia. A técnica literária do defunto autor, sob essa ótica, aparece como uma armação, ou armadura, cujo propósito é, pela antecipação, inviabilizar ou ao menos despotencializar a irrupção da Morte, do Outro, do Real, do Inominável, do Horror, do Negativo, ou, nos termos das *Memórias*, da Natureza. (Cf. HEIDEGGER, M. "A questão da técnica". In: *Ensaios e conferências*. Petrópolis: Vozes, 2005, pp. 11-38.)

(...) um vulto, uma figura de mulher me apareceu então, fitando-me uns olhos rutilantes como o sol. Tudo nessa figura tinha a vastidão das formas selváticas, e tudo escapava à compreensão do olhar humano (...). Estupefato, (...) perguntei quem era e como se chamava: curiosidade de delírio.
– Chama-me Natureza ou Pandora; sou tua mãe e tua inimiga. (...) Não te assustes – disse ela – minha inimizade não mata; é sobretudo pela vida que se afirma. Vives: não quero outro flagelo. (...) Dizendo isto, a visão estendeu o braço, segurou-me pelos cabelos e levantou-me ao ar, como se fora uma pluma. Só então pude ver-lhe de perto o rosto, que era enorme. Nada mais quieto; nenhuma contorção violenta, nenhuma expressão de ódio ou ferocidade; a feição única, geral, completa, era a da impassibilidade egoísta, a da eterna surdez, a da vontade imóvel. (...) Ao mesmo tempo, nesse rosto de expressão glacial, havia um ar de juventude, mescla de força e viço, diante do qual me sentia eu o mais débil dos seres. (MP, VII)

A figura de Natureza, ou Pandora, concentra uma série de ambigüidades. Ela é mãe, e simultaneamente inimiga; dá a vida, e simultaneamente a morte; tem uns olhos rutilantes como o sol e ao mesmo tempo uma expressão glacial; transmite "o pão da dor e o vinho da miséria" (MP, VII) que levariam a uma negação da vida, mas ao mesmo tempo a vontade de viver; traz na sua bolsa, em suma, "os bens e os males, e o maior de todos, a esperança, consolação dos homens" (MP, VII), que, como é de seu feitio, não deixa claro se é um bem ou um mal. Por isso, como no mito grego, se chama Pandora.

O fato de ser uma figura eminentemente ambígua, e como tal inapreensível, somado à sua "impassibilidade egoísta" e à sua "eterna surdez" é o que a converte na origem da tragédia, já que sua absoluta indiferença com relação aos feitos dos homens* confere a suas existências uma imprevisibilidade e uma incontrolabilidade que antecedem, histórico-filosoficamente, a vitória dos Olímpicos sobre os

---

* A respeito dessa idéia de uma absoluta indiferença da Natureza com relação aos seres humanos, veja-se o belo desfecho de *Quincas Borba*, romance machadiano imediatamente posterior às *Memórias póstumas*. Escreve o narrador: "Eia! chora os dois recentes mortos, se tens lágrimas. Se só tens riso, ri-te! É a mesma coisa. O Cruzeiro, que a linda Sofia

Titãs, de Zeus sobre Cronos,* da ordem sobre o caos, das formas sobre o informe, ou, em termos nietzscheanos, de Apolo sobre Dionísio.[39] Natureza, ou Pandora, sem poder ser reputada má por trazer a morte e tampouco boa por dar a vida, com seu "rosto de expressão glacial", serve de fundamento a uma compreensão da existência para além do bem e do mal, a uma compreensão da vida que recusa qualquer justificação moralista, qualquer ilusão de uma coerência necessária entre um ato e seus possíveis resultados. Natureza, ou Pandora, poderia ainda receber o nome de Bárbara, que designa tanto uma espécie de violência (ou crueldade) pré-civilizada, quanto o que é hiperbolicamente admirável.

Essa bárbara ambigüidade inerente à Natureza é o que Brás Cubas se recusa a entender e muito menos a suportar. Quando a Natureza lhe pergunta se ele entendera quem ela era, segue-se uma resposta exasperada: "Natureza, tu? A Natureza que eu conheço é só mãe e não inimiga; não faz da vida um flagelo, nem, como tu, traz esse rosto indiferente, como o sepulcro." (MP, VII) A Natureza que Brás conhece, ou melhor, que Brás gostaria de ter conhecido, a Natureza como a Natureza deveria ser, é uma Natureza absolutamente livre dessa co-pertinência dos opostos, dessa ambigüidade que é a marca do trágico. Antecipa-se, aqui, em uma construção apodíctica, o que, após a descoberta da imperfeição (natural) de Eugênia, irrom-

---

não quis fitar, como lhe pedia Rubião, está assaz alto para não discernir os risos e as lágrimas dos homens." (In: *Quincas Borba*. Rio de Janeiro, São Paulo, Porto Alegre: Jackson, 1952, p. 394.)

* Cronos (ou Saturno, na mitologia romana), deus grego que personificava o tempo, era filho de Uranos, a quem castrou com uma foice, para assumir o poder sobre o universo. Temendo que, como ocorrera com seu pai, um de seus filhos o destronasse, Cronos engolia-os tão-logo saíam do ventre da mãe. A idéia, presente no mito grego, de que o tempo devora igualmente todos os homens, independentemente das ações, boas ou más, grandiosas ou pequenas, que porventura possam ter realizado, é central para a compreensão da melancolia de Brás Cubas. No capítulo CXXXV das *Memórias póstumas*, ele inclusive nos dá um precioso indício para a compreensão dessa disposição afetiva ao fazer uma referência direta à tradicional relação entre Saturno e a melancolia. Escreve o defunto autor: "*Tempora mutantur*. Compreende que este turbilhão é assim mesmo, leva as folhas do mato e os farrapos do caminho, sem exceção nem piedade. (...) Espetáculo cujo fim é divertir o planeta Saturno, que anda muito aborrecido."

pe amargamente em forma de interrogação: "Por que bonita, se coxa? por que coxa, se bonita?" (MP, XXXIII) Brás Cubas, e por ora não importa se em um movimento ideologicamente insidioso ou não,[40] não suporta que a natureza não seja natural. Não aceita que natural não é o que nos parece natural, mas o que parece natural à Natureza.

Esta, reconhecendo a profunda lascívia de seu interlocutor, que, como o filósofo da alcova de Sade, não aceita nada menos do que tudo, acaba por lhe descortinar, como que inadvertidamente, a única saída para uma condição (humana) que lhe parece humilhante, já que conspurcada por uma inaceitável ambigüidade. Fala a voz da Natureza: "(...) eu não sou somente a vida; sou também a morte, e tu estás prestes a devolver-me o que te emprestei. Grande lascivo, espera-te a voluptuosidade do nada." (MP, VII)

A voluptuosidade do nada: eis o fundamento daquela "sensação única" que, mais adiante na narrativa, Brás Cubas identificaria como uma das "sensações mais sutis desse mundo e daquele tempo", a "volúpia do aborrecimento" (MP, XXV). Diante da constatação do caráter insuperavelmente ambíguo de tudo que é, o que resta a um grande lascivo como Brás Cubas senão a tentativa de escapar a essa ambigüidade refugiando-se no nada? Se tudo o que é tende inexoravelmente a não ser, só o que, por definição, já sempre não é pode sustentar a plena identidade consigo mesmo. Tendo em vista que Brás Cubas só reconhece como natural e desejável aquilo que permanece sempre idêntico a si mesmo, nada que é pode lhe satisfazer. Assim, se o aborrecimento, se o tédio, se nada fazer, aparecerá como a única resposta existencial condizente com a sua visão da Natureza, fazer nada – denunciar, amplificar e antecipar o movimento de nadificação do nada em meio ao que é – aparecerá como a única ação que lhe resta diante da impossibilidade de nada fazer absolutamente.

Fazer nada, gozar com a antecipação da morte na vida, produzir artificial ou artisticamente o fim de tudo será então a única ação que um "homem esclarecido" com relação à sua própria condição, a saber, que um homem melancólico aceitará desempenhar, e tudo o mais lhe aparecerá como humilhação. Em vez de esperar que a Natureza o obrigasse a devolver para ela a vida que (transitoriamente) lhe emprestara, Brás irá antecipar-se a essa inexorável cobradora, assim anulando, ou ao menos diminuindo, a dor oriunda de suas sempre inesperadas pancadas à porta. A melancolia, como fundamento dessa antecipação, dessa incapacidade de volver os olhos do passado em direção ao futuro sem aquele trincar de dentes ou aquela contração cadavérica própria aos defuntos, não deve, entretanto, ser pensada como uma idiossincrasia ou mesmo uma patologia de Brás Cubas, mas – ao menos é isso que ele nos quer (retoricamente) dar a entender – encontra sua justificação no modo de ser objetivo da própria Natureza, óbvio para quem não se esquiva a encará-la face a face.

Encarando a Natureza face a face, Brás, em movimento (afetadamente) inverso ao da maior parte do livro, pede-lhe "com olhos súplices (...) mais alguns anos", ao que ela responde, simultaneamente calando suas delirantes pretensões e restituindo-lhe em frases sintéticas o sumo de sua filosofia do trágico, de sua "voluptuosidade do nada":

– Pobre minuto! – exclamou. – Para que queres tu mais alguns instantes de vida? Para devorar e seres devorado depois? Não estás farto do espetáculo e da luta? (...) Não importa ao tempo o minuto que passa, mas o minuto que vem. O minuto que vem é forte, jucundo, supõe trazer em si a eternidade, e traz a morte, e perece como o outro, mas o tempo subsiste. (...) Sobe e olha. (MP, VII)

O trágico, como nos indica a fala da Natureza, é o tempo: o fato de que cada minuto a mais (de vida) é simultaneamente um minuto a menos (de vida). Esse fato é o que permite falar em uma ironia (trágica) da Natureza, na medida em que, como o tropo retórico da inversão de sentido, todo vir-a-ser é simultaneamente um vir-a-não-ser. "Objetivamente" falando – como o delirante Brás, ao personificar a Natureza ou ao assumir a posição de defunto (ou) narrador, pretende poder falar –, nada distingue viver de morrer. Que a vida em flor venha sempre conspurcada pelo verme da morte é o que Brás Cubas não consegue suportar. Eis a sua idéia fixa, a dor que lhe rói... e impulsiona. Como ele próprio nos dirá em momento posterior da obra:

Ouvi as horas todas da noite. Usualmente, quando eu perdia o sono, o bater da pêndula fazia-me muito mal; esse tique-taque soturno, vagaroso e seco parecia dizer a cada golpe que eu ia ter um instante menos de vida. Imaginava então um velho diabo, sentado entre dois sacos, o da vida e o da morte, a tirar as moedas da vida para dá-las à morte, e a contá-las assim:
– Outra de menos...
– Outra de menos...
– Outra de menos...
– Outra de menos...
O mais singular é que, se o relógio parava, eu dava-lhe corda, para que ele não deixasse de bater nunca, e eu pudesse contar todos os meus instantes perdidos. (MP, LIV)

Naturalmente, a ironia da ação trágica, indissociável do devir da Natureza (ou do tempo), só pode ser percebida a partir daquela espécie de distanciamento que caracteriza a perspectiva daqueles que não se deixam enganar pela conjuntura presente, que surpreendem um sentido outro para além daquele que imediatamente se apresenta, que, ao verem aflorar a vida, não negligenciam o vir-a-ser de seu contraponto. Esse distanciamento constitui um segundo nível de ironia, a ironia do poeta trágico, ou, no caso das *Memórias póstumas*, do narrador. Esse segundo nível de ironia, como vimos anteriormente, não apenas condiciona a apreensão do primeiro, como, ao contrário dele, permanece contingente. Alguns homens, como Brás Cubas, entendem a piada; outros, a maioria, não. É que, para entendê-la no sentido em que Brás Cubas a entende, cumpre obedecer ao imperativo da Natureza, cumpre olhar a vida como quem colocado fora dela, à distância. Quando Brás Cubas, após a alucinação com Virgília, e a despeito de si mesmo, "sobe e olha", aquela visão, se a princípio lhe causa unicamente a volúpia do aborrecimento, logo enseja o aparecimento da voluptuosidade do nada e lhe dá ganas de dar corda ao relógio, "para que ele não deixasse de bater nunca, e eu pudesse *contar* todos os meus instantes perdidos". A ambigüidade no emprego do verbo contar, nessa passagem, aponta para o terceiro e último nível da ironia (de que Brás Cubas ainda é consciente): a ironia de quem, ao contar os próprios instantes perdidos, não apenas faz ques-

A SEGUNDA VIDA DE BRÁS CUBAS   199

tão de enumerá-los para si, mas de contá-los para os outros e, assim, convencê-los de que "a vida" tem "uma regularidade de calendário". Conta-nos ele:

> Imagina tu, leitor, uma redução dos séculos, e um desfilar de todos eles, as raças todas, todas as paixões, o tumulto dos impérios, a guerra dos apetites e dos ódios, a destruição recíproca dos seres e das coisas. Tal era o espetáculo, acerbo e curioso espetáculo. (...) Os séculos desfilavam num turbilhão, e, não obstante, porque os olhos do delírio são outros, eu via tudo o que passava diante de mim – flagelos e delícias –, desde essa coisa que se chama glória até essa outra que se chama miséria, e via o amor multiplicando a miséria, e via a miséria agravando a debilidade. Aí vinham a cobiça que devora, a cólera que inflama, a inveja que baba, e a enxada e a pena, úmidas de suor, e a ambição, a fome, a vaidade, a melancolia, a riqueza, o amor, e todos agitavam o homem, como um chocalho, até destruí-lo, como um farrapo. (...) A dor cedia alguma vez, mas cedia à indiferença, que era um sono sem sonhos, ou ao prazer, que era uma dor bastarda. Então o homem, flagelado e rebelde, corria diante da fatalidade das coisas, atrás de uma figura nebulosa e esquiva, feita de retalhos, um retalho de impalpável, outro de improvável, outro de invisível, cosidos todos a ponto precário, com a agulha da imaginação; e essa figura – nada menos que a quimera da felicidade – ou lhe fugia perpetuamente, ou deixava-se apanhar pela fralda, e o homem a cingia ao peito, e então ela ria, como um escárnio, e sumia-se, como uma ilusão. (MP, VII)

O que ressalta na descrição de Brás Cubas do desfile dos séculos é o ritmo curto e monocórdio com que ele enumera os motivos que sempre teriam dado um sentido à vida dos homens em sua eterna corrida atrás da "quimera da felicidade". Nessa enumeração, cobiça, cólera, inveja, trabalho, ambição, fome, vaidade, melancolia, riqueza e amor são contados como se fossem moedas de igual valor, todas fadadas a cair nas mãos do "velho diabo" citado há pouco, que tira essas "moedas da vida para dá-las à morte". Se, como já se sugeriu, o cerne do delírio de Brás Cubas é a idéia de que trágico é o tempo (MP, VII)[41] – o tempo que subsiste na forma de uma Natureza implacável que a tudo consome para conservar sempre o seu "ar de juventude, mescla de força e viço" –, cumpre concluir a partir da descrição mencionada que, para ele, não é possível conceber o tempo senão como uma sucessão de instantes homogêneos, cujas duração e textura não são alteradas de acordo com as mudanças nos projetos humanos. Se tudo dura o mesmo tempo, tudo tem o mesmo valor, ou seja, valor nenhum. "A vida tinha assim uma regularidade de calendário, fazia-se a história e a civilização (...), as gerações se superpunham as gerações, umas tristes, como os Hebreus do cativeiro, outras alegres, como os devassos de Cômodo, e todas pontuais na sepultura." Se, não importando o que se faça e como se faça, a sepultura chegará sempre pontualmente, revelando o caráter perpetuamente fugaz e escarninho da felicidade, as ações ficam privadas de sentido e ridículos os homens que ainda insistem em agir.

A crença na homogeneidade do tempo, porém, só se torna possível a partir do distanciamento irônico com relação a todas as razões de viver forjadas pelos homens. Esse distanciamento irônico, por sua vez, pressupõe uma inibição de toda e qualquer ação que, a partir da descrição do desfile dos séculos feita por Brás Cubas, aparece como uma exceção. Em geral, as supracitadas razões de viver agitam o homem, "como um chocalho", e, enquanto permanece agitado, o homem de forma alguma percebe o tempo homogeneamente. Um minuto de fome e um minuto de abundância não têm apenas durações diferentes, mas incomensuráveis.

Assim, o que a retórica delirante de Brás Cubas nos quer apresentar como a imagem objetiva da própria Natureza, devemos ouvir como uma excelente descrição da imagem da natureza de Brás Cubas como narrador, calcada em sua peculiar experiência do tempo. A compreensão de Brás Cubas como narrador, se nos é permitida uma reconstrução de nossos argumentos até aqui não menos delirante do que a dele, depende de uma atenção à seguinte ordem de razões, a partir da qual, espera-se, a circularidade da obra acabará por aparecer de modo... incontestável: 1) a melancolia que tomou Brás Cubas após a morte de sua mãe e dele se apossou definitivamente após a morte de seu pai é o fundamento de sua inação; 2) essa inação é a condição para o seu distanciamento irônico; 3) o seu distanciamento irônico é a condição para o seu surgimento como narrador; 4) a sua posição ironicamente distanciada como narrador é a condição de sua percepção da homogeneidade do tempo; 5) a sua percepção da homogeneidade do tempo é a condição de sua visão da irônica tragicidade da própria Natureza; 6) a sua visão da irônica tragicidade da própria Natureza é a condição de seu ressentimento; 7) o seu ressentimento com relação a uma Natureza que não é o que deveria ser é a condição de sua melancolia. 8) a melancolia é o fundamento de sua inação...

Se, por um lado, o item 8 aparece como uma simples repetição do item 1, assim corroborando a pertinência de uma leitura circular das *Memórias póstumas de Brás Cubas*, por outro, a retomada da idéia de que a melancolia seria o fundamento do "cheiro de sepulcro" (MP, LXXI)[42] que perpassa o romance traz em seu bojo uma diferença sutil, mas crucial, com relação a seu primeiro aparecimento. Se, na primeira volta da (nossa) leitura, a melancolia aparecia como uma disposição afetiva que se abateu sobre Brás Cubas, a cujo peso ele não foi capaz de reagir, convertendo-se à revelia em um inativo, em um homem que passou a viver como um defunto, na segunda volta da (nossa) leitura a melancolia aparece como a disposição afetiva que mais bem expressa a sua filosofia do trágico, e, portanto, deve ser pensada como a disposição afetiva que, ao contrário de o abater, é aquela em nome da qual ele se bate. Se, na primeira volta da (nossa) leitura, a identificação com o personagem fazia com que ele nos aparecesse como um herói trágico, um culpado inocente, na segunda volta da (nossa) leitura, a identificação com o narrador faz com que ele nos apareça como uma espécie de guerreiro em uma cruzada contra a Natureza, que, sendo "mãe e inimiga" quando deveria ser "só mãe, não inimiga", não pode escapar impunemente. Se, na primeira volta da (nossa) leitura, a ênfase recaiu sobre a inação de Brás Cubas, na segunda volta é preciso que ela recaia em sua reação.

Nessa reação, a inação é, sem dúvida, uma das armas empregadas pelo narrador, mas não a única, nem tampouco a principal. Se a dor que o dilacera e ressente brota da trágica ambigüidade inerente à Natureza, que é "a vida", mas "também a morte", e que assim não raro escarnece das tentativas humanas de controle e previsão, a única maneira de dar o troco, de em certa medida controlar o incontrolável, é se antecipar à voracidade da Natureza, ser mais voraz do que ela. Se a ironia, no entender de Brás Cubas, é o traço fundamental de uma Natureza essencialmente ambígua, a única maneira de eliminar essa ambigüidade e assim estabilizar o sentido dos acontecimentos "naturais", tornando-os previsíveis, é utilizar a ironia de modo ainda mais sistemático do que a própria Natureza a utiliza, assim vencendo-a com suas própria armas.

Por isso é possível afirmar que a ironia de Brás Cubas, mimese da ironia que ele atribui à Natureza, será a principal arma em sua rebelião contra a Natureza e, simultaneamente, seu principal instrumento retórico para a demonstração da verdade de sua melancolia. Brás sabe que não basta vencer, que é preciso também convencer (os outros homens). Para obter essa vitória, ele não hesitará, como o Calígula de Camus, em sacrificar a própria vida, escrevendo a sua biografia de modo a eliminar dela mesmo aqueles acontecimentos que, por um motivo ou por outro, porventura possam ter escapado à voracidade da Natureza. A ironia de Brás Cubas é, portanto, a armadura intransponível que ele pretende ter construído para si. Uma armadura que, ao menos em sua segunda vida, sua vida de narrador, de defunto autor, nem mesmo a onipotente Natureza conseguiria atravessar. Isso, pelo menos, é o que ele espera. Terá conseguido?

O crepúsculo dos ídolos

A análise do capítulo do delírio explicitou de que modo o ressentimento de Brás Cubas com relação a uma Natureza que não é o que deveria ser aparece, ao longo das *Memórias póstumas*, como o traço mais saliente de sua melancolia. Essa articulação entre melancolia e ressentimento, se por um lado é evidente — a melancolia sempre se refere a um sentir de novo, a um re-sentir, como atual e insuportável, uma dor passada que, em princípio, deveria ter ficado para trás ou ao menos perdido aquela intensidade paralisante —, por outro, é menos visível, na medida em que as representações tradicionais da prostração melancólica, como a de Dürer, por exemplo, tendem a encobrir o trincar de dentes e a ira que, ao menos no caso de Brás Cubas, estão associados ao temperamento melancólico. Essa face irada do ressentimento melancólico, porém, não escapou a Aristóteles, que, ao descrever os comportamentos relacionados à bile (*kholé*) negra (*mélaina*), anotou:

> Como o efeito da bile negra é a cada vez distinto, os melancólicos são também diferentes, pois a bile negra pode ser muito fria ou muito quente. Como a bile negra determina o caráter – pois o quente e o frio são, em nós, o mais determinante para o nosso caráter –, ela atua como o vinho. De acordo com a quantidade em que o ingerimos, ele produz em nós efeitos diferentes. (...) Quando ultrapassa a reta medida, e o seu aspecto frio se radicaliza, ela produz paralisia, depressão e estados de medo excessivo. Quando, porém, ultrapassa a reta medida, e o seu aspecto quente se radicaliza, tendo em vista que o calor se encontra perto do lugar do entendimento, o melancólico é assaltado por ataques de raiva e loucura (...).[43]

Em termos aristotélicos, poder-se-ia dizer que as duas estratégias de Brás Cubas para se relacionar com a dor decorrente de sua descoberta da ambigüidade, ou tragicidade, inerente à Natureza correspondem às duas temperaturas da bile negra acima mencionadas. Se a inação de Brás Cubas corresponde ao esfriamento excessivo de sua bile negra, a sua reação corresponde a seu esquentamento excessivo, o qual, ainda segundo Aristóteles, teria levado até mesmo um herói como Hércules a sacrificar os seus próprios filhos* – em movimento, aliás, não muito distinto do pretensamente realizado por Brás.

---

* A compreensão aristotélica da melancolia deve ser entendida como uma apropriação bastante revolucionária da teoria dos quatro humores, que constituiu o principal corpo de explicação racional da saúde e da doença entre o século IV a.C. e o século XVII. De acordo com essa teoria, a vida seria mantida pelo equilíbrio entre quatro humores ou líquidos presentes no organismo: sangue, fleuma, bile amarela e bile negra, procedentes, respectivamente, do coração, do cérebro, do fígado e do baço. Cada um desses humores teria diferentes qualidades: o sangue seria quente e úmido; a fleuma seria fria e úmida; a bile amarela, quente e seca e a bile negra, fria e seca. A doença seria devida a um desequilíbrio entre os humores, tendo como causa principal as alterações devidas aos alimentos, os quais, ao serem assimilados pelo organismo, gerariam seu aumento ou sua diminuição.

Tendo em vista que, segundo o próprio narrador, sua obra teria sido escrita "com a pena da galhofa e a tinta da melancolia" (MP, AL), a superação de uma oposição simples entre a galhofa como princípio formal e a melancolia como conteúdo das *Memórias póstumas* depende da possibilidade de reconhecermos a imbricação entre frio e quente, ou inação e reação, também na galhofa que Brás Cubas reivindica como o marco fundamental de sua pena, ou estilo.

Supondo, como supomos aqui, que a galhofa de Brás Cubas pode ser rebatizada como ironia, conceito que resguarda tanto aquela aparência de alegria quanto o fundo escarninho facilmente associáveis à galhofa, além de, fazendo jus à descrição aristotélica, ter uma relação mais direta com o "entendimento", não é difícil perceber que os dois níveis da ironia trágica até agora discutidos[44] correspondem fielmente aos dois extratos da melancolia que configuram a posição do narrador das *Memórias póstumas*. À inação de Brás Cubas, àquilo que mais propriamente o converte em um homem que vive friamente distanciado de qualquer engajamento existencial, como se fosse um mero observador, narrador ou defunto, corresponde a ironia do poeta (ou espectador) da tragédia, pensada como a capacidade (ou a maldição) de entrever, em tudo o que se mostra, aquilo que imediatamente não se mostra; em tudo o que vive, o "cheiro de sepulcro" (MP, LXXI). À reação de Brás Cubas, por outro lado, que, nutrindo-se do "calor que

---

O papel da terapêutica seria ajudar o corpo a funcionar em equilíbrio, ajudando-o a expulsar o humor em excesso ou contrariando as suas qualidades. No caso específico da melancolia, entretanto, o que mais a distinguia dos outros humores não eram males físicos, mas distúrbios espirituais, que iam desde "o medo, a misantropia e a depressão, até os mais terríveis ataques de loucura."(Cf. *Saturno e a melancolia*, de Klibansky, Panofsky e Saxl, p. 53) Essa tradição fez com que, à época de Aristóteles, o verbo *melagkholân*, "estar melancólico", fosse utilizado, no cotidiano, como sinônimo do verbo *maínesthai*, isto é, "estar maluco". Apesar de designar uma doença perigosa, porém, a melancolia não era uma doença qualquer, mas sim a "doença dos heróis". É justamente dessa concepção mítica que partirá Aristóteles, para, no Problema XXX, revolucionar a compreensão da melancolia, levando-a a transcender a esfera medicinal em que era encarada apenas negativamente e fornecendo as bases para a teoria do gênio melancólico, que seria aprofundada no Renascimento, como nos dá testemunho *Melencolia I* (1514), célebre gravura de Albrecht Dürer. Escreve Aristóteles: "Por que todos os homens que foram excepcionais (*perittoí*) no que concerne à filosofia, à política, à poesia ou às artes aparecem como seres melancólicos, como se diz de Hércules nos mitos heróicos?"

se encontra perto do entendimento", é eminentemente paranóica – intelectual, intencional e delirantemente sistemática –,[45] corresponde a ironia da ação trágica, que, se a princípio é o traço fundamental que ele julga reconhecer na Natureza, logo será apropriada por ele. Seu estilo como narrador, repitamo-lo ainda uma vez, será fruto desse movimento de apropriação, radicalização e estabilização da ironia da ação trágica que atribui à Natureza. Assim, irado frente à impossibilidade de agir, pois isso implicaria seguir desempenhando papéis ridículos na existência, a única ação a que ele irá ater-se será a denúncia, a destruição de todos os ídolos, de todas as ilusões que pretensamente dariam um sentido à sua vida – caso ele seguisse puerilmente os ditames de sua sociedade – e à de seus contemporâneos.

Esse crepúsculo dos ídolos, em que a ironia corrosiva de Brás Cubas ganha o proscênio, ocupa ao menos dois terços das *Memórias póstumas*, ao longo dos quais o narrador, inebriado pela voluptuosidade do nada, usará o seu martelo para destruir sistematicamente os pés de barro dos deuses de sua sociedade. Descrever uma a uma as marteladas dadas por Brás Cubas nos valores supremos de seus contemporâneos "seria curioso, mas nimiamente extenso – e aliás desnecessário ao entendimento da obra" (MP, AL). Por ora, será suficiente analisar brevemente três exemplos, extraídos da longa lista de ídolos derrubados pela ironia de Brás Cubas que expusemos na seção "A estrutura das *Memórias póstumas de Brás Cubas*".

Dada a sua importância na construção das *Memórias póstumas*, e o fato de ocupar quase metade dos capítulos da obra, a relação, de início oficial e logo clandestina, entre Brás Cubas e Virgília não pode ser negligenciada em nossa análise do cáustico funcionamento da ironia do narrador. Como já foi indicado, para derrubar um dos deuses mais populares de sua sociedade – o amor –,[46] Brás irá valer-se basicamente de duas estratégias: a antecipação (melancólico-hipocondríaca) da decadência e finalmente da morte de todas as coisas e a aplicação daquela filosofia universalizante, segundo a qual os homens seriam essencialmente egoístas e imorais, e as belas aparências, portanto, um mero engodo que só é capaz de enganar a quem ainda não escapou ao "olhar da opinião" (MP, XXIV).

A primeira menção à Virgília, como uma das "nove ou dez pessoas" presentes ao seu enterro, uma "anônima que padeceu mais do que as parentas" (MP, I), ocorre já no capítulo que abre as memórias de Brás Cubas, como uma espécie de isca para aguçar a curiosidade do leitor. Sem dizer o nome daquela senhora, mas comprazendo-se com uma série de indicações pouco sutis de que teriam sido amantes, Brás encerra provisoriamente o assunto com as seguintes considerações:

'Morto! morto!', dizia consigo.

E a imaginação dela, como as cegonhas que um ilustre viajante viu desferirem o vôo desde o Ilisso às ribas africanas, sem embargo das ruínas e dos tempos – a imaginação dessa senhora também voou sobre os destroços presentes até às ribas de uma África juvenil... Deixá-la ir; lá iremos mais tarde; lá iremos quando eu me restituir aos primeiros anos. (MP, I)

Tendo em vista que a descrição de sua relação com Virgília ocuparia quase a metade do livro, não é de somenos importância que o narrador comece-a chamando a atenção para o descompasso, baseado na idéia do tempo como ruína, entre os "destroços presentes" e as "ribas de uma África juvenil". Quebra-se assim, desde o primeiro capítulo da obra, aquela ilusão de eternidade – ainda que seja a eternidade daquele célebre poema de Vinícius – que é inerente ao engajamento amoroso, e, em certo sentido, fundamental para o engajamento do leitor nos dramas amorosos à base dos romances românticos. Se, como mostramos anteriormente, há um período da vida de Brás Cubas que ele apresenta de maneira mais dramática do que narrativa, este decerto não é o período do florescimento e da morte de seu caso com Virgília.

A compulsão à antecipação do fim de todas as coisas, que está à base da opção do narrador por começar suas memórias pela descrição da própria morte, encontra na história de sua principal ligação amorosa a concretização mais sistemática. Já na segunda referência a Virgília, que ocorre ainda no prólogo metafísico da obra, como o intitulamos na seção "A estrutura...", Brás, imediatamente após uma breve menção à fragilidade da existência e (implicitamente) à dor

que sente face a ela – "vinha a corrente de ar, que vence em eficácia o cálculo humano, e lá sei ia tudo" –, põe em obra o mecanismo (irônico) que procura mitigar essa dor pela sua antecipação, deixando claro ao leitor que não vale a pena sofrer por amor se, no final de tudo, no leito de morte, a visão do grande amor será sempre a de uma ruína; quando muito, a de uma "imponente ruína" (MP, V).[47]
Após a descrição do destino inexorável de todo e qualquer amor – "o tempo (...) é o ministro da morte" (MP, VI) –, destino que, assim o entende Brás, priva-o de seus sentido e valor – "De dois grandes namorados, de duas paixões sem freio, nada mais havia ali, vinte anos depois; havia apenas dois corações murchos, devastados pela vida e saciados dela, não sei se em igual dose, mas enfim saciados" (MP, VI) –, ele dá a deixa para a compreensão daquilo que, até o final do livro, haveria de comandar a sua memória – e não apenas as lembranças do caso com Virgília. Escreve o moribundo: "(...) eu, prestes a deixar o mundo, sentia um prazer satânico em mofar dele, em persuadir-me que não deixava nada." (MP, VI)
O problema é que, no âmbito de sua compulsão à antecipação, "prestes a deixar o mundo" estamos desde que começamos a respirar, de modo que "mofar" do mundo é o único prazer que lhe parece possível e aceitável.
A importância dessa passagem para a compreensão das *Memórias póstumas* não tem como ser superestimada, mas, atendo-nos exclusivamente à relação entre Brás e Virgília, é notável como ela antecipa o episódio da alucinação. Quando daquela alucinação, decisiva para o arraigamento definitivo da melancolia como sua disposição afetiva fundamental, o jovem Brás teoricamente ainda não seria um moribundo e a pele de Virgília era ainda lisa como o mármore. O que sobrevém então? Brás encara-a e, com trinta anos de antecedência, projetando em sua pele a varíola de Marcela – outra das metáforas do narrador para falar do "ministro da morte" –, vê uma mulher arruinada, diante da qual ele não é capaz de esconder um "gesto de repulsa" (MP, XLI).
O que, naquele momento, não passara de alucinação, converte-se em verdade objetiva no fim da história, quando Brás e Virgília se

reencontram em seu leito de morte. "A mais formosa dama entre as contemporâneas suas" acabara, de fato, transformando-se em uma "imponente ruína" e assim confirmando a intuição contida na alucinação de Brás. No fim das contas, portanto, alucinado embora, ele tinha razão – como sempre.

O fato de que, na construção das *Memórias póstumas*, o fim venha antes do começo, a morte antes do nascimento, é mais um indício de que a obra reproduz narrativamente a própria dinâmica da melancolia, sob cuja égide a visão do que ainda pulsa vem sempre conspurcada pela antecipação irônica[48] do espasmo final. Esse fato, naturalmente, tem também uma intenção retórica, na medida em que, sub-repticiamente, o leitor é levado a (re)encontrar na biografia de Brás a confirmação da filosofia do trágico apresentada diretamente no prólogo metafísico da obra, o que lhe confere, digamos assim, uma autoridade existencial que o mero relato da visão da Natureza como "mãe e inimiga" não teria.

O rebaixamento do valor do amor, que, de depositário do sentido da vida, a ironia de Brás Cubas converte em uma ilusão tão transitória quanto vã, torna inviável tomá-lo a sério, o que justifica por que Brás Cubas não poderia ter se casado com Virgília. Perdê-la, como mostramos na última seção do capítulo anterior, foi uma espécie de vitória sobre Lobo Neves e, mediatamente, sobre a Natureza, na medida em que, assim pensa Brás Cubas, só um tolo poderia assumir qualquer compromisso eterno face a uma Natureza que a tudo devora e corrói.*

Se não pode ser tomado a sério, experimentado como uma força capaz de roubar à vida o seu absurdo – nenhuma força o é, pensa Brás –, ainda assim o amor pode ter alguns usos: é inegavelmente um passatempo dos mais divertidos, espécie de antídoto contra o tédio

---

* No filme *Confissões de Schmidt (About Schmidt)*, de Alexander Payne (USA, 2002), a crise do protagonista, vivido por Jack Nicholson, é desencadeada quando, depois de sua aposentadoria, ele acorda no meio da noite, olha para sua esposa, e se pergunta: "Quem é essa velha dormindo ao meu lado?" Esse é o tipo de experiência que Brás Cubas acredita que precisa evitar a qualquer preço.

que acomete o melancólico que recusa qualquer verdadeiro engajamento; além disso, agora rebaixado pela narrativa de Brás a sua "dimensão real" de caso amoroso, de *affaire*, o "amor" satisfaz a vaidade humana, sobretudo quando se trata de um caso com uma mulher casada, que permite a afirmação da própria superioridade sobre os outros homens – no caso, a vingança sobre Lobo Neves, "um homem que não era mais esbelto do que eu, nem mais elegante, nem mais lido, nem mais simpático, mas todavia foi quem me arrebatou Virgília e a candidatura".

No âmbito dessa visão pretensamente realista do amor, a mulher aparece como um simples instrumento para a satisfação narcísica do homem, assim concorrendo para a defesa de um dos aspectos da filosofia de Brás Cubas: a idéia de que a exclusão da alteridade não é uma marca de sua narrativa apenas, mas da condição humana, do homem em geral. Das duas forças capitais anteriormente mencionadas, "o amor, que multiplica a espécie, e o nariz, que a subordina ao indivíduo", deve ficar evidente que a segunda é a única verdadeiramente capital.

Em se tratando de seu caso clandestino com Virgília, no entanto, mais do que distrair da dor existencial implícita na disposição afetiva apenas aparentemente anódina do tédio e mais do que ajudar a recompor o narcisismo ferido pela descoberta da própria insignificância face à pujança da Natureza, o "amor" permite a única vitória possível sobre a Natureza, já que coloca Brás Cubas em posição de usufruir os prazeres do presente sem qualquer responsabilidade por suas conseqüências, sem qualquer compromisso, sem ser forçado a desempenhar o ridículo papel de, por breves instantes de prazer, ter de passar, no futuro, inúmeros anos desfilando ao lado de imponentes ruínas. Amar clandestinamente é, em suma, a forma encontrada por Brás para realizar algo como se nada estivesse realizando, para agir como que à socapa, às escondidas da Natureza, e assim não comprometer o seu projeto de uma radical inação.

O relato de seu amor clandestino serve igualmente bem ao aspecto reativo de seu projeto, na medida em que a intensidade que a clandestinidade confere aos sentimentos permite a apresentação, de maneira condensada, de sua ridícula transitoriedade, assim como da hipocrisia e das máscaras sociais que maculam todo o valor do amor. Não apenas o do amor de Brás Cubas por Virgília, mas, de acordo com o funcionamento universalizante e iconoclasta de sua ironia, do amor em si, do amor como valor supremo. Eis o cerne da inversão irônica como que casualmente produzida pelas memórias de Brás: ao justificar "sinceramente" o papel do amor em sua vida, ele incita o leitor a uma visão "realista" do amor que priva-o de quaisquer justificativa e valor.

Evidência disso são o prólogo e o epílogo de seu caso com Virgília. No prólogo, no que teoricamente seria o momento culminante de qualquer paixão, Brás ainda assim é capaz de antecipar a transitoriedade e denunciar a hipocrisia da sociedade. A tese implícita em suas considerações sobre o amor é a de que ele é uma quimera, já que o homem que foge de sua transitoriedade através de uma relação estável, como o casamento, acaba deparando com a hipocrisia e, quiçá, com o adultério; e o homem que foge da hipocrisia por meio de uma ligação clandestina, como a existente entre ele e Virgília, acaba experimentando a radical transitoriedade de seus sentimentos. Se correr o bicho pega, se ficar o bicho come. Escreve o autor:

> (...) uma hipocrisia paciente e sistemática, único freio de uma paixão sem freio – vida de agitações, de cóleras, de desesperos e de ciúmes, que uma hora pagava à farta e de sobra; mas outra hora vinha e engolia aquela, como tudo mais, para deixar à tona as agitações e o resto, e o resto do resto, que é o fastio e a saciedade: tal foi o livro daquele prólogo. (MP, LIII)

Quanto ao epílogo do livro daquela paixão, ao menos o epílogo que precede o reencontro com Virgília, a "imponente ruína", no leito de morte, ele reforça ironicamente a impossibilidade de o amor de fato alimentar o sentido de uma existência. Escreve Brás, no dia em que Virgília partiu para o Norte, encerrando geograficamente uma relação que o fastio já encerrara antes:

> Não a vi partir; mas à hora marcada senti alguma coisa que não era dor nem prazer, uma coisa mista, alívio e saudade, tudo misturado em

iguais doses. Não se irrite o leitor com esta confissão. Eu bem sei que, para titilar-lhe os nervos da fantasia, devia padecer um grande desespero, derramar algumas lágrimas, e não almoçar. Seria romanesco; mas não seria biográfico. A realidade pura é que eu almocei, como nos demais dias, acudindo ao coração com as lembranças da minha aventura, e ao estômago com os acepipes de Mr. Prudhon... (MP, CXV)

Findo o caso com Virgília, passatempo que o livrara dos anos de reclusão voluntária que se seguiram à morte de seu pai, o que lhe poderia preencher o tempo, dar algum sentido a seus dias? Se o amor não era capaz de vencer a morte e o absurdo a ela correlato, alguma coisa o seria?

Brás, o personagem, começa a suspeitar de que não, chegando, de braço dado com o leitor desavisado, onde queria o narrador. Nessa fase de sua vida pós-Virgília, à medida que ele envelhece, serão cada vez mais freqüentes os ataques de melancolia e os capítulos dedicados a fundamentá-la metafisicamente. Uma série que começa ainda no almoço do "Hotel Pharoux", "com os acepipes de Mr. Prudhon":

Ai, dor! era-me preciso enterrar magnificamente os meus amores. Eles lá iam, mar em fora, no espaço e no tempo, e eu ficava-me ali numa ponta de mesa, com os meus quarenta e tantos anos, tão vadios e tão vazios; ficava-me para os não ver nunca mais, porque ela poderia tornar e tornou, mas o eflúvio da manhã quem é que o pediu ao crepúsculo da tarde? (MP, CXV)

Não por acaso, o capítulo que se segue ao do almoço chama-se justamente "O humanitismo", nome da filosofia de seu amigo Quincas Borba, uma paródia, segundo diversos críticos, das filosofias positivistas e evolucionistas em voga à época de Machado de Assis. Quincas, que fora outrora o mais cruel dos colegas de turma de Brás, ainda na época do professor Barata na escola da rua do Piolho (MP, XIII), e que mais tarde, tornado mendigo, afanara-lhe um relógio no Largo de São Francisco, agora entrara na posse de uma bela herança e reassumira um papel eminente, coisa que, desde a infância, sempre buscara: o papel de filósofo. Para que possa ficar mais clara a função que sua filosofia irá desempenhar no seio das *Memórias póstumas*, cumpre notar que o menino mimado, depois mendigo, depois herdeiro, acabará enlouquecendo e morrerá na casa de Brás "jurando e repetindo sempre que a dor era uma ilusão, e que Pangloss, o caluniado Pangloss, não era tão tolo como o supôs Voltaire" (MP, CLIX).

Assim como Virgília é um pretexto para Brás Cubas desconstruir o amor como potencial fonte de sentido para a existência, Quincas Borba servirá para o narrador demonstrar que, não havendo no amor consolação e muito menos redenção do absurdo, tampouco essas consolação e redenção devem ser buscadas na filosofia. A descrição detalhada do humanitismo e da biografia de seu inventor servirão aos propósitos retóricos de Brás como uma espécie de redução ao absurdo do valor da filosofia, notadamente dos grandes sistemas filosóficos, cuja pretensão de fornecer um sentido fechado para a existência ele apresentará como um tipo especialmente risível de loucura.

Aqui, porém, a ironia por ele utilizada será eminentemente socrática. Em vez de ele próprio filosofar sobre o que há de impossível, risível e hipócrita na filosofia, como fizera no caso do amor, agora Brás Cubas dissimuladamente se fará passar pelo principal discípulo de Quincas Borba, para, ao lhe dar voz, uma voz assaz caricatural, expor de forma ainda mais contundente o ridículo das pretensões hermenêuticas da filosofia e, assim, garantir a verdade de sua filosofia do trágico, de sua melancolia.

Quincas Borba será o contraponto radical da filosofia melancólica de Brás Cubas, aquele que tentará arrancá-lo ao influxo de Saturno, o devorador indiferente de todos os seus filhos. Para que fique claro esse contraponto, e antes de uma breve apresentação do sumo do humanitismo, exposto no capítulo que se segue imediatamente ao fim de caso com Virgília, avancemos um pouco na narrativa, até o qüinquagésimo aniversário de Brás. Nesse momento, atolado na melancolia – "Tantos sonhos, meu caro Borba, tanto sonhos e não sou nada" (MP, CXLI) – correspondente a seu estado de espírito naquela época de sua vida (MP, CXXXVIII),[49] o narrador escreve um dos capítulos que tematizam de maneira mais explícita o fundamento de sua dor. Vale a pena acompanhá-lo na íntegra, dada a sua articulação com o episódio do caso adulterino com Virgília:

E agora sinto que, se alguma dama tem seguido estas páginas, fecha o livro e não lê as restantes. Para ela extinguiu-se o interesse da minha vida, que era o amor. Cinqüenta anos! Não é ainda a invalidez, mas já não é a frescura. Venham mais dez, e eu entenderei o que um inglês dizia, entenderei que 'coisa é não achar já quem se lembre de meus pais, e de que modo me há de encarar o próprio ESQUECIMENTO'. Vai em versaletes esse nome. OBLIVION! Justo é que se dêem todas as honras a um personagem tão desprezado e tão digno, conviva da última hora, mas certo. Sabe-o a dama que luziu na aurora do atual reinado, e mais dolorosamente a que ostentou suas graças em flor sob o Ministério Paraná, porque esta acha-se mais perto do triunfo, e sente já que outras lhe tomaram o carro. Então, se é digna de si mesma, não teima em espertar a lembrança morta ou expirante; não busca no olhar de hoje a mesma saudação do olhar de ontem, quando eram outros os que encetavam a marcha da vida, de alma alegre e pé veloz. *Tempora mutantur.* Compreende que este turbilhão é assim mesmo, leva as folhas do mato e os farrapos do caminho, sem exceção nem piedade; e se tiver um pouco de filosofia, não inveja, mas lastima as que lhe tomaram o carro, porque também elas hão de ser apeadas pelo estribeiro OBLIVION. Espetáculo, cujo fim é divertir o planeta Saturno, que anda muito aborrecido. (MP, CXXXV)

Ao relatar essas reflexões sobre o "estribeiro oblivion" a seu amigo Quincas Borba – não sem antes interpor entre o diálogo com o mestre e a sua resposta um capítulo de duas linhas apenas para denegar (MP, CXXXVI),[50] e assim confirmar, a importância do capítulo supracitado –, Brás reproduz textualmente a resposta de Quincas, que, depois de repreender-lhe por estar "escorregando na ladeira fatal da melancolia", resume informalmente o seu humanitismo com as seguintes palavras:

– Meu caro Brás Cubas, não te deixes vencer desses vapores. Que diacho! é preciso ser homem! ser forte! lutar! vencer! brilhar! influir! dominar! Cinqüenta anos é a idade da ciência e do governo. Ânimo, Brás Cubas; não me sejas palerma. Que tens tu com essa sucessão de ruína a ruína ou de flor a flor? Trata de saborear a vida; e fica sabendo que a pior filosofia é a do choramingas que se deita à margem do rio para o fim de lastimar o curso incessante das águas. O ofício delas é não parar nunca; acomoda-te com a lei, e trata de aproveitá-la. (MP, CXXXVII)

Por essa admoestação, com a qual Quincas Borba reduziu a uma pusilânime atitude de filósofo choramingas a melancolia de Brás Cubas e a filosofia do trágico a ela correlata, já vimos qual foi a paga que lhe deu o destino, "grande procurador dos negócios humanos" (MP, LVII) do narrador: a loucura. Face à ambígua constatação de Brás Cubas de que tudo tenderia ao ocaso e ao esquecimento,* a voz de Quincas soa bastante razoável. Afinal, qualquer leitor poderia ser levado a repreender Brás Cubas por sua sanha, sua compulsão de lutar contra o inelutável. Qualquer leitor poderia ter sugerido amigavelmente a Brás Cubas que "o ofício das águas é não parar nunca", que ele deveria acomodar-se a essa lei e aproveitá-la da melhor forma possível.

Se qualquer leitor poderia tê-lo feito, Brás (paranoicamente) antecipa-se a essa possível objeção incorporando-a à sua narrativa. A figura de Quincas Borba, no âmbito das *Memórias*, tem justamente essa função: ele corporifica uma perspectiva diametralmente oposta à de Brás, da qual brotam inúmeros argumentos acerca da falta de bom senso de sua luta contra a Natureza. Para destruí-la, Brás ironicamente levará a perspectiva de Quincas às últimas conseqüências, fazendo-se passar por um atento discípulo do mestre. Recordando postumamente os princípios básicos do humanitismo, ele nos permite ouvir (através da sua!) a voz do filósofo:

> Entre o queijo e o café, demonstrou-me Quincas Borba que o seu sistema era a destruição da dor. A dor, segundo o Humanitismo, é uma pura ilusão. (...) Quincas Borba leu-me daí a dias a sua grande obra. Eram quatro volumes manuscritos, de cem páginas cada um, com letra miúda e citações latinas. O último volume compunha-se de um

---

* A ambigüidade da dor de Brás Cubas lembra a dor de Ahasverus, personagem bíblico apropriado por Machado que, condenado à imortalidade, só quer morrer, até o dia em que depara com a possibilidade concreta da morte, e aí, contrariamente a suas intenções, recua, levando a águia (devoradora do fígado de Prometeu, orgulhoso patrono da humanidade) que observava sua história a concluir, com palavras que iluminam também a face do defunto autor, que "nem ele a [a vida] odiou tanto, senão porque a amava muito." (Cf. MACHADO DE ASSIS, J. M. "Viver". In: *Várias histórias*. Rio de Janeiro, São Paulo, Porto Alegre: Jackson, 1952, p. 266.)

tratado político, fundado no Humanitismo; era talvez a parte mais enfadonha do sistema, posto que concebida com um formidável rigor de lógica. Reorganizada a sociedade pelo método dele, nem por isso ficavam eliminadas a guerra, a insurreição, o simples murro, a facada anônima, a miséria, a fome, as doenças; mas sendo esses supostos flagelos verdadeiros equívocos do entendimento, porque não passariam de movimentos externos da substância interior, destinados a não influir sobre o homem, senão como simples quebra da monotonia universal, claro estava que a sua existência não impediria a felicidade humana. Mas ainda quando tais flagelos (o que era radicalmente falso) correspondessem no futuro à concepção acanhada de antigos tempos, nem por isso ficava destruído o sistema, e por dois motivos: 1º porque sendo Humanitas a substância criadora e absoluta, cada indivíduo deveria achar a maior delícia do mundo em sacrificar-se ao princípio de que descende; 2º porque, ainda assim, não diminuiria o poder espiritual do homem sobre a Terra, inventada unicamente para seu recreio dele, como as estrelas, as brisas, as tâmaras e o ruibarbo. Pangloss, dizia-me ele ao fechar o livro, não era tão tolo como o pintou Voltaire. (MP, CXVII)

Para além de todas as cabriolas e volteios da irônica prosa com que Brás Cubas descreve a grandeza do pensamento de seu amigo, advinha-se uma única motivação, que, uma vez considerada, torna supérflua qualquer tentativa de estabelecer parentescos coerentes e profundos entre os filosofemas humanitistas e outros filosofemas não menos risíveis surgidos na segunda metade do século XIX. A motivação de Brás é, na esteira do que já fizera com o amor, negar a possibilidade da negação de sua melancolia, por meio da redução ao absurdo de uma filosofia que, negando a dor fundamental da qual ela brotaria – "a dor é uma ilusão", eis o pilar fundamental do borbismo –, propõe a simples inversão da filosofia do trágico de Brás Cubas: se, para o defunto autor, nada tem sentido, nada tem valor, para Quincas, como para Pangloss, tudo, absolutamente tudo tem um propósito, assim afirmando o sentido da existência, a regência universal da lei de Humanitas. Se o pensamento de Cubas é potencialmente subversivo, na medida em que se baseia em uma revolta metafísica contra uma existência que não é o que deveria ser, uma revolta que talvez pudesse até ser apropriada com fins políticos mais imediatos ou concretos, a filosofia de Borba constitui o auge do conservadorismo, aproximando-se perigosamente, como o reconhece o próprio, daquelas filosofias orientais que, pregando o caráter ilusório da dor, justificam as mais iníquas organizações sociais. Metafisicamente, no entanto, o sumo da filosofia de Borba é uma simples inversão da sabedoria trágica de Sileno abraçada por Cubas. Escreve o pai do humanitismo:

> Como a vida é o maior benefício do universo, e não há mendigo que não prefira a miséria à morte (o que é um delicioso influxo de Humanitas), segue-se que a transmissão da vida, longe de ser uma ocasião de galanteio, é a hora suprema da missa espiritual. Porquanto, verdadeiramente há só uma desgraça: é não nascer. (MP, CXXXVII)

Sob a ótica de Brás Cubas, que sua narrativa se esforça por naturalizar, como se não houvesse outra perspectiva além da sua, outra verdade que não a de sua melancolia, essa aceitação incondicional de uma existência derrisória é incapaz de suportar as contradições que engendra. Essas contradições, de acordo com a lógica narrativa característica do defunto autor, não serão apresentadas diretamente, mas sim ironicamente, à medida que vão sendo enumeradas todas as ações realizadas por Brás desde que, tendo adotado o humanitismo de Borba, resolveu seguir o seu conselho e, (aparentemente) deixando a melancolia de lado, passou a empenhar-se em "ser forte! lutar! vencer! brilhar! influir! dominar!" (MP, CXXXVII).

As ações que realizou no período final de sua vida, e de sua narrativa, embora aparentemente contradigam o seu princípio da inação, devem ser lidas como paradigmáticas representantes de seu princípio da reação e do ressentimento. Como ele ironicamente nos mostra, se fazer política é ocupar-se de superfluidades, como o comprimento da barretina usada pela guarda nacional (MP, CXXXVII), e engajar-se na caridade religiosa é usufruir da "teoria do benefício", segundo a qual "o prazer do beneficiador é sempre maior do que o do beneficiado" (MP, CXLIX), então a única resposta eticamente coerente a uma existência que não é o que deveria ser é a inação. Se, na fase final de sua vida, Brás, absolutamente absorvido pela melancolia, ainda realizou qualquer coisa, cumpre notar que essas realizações só servem ao seu propósito retórico e reativo de apontar para o ridículo e o absurdo de todas as ações humanas – o amor,* a filosofia, a política, a religião (MP, CLVII).[51]

O coroamento da verdade de sua melancolia, que sepulta de vez o desvairado conservadorismo de Quincas Borba, e, no entender de Brás Cubas, qualquer (outra) filosofia que sequer roce uma afirmação da existência, acontece quando, após uma das peregrinações filantrópicas que se acostumou a fazer na "fase mais brilhante" (MP, CLVII) de sua vida – ao longo da qual vê morrer, no "hospital da Ordem", a "linda Marcela", "feia, magra, decrépita", e reencontra, quando distribuía esmolas em um cortiço, "a flor da moita, Eugênia, a filha de Dona Eusébia e do Vilaça, tão coxa como a deixara, e ainda mais triste", que, apesar de toda a sua elevação moral, não escapou à indiferença da Natureza (e da Sociedade) –,[52] Brás, no penúltimo capítulo de sua obra, refere-nos a loucura (da filosofia) de Quincas Borba com as seguintes palavras:

> Quincas Borba não só estava louco, mas sabia que estava louco, e esse resto de consciência, como uma frouxa lamparina no meio das trevas, complicava muito o horror da situação. Sabia-o, e não se irritava contra o mal; ao contrário, dizia-me que era ainda uma prova de Humanitas, que assim brincava consigo mesmo. Recitava-me longos capítulos do livro, e antífonas, e litanias espirituais; chegou até a reproduzir uma dança sacra que inventara para as cerimônias do Humanitismo. A graça lúgubre com que ele levantava e sacudia as pernas era singularmente fantástica. Outras vezes amuava-se a um canto, com os olhos fitos no ar, uns olhos em que, de longe em longe, fulgurava um raio persistente da razão, triste como uma lágrima...
> Morreu pouco tempo depois, em minha casa, jurando e repetindo sempre que a dor era uma ilusão, e que Pangloss, o caluniado Pangloss, não era tão tolo como o supôs Voltaire. (MP, CLIX)

---

* Cumpre lembrar que, instigado pela irmã e pela vaidade advinda da idéia de "arrancar esta flor a este pântano" (MP, CXXII), Brás chegou a ficar noivo de Nhã-Loló, prima pobre de seu cunhado Cotrim, com quem iria se casar, mas que morreu subitamente aos 19 anos, como consta do capítulo "epitáfio" (MP, CXXV), precedido pela consideração de que "saltar de um retrato a um epitáfio pode ser real e comum", na medida em que "há entre a vida e a morte uma curta ponte" (MP, CXXIV). Esse capítulo pode ser lido como um último argumento retórico de Brás, como se dissesse: "Eu tentei, mas o Destino não quis", o qual já foi devidamente desconstruído na seção "Brás Cubas como tragediógrafo" deste capítulo.

Ao cabo desse verdadeiro crepúsculo dos ídolos, em que nenhum dos valores que tradicionalmente davam um sentido à vida dos homens teria como ficar de pé, resta a Brás Cubas, valendo-se daquele tom de superioridade que caracteriza a ironia como um riso superior, antes um riso *de* alguém do que um riso *com* alguém, afirmar a sua ambígua vitória sobre a Natureza, a série de todas as negativas com que foi capaz de confrontá-la, recusando-lhe quaisquer frutos à sua voracidade. Ouçamos as célebres últimas palavras do defunto autor:

> Entre a morte do Quincas Borba e a minha, mediaram os sucessos narrados na primeira parte do livro. O principal deles foi a invenção do emplasto Brás Cubas, que morreu comigo, por causa da moléstia que apanhei. Divino emplasto, tu me darias o primeiro lugar entre os homens, acima da ciência e da riqueza, porque eras a genuína e direta inspiração do Céu. O acaso determinou o contrário; e aí vos ficais eternamente hipocondríacos.
> Este último capítulo é todo de negativas. Não alcancei a celebridade do emplasto, não fui ministro, não fui califa, não conheci o casamento. Verdade é que, ao lado dessas faltas, coube-me a boa fortuna de não comprar o pão com o suor do meu rosto. Mais; não padeci a morte de D. Plácida, nem a semidemência do Quincas Borba. Somadas umas coisas e outras, qualquer pessoa imaginará que não houve míngua nem sobra, e conseguintemente que saí quite com a vida. E imaginará mal; porque ao chegar a este outro lado do mistério, achei-me com um pequeno saldo, que é a derradeira negativa deste capítulo de negativas: – Não tive filhos, não transmiti a nenhuma criatura o legado da nossa miséria. (MP, CLX)

Nos dois parágrafos que encerram as *Memórias póstumas de Brás Cubas*, ressoam um lamento e uma bazófia.

No primeiro parágrafo, Brás lamenta o fato de ter levado para o túmulo "a invenção do emplasto Brás Cubas, que morreu comigo", lamento que tem de ser ouvido ironicamente se, como nos empenhamos em mostrar ao longo desta seção, todos os esforços do narrador foram no sentido de negar a possibilidade de o homem, após a descoberta da finitude, encontrar qualquer sentido para a vida que pudesse propiciar uma superação da melancolia a que a nossa humanidade, segundo o diagnóstico de Brás Cubas, está condenada. "E aí vos ficais eternamente hipocondríacos", escreve ele.

No segundo parágrafo, em inversão que alcança o cerne de sua filosofia do trágico, Brás gaba-se de tudo o que não foi e não fez, revelando ainda uma vez ao leitor que, diante de uma Natureza que, embora devesse ser "só mãe, não inimiga", é não obstante "mãe e inimiga", só resta *não* agir, só resta, dentro do possível, *não ser*. Se vida é morte, a única maneira de mitigar a dor dessa descoberta e, de certa forma, escapar à inexorável corrosão de tudo o que vem a ser é justamente fingir-se de morto, de defunto.

Brás sabe, porém, que não seria o suficiente para satisfazer o seu ressentimento simplesmente renunciar à vida, a qualquer engajamento existencial. A única necessidade que ele sente, o único impulso que, de certa forma contradizendo o seu princípio da inação, o leva a agir, é o seu espírito de vingança, que precisa, além da inação, de algo a mais para saciar-se. Esse a mais, esse excesso, é, segundo o fecho de ouro de suas memórias, o "saldo" de sua vida, "a derradeira negativa de seu capítulo de negativas": o fato de não ter tido filhos, de ter propiciado a alguém a maior ventura dada aos mortais – não ter nascido.

Em antecipação da confissão do menos célebre dos heterônimos de Fernando Pessoa, Brás deixa-nos a impressão de, através de sua narrativa, e da ironia que a tudo corroeu, ter logrado a única vitória possível no âmbito do que é finito: um suicídio vivido. Escreve o discípulo de Cubas, sintetizando a função da "derradeira negativa de seu capítulo de negativas": "Se o vencido é o que morre e o vencedor quem mata, com isto, confessando-me vencido, me instituo vencedor."[53]

A tragédia do narrador

A leitura das *Memórias póstumas* proposta ao longo de todo este capítulo teve como fio condutor a exposição das ambigüidades contidas na idéia de uma "tragédia de Brás Cubas". Falou-se do modo como o leitor é obrigado a oscilar entre drama e narração, identificação e distanciamento, simpatia e ironia, tragédia (como gênero poético) e tragédia (como filosofia do trágico), Brás Cubas (como herói trágico) e Brás Cubas (como tragediógrafo). Essa oscilação a que o leitor é obrigado, essa sustentação da tensão *entre* um pólo e outro, esse *entre*tenimento é a condição para a participação na dinâmica da "obra em si mesma" (MP, AL). Essa participação, em última instância, é o que propicia que o leitor experimente, ao longo de sua leitura, a tragicidade que Brás Cubas atribui à própria Natureza. Se a ironia de Brás Cubas é a mimese da ironia trágica da Natureza, não haveria melhor maneira de o narrador apresentar a sua filosofia do trágico do que recusar ao leitor, assim como a Natureza sempre lhe teria recusado, qualquer satisfação (duradoura) de suas pretensões (hermenêuticas).

O problema é que o fecho de ouro do livro de Brás Cubas parece, no final do romance, pôr fim a essa oscilação. Quando ele afirma que o seu "pequeno saldo" (MP, CLX) foi não ter tido filhos, não ter entregue quaisquer frutos à voracidade de uma Natureza que não é o que deveria ser, tem-se a impressão de que ele se sente pacificado com a idéia de que a tragicidade da Natureza priva a vida de seus sentido e valor. É como se, através da negação absoluta, daquilo que um de seus críticos, confundindo autor e narrador, já chamou de "pirronismo niilista",[54] ele tivesse finalmente entrado na posse de um sentido absoluto, imune ao tempo e à Natureza. Esse sentido absoluto seria para Brás Cubas o absoluto não-sentido.

Aqui, no entanto, cabe introduzir com relação ao Brás Cubas-narrador o mesmo tipo de distância, ou quiçá ironia, que ele introduz com relação a si mesmo como personagem de suas memórias. Se é inegável, de acordo com uma das hipóteses centrais deste trabalho, que as memórias escritas por Brás Cubas foram construídas como uma armação paranóica, cuja finalidade conspícua é demonstrar a universalidade da melancolia, única disposição afetiva que restaria a homens que se recusam a seguir desempenhando os papéis ridículos que a Natureza, dada a sua transitoriedade, lhes atribui, cumpre indagar se essa armadura de fato conseguiu manter-se intacta, imune à ação dos vermes que minam sempre os projetos e a compreensão do homem. Cumpre investigar, em suma, se o projeto de Brás Cubas de uma negação sistemática de todos os valores que prendem o homem a esta vida não teria sido, ele mesmo, corroído por experiências que, a despeito das intenções do narrador, apontam para uma justificação e uma afirmação da existência como ela é. Nessa investigação, torna-se necessário considerar um outro aspecto da ironia presente na idéia de uma "tragédia de Brás Cubas". Além do genitivo subjetivo, que coloca o narrador Brás Cubas como autor de sua tragédia, e do genitivo objetivo, que coloca Brás Cubas como personagem da tragédia do Brás Cubas tragediógrafo, é preciso considerar, na tragédia de Brás Cubas, um outro sentido do genitivo objetivo, que revela como a própria armadura paranóica do narrador, que ele pretendera inexpugnável ao assumir a condição (pretensamente privilegiada) de defunto autor, é na verdade vazada por uma força muitas vezes superior e contrária à de sua melancolia. Sob essa ótica, também o narrador Brás Cubas aparece como um personagem, ou melhor, um joguete. A diferença é que agora (o personagem) Brás Cubas não aparece mais como um joguete de si mesmo (como narrador), mas justamente como um joguete de um Outro, daquele mesmo Outro que, ao personificar na forma de Natureza, ou Pandora, o narrador acreditara ter domesticado. Esse Outro, que não raro impõe a sua alteridade e assim subverte tragicamente o tom melancólico que domina a narrativa, é a própria linguagem – cuja força, no plano da obra de arte, corresponde à força que, no plano da existência, Brás Cubas atribui à Natureza.

Isso significa que, além da ironia da ação trágica que Brás Cubas atribui à Natureza e da clarividente ironia do poeta trágico que a sua posição privilegiada de defunto autor reivindica para si, haveria um terceiro nível de ironia na tragédia de Brás Cubas: a ironia da linguagem trágica. Se a ironia da ação trágica diz respeito à conversão do sentido de uma ação no seu oposto e a ironia do poeta trágico diz respeito à distância reflexiva necessária para a compreensão do descompasso entre a intenção do herói trágico e o que ele efetivamente realiza, a ironia da linguagem trágica diz respeito à própria equivocidade do discurso do herói trágico, condição de possibilidade para que ele, sem o saber, seja em alguma medida o responsável pelo seu destino e desencadeie nos espectadores o distanciamento reflexivo necessário à experiência da ambigüidade que constitui o sumo da tragédia.

No caso das *Memórias póstumas de Brás Cubas*, a experiência dessa ambigüidade, dessa tensão que antecede ontologicamente os pólos que dela brotam, perpassa tudo, e a noção de uma tragédia de Brás Cubas, cujas implicações desenvolvemos ao longo deste capítulo, condensa toda essa série de ambigüidades, tornando visível a obra mesma como esse espaço e esse tempo *entre* Brás Cubas e Brás Cubas, drama e narração, poética da tragédia e filosofia do trágico.

O conceito de ironia (instável) segundo Wayne Booth

A ironia da linguagem trágica, porém, pode naturalmente ser mais bem compreendida a partir das próprias tragédias gregas que serviram de modelo ao nosso tragediógrafo. "Decifra-me ou devorote" (MP, II), vale lembrar, foram as palavras ditas pela idéia fixa a Brás Cubas quando ele vislumbrou a necessidade de criar o emplasto anti-hipocondríaco. Será que, tragicamente, ele teria achado a fórmula do emplasto, ainda que sem se dar conta? Será que, sob uma certa ótica, o destino do narrador das *Memórias* teria sido análogo ao de Édipo?

Em *Édipo rei*, um exemplo claro da equivocidade da linguagem trágica aparece na cena em que Édipo, ouvindo os apelos do coro para libertar a cidade da peste, profere o seu discurso, que não é nem univocamente uma sentença judicial, expressão do novo direito que ele quer instituir ao instaurar um processo racional contra o assassino de Laio, nem unicamente uma maldição, expressão do velho direito personificado por Tirésias. Édipo repreende o coro com as seguintes palavras:

> O melhor dos reis havia desaparecido: *cumpria levar as investigações a fundo*. Vejo-me nessa hora de posse do poder que ele teve antes de mim, de posse do seu leito, da mulher que ele já havia tornado mãe (...). Sendo assim, eu é que lutarei por Laio, como se ele tivesse sido meu pai. (...) *Rogo aos céus* que o criminoso, quer tenha agido a sós, sem se trair, ou com cúmplices, tenha uma vida sem alegria, vivida

miseravelmente, como um miserável; e, se porventura viesse a admiti-lo conscientemente em meu lar, que eu sofra todos os castigos que minhas imprecações lançaram sobre outros.⁵⁵

A interpretação das ambigüidades introduzidas por Sófocles no discurso de Édipo como a condição de possibilidade para a sua própria condenação – note-se como na passagem acima Édipo vale-se do poder mágico das palavras, que não é estranho ao mundo animista dos gregos, para amaldiçoar o assassino de Laio – e, ao mesmo tempo, para uma conversa silenciosa entre autor e espectadores, da qual os personagens da tragédia nada saberiam, coloca uma questão acerca da natureza da linguagem que transcende os limites de *Édipo rei* e mesmo os da tragédia como gênero poético. Coloca uma questão que nos aproxima de um dos problemas mais fundamentais na leitura de um romance, e, em certo sentido, de qualquer obra de arte. Trata-se da seguinte questão: até que ponto a linguagem da tragédia não implica necessariamente uma tragédia da linguagem?

Supondo que a linguagem da tragédia é constitutivamente irônica, na medida em que são as ambigüidades presentes nos discursos dos personagens trágicos que permitem a ironia da ação trágica – análoga à peripécia – e a ironia do poeta e do espectador da tragédia – análoga ao reconhecimento –, o encaminhamento da questão sobre a relação entre a linguagem da tragédia e a tragédia da linguagem pode ser ajudado por uma distinção entre duas formas de ironia: de um lado, o que Wayne Booth chamou de "ironia estável"; de outro, o que ele chamou de "ironia instável".⁵⁶

Por ironia estável, entenda-se aquela ironia de matiz mais clássico, que pressupõe a possibilidade de que, dadas condições favoráveis à compreensão, o interlocutor daquele que ironiza tenha como apreender o verdadeiro sentido do que está sendo dito pela mera inversão do sentido aparente ou corriqueiro. A ironia estável, sob esse prisma, pode ser vista como um meio para um fim, como aquele tipo de (dis)simulação constantemente referido a Sócrates, que, ao representar o papel de ingênuo ou ignorante, conduziria aqueles que representam o papel de sábios a experimentarem a verdade existente para além do âmbito da representação.

Esse é o tipo de ironia trágica presente naquela leitura de *Édipo rei* que vê no percurso de Édipo a simples reiteração da força dos deuses, os quais, embora permitam ironicamente que o homem julgue estar no controle de sua existência e aja como se fosse autônomo, no final aparecem e revelam que tudo aquilo não passara de ilusão, que o homem jamais deixara de ser uma marionete dos deuses.

A ironia instável, por outro lado, cuja conceituação remonta ao primeiro romantismo alemão, teria um matiz mais equívoco, e o efeito imediato de seu aparecimento seria não apenas a inversão do sentido corriqueiro do dizer irônico, mas a desestabilização da possibilidade mesma de uma distinção definitiva entre o sentido corriqueiro ou aparente e o sentido verdadeiro ou essencial de um dizer. A ironia instável, sob essa ótica, pode ser vista como uma espécie de ironia reduplicada, que obrigaria o interlocutor daquele que ironiza a sustentar um distanciamento irônico-reflexivo inclusive com relação à sua própria interpretação do dizer original, o que converteria a tradução da ironia para a linguagem corriqueira em um novo dizer irônico, que, por sua vez, exigiria um novo distanciamento irônico-reflexivo, e assim o movimento da volta do eu sobre si mesmo teria de se repetir infinitamente, impossibilitando a fixação de um pretenso sentido último do dizer irônico, imaginariamente assemelhado à verdadeira face do ironista para além de todas as suas máscaras.*

Esse é o tipo de ironia trágica presente em uma leitura de *Édipo rei* que não se sente pacificada com a idéia de que a tragédia como gênero poético seria a expressão conservadora da religiosidade grega, espécie de exortação contra as mudanças sociais e políticas ocorridas com o advento da democracia. Sob a ótica da ironia instável, a tragédia grega é uma descrição da condição do homem – do "eu inteligível do homem", como diria Lukács[57] – como esse ser cindido, que se alimenta do paradoxo de, em certos momentos, até poder ser o que

---

* Acerca da impossibilidade de se descobrir a "verdadeira face do ironista", vale lembrar das célebres palavras do poema "Tabacaria", de Fernando Pessoa: "Quis tirar a máscara, / Estava pegada à cara./ Quando a tirei e me vi ao espelho/ Já tinha envelhecido." Já havendo se convertido em um homem póstumo, o poeta da Tabacaria só teria a sua memória, póstuma, para reconstruir o que jamais fora. (Cf. PESSOA, F. "Tabacaria". In: *Obra poética*. Rio de Janeiro: Nova Aguilar, 1994, p. 365).

quer (ser), mas só poder saber desses momentos *a posteriori* – ou, em termos machadianos, postumamente. O problema é que, como sempre é possível uma nova interpretação póstuma de uma interpretação póstuma, a tensão dialética entre autonomia e heteronomia, liberdade e necessidade, não pode ser definitivamente superada.

A partir dessa distinção, fica claro que só é possível falar em uma tragédia da linguagem se se compreende a ironia da linguagem trágica como uma ironia instável, ou seja, um tipo de ironia que não permite uma estabilização definitiva do sentido de um dizer e, assim, condena aquele que fala ou escreve a manter-se sem um controle *a priori* do sentido daquilo que diz, em situação provavelmente análoga à dos personagens de *Édipo rei* e das *Memórias póstumas de Brás Cubas*.

O conceito de ironia segundo Georg Lukács

Se não é o objetivo deste trabalho fornecer uma posição fechada quanto ao tipo de ironia presente na tragédia de Sófocles, é importante ressaltar que, para um leitor da *Teoria do romance* de Lukács, causa estranheza a tese de que sem ironia não há tragédia. Para o pensador húngaro, a ironia, entendida romanticamente como "eterna agilidade"[58] ou reflexividade infinita,[59] não existiria ainda no "mundo fechado" dos gregos, que "conhece somente respostas, mas nenhuma pergunta, somente soluções (mesmo que enigmáticas), mas nenhum enigma, somente formas, mas nenhum caos".[60]

Na *Teoria do romance*, a ironia é definida como a "objetividade do romance",[61] aquilo que garante a essa forma uma fidelidade à situação histórico-filosófica do mundo em que surge, caracterizado como um mundo onde "a totalidade extensiva da vida não é mais dada de modo evidente", onde "a imanência do sentido à vida se tornou problemática", mas ainda assim é buscada.[62] O romance, escreve Lukács, "é a epopéia do mundo abandonado por Deus; a psicologia do herói romanesco é a demoníaca; a objetividade do romance, a percepção virilmente madura de que o sentido jamais é capaz de penetrar inteiramente a realidade, mas de que, sem ele, ela sucumbiria no nada da inessencialidade".[63]

A partir dessa definição, torna-se patente que, para Lukács, a linguagem da tragédia ainda não comportaria o tipo de negatividade que configura o que antes chamamos de tragédia da linguagem. Essa negatividade insuperável, essa ironia instável seria propriedade exclusiva do romance, cujas "categorias estruturais coincidem constitutivamente com a situação do mundo"[64] moderno. Isso significa que, para o pensador húngaro, uma síntese entre eu e mundo, vida e essência, como a que teria existido na Grécia, só se tornaria novamente possível com uma mudança da situação do mundo. Se, por um lado, tal mudança não estaria descartada – e a sua posterior adesão ao socialismo já foi entendida como tentativa de realização dessa síntese –, ao menos quando da elaboração da *Teoria do romance* ainda estaria distante.

No que diz respeito ao objetivo desta seção, que é chamar a atenção para a complexidade do conceito de ironia em Machado de Assis, a qual configura a tragédia do narrador Brás Cubas, a menção a Lukács se justifica em dois sentidos. Em primeiro lugar, ao defender incisivamente a ironia como objetividade do romance, Lukács deixa claro que a interpretação de um romance, para fazer jus a seu objeto, tem de incorporar o tipo de ironia que lhe é próprio. Nesse sentido, é preciso combater as interpretações das *Memórias póstumas* que estabilizam a ironia de Brás Cubas, atribuindo-lhe um sentido último, seja filosófico ou ideológico.

Em segundo lugar, e essa questão terá de ficar em aberto, será que um olhar póstumo para a tragédia a partir da ironia do romance machadiano não tornaria no mínimo problemática a ficção lukácsiana de um "mundo fechado dos gregos"? Se a ausência de (uma) ironia (instável) na tragédia tem como sua condição de possibilidade a idéia de um mundo onde as perguntas são respondidas antes mesmo de serem formuladas, não seria interessante contrapor a esse mundo "o velho colóquio de Adão e Eva" (MP, LV), episódio das *Memórias póstumas* que Brás Cubas grafa só com reticências justamente para indicar que um mundo assim fechado só é possível na ausência da linguagem?

Em todo caso, se assumirmos, como Brás Cubas, que o único antídoto para a tragédia da linguagem é a sua ausência, seremos inevitavelmente obrigados a concordar com a sabedoria de Sileno como relatada por Nietzsche e, conseqüentemente, com a leitura tradicional do fecho de ouro das *Memórias póstumas de Brás Cubas*, problemático para uma leitura que vê como (romanticamente) instável a ironia machadiana. Mas voltemos logo à tragédia que nos interessa.

Roberto Schwarz e a interpretação como violência

A tragédia do narrador a que alude o título desta seção implica a idéia de que Brás Cubas, ao colocar-se na única posição em que julga poder manter-se imune ao curso da Natureza – a posição de um morto que narra –, ainda assim permaneceria sujeito a algo que escapa de seus controle e previsão, a algo que age na direção oposta à de suas intenções. É como se o refúgio da memória que construiu para si, um refúgio hermeticamente fechado contra qualquer sopro que não o da morte, contra qualquer contração que não a cadavérica, ainda assim não fosse capaz de apagar certos rastros de uma voz outra que não a do defunto autor. A idéia de uma tragédia do narrador Brás Cubas pressupõe, em suma, a convicção de que, apesar de todo o seu "desdém dos finados" (MP, XXIV), de todo o seu pretenso conhecimento desinteressado e transparente de si mesmo (e dos outros), algo teria escapado a seu poder de sujeitar tudo a um nariz somente. Isso que teria escapado à armadura paranóica de Brás Cubas, à sua "com-posição",[65] é justamente aquilo que a teria motivado. A tragédia de Brás Cubas é a tragédia de todos nós: nem um morto pode pular a própria sombra.

Essa constatação coloca um problema para a leitura fenomenológica do romance proposta anteriormente. Se de fato ninguém pode pular a própria sombra, e se, como mostramos a partir de nossa leitura da *Teoria do romance*, o leitor do romance precisa em alguma medida ser capaz de aceitar o tipo de ironia (instável) que o caracteriza, não será necessário colocar em questão a indicação do próprio Brás Cubas de que a melancolia teria sido a disposição afetiva que orientou a construção de suas memórias? Se a melancolia fosse de fato o ponto cego do narrador, como é que ele, desde o prólogo ao leitor e em diversos capítulos ao longo do livro, teria sido capaz de formular uma série de filosofemas sobre ela?

Se Brás Cubas tem como uma de suas principais características desconstruir ironicamente as atitudes e palavras de todos os seus personagens, doravante parece-nos necessário utilizar o mesmo procedimento com relação a ele, assumindo uma distância com relação ao narrador que é análoga à distância por ele assumida com relação a seus personagens.

Este tipo de leitura irônica, que pressupõe uma distância intransponível entre o sentido do romance e o sentido visado (explicitamente) pelo narrador do romance, foi exercitado com inexcedível brilhantismo por Roberto Schwarz, que, em *Um mestre na periferia do capitalismo*, demonstra que as *Memórias póstumas de Brás Cubas* foram escritas "contra o seu pseudo-autor"[66] e a elite brasileira cujo grotesco, ao expor em forma de caricatura, elas tornam visível. No âmbito dessa interpretação, que reconstruímos com maior detalhe na introdução deste trabalho,

> uma das virtualidades conformistas do livro se poderia resumir pelo amor ao privilégio, quando se trata dos vivos; e pela melancolia metafísica, quando se trata do inelutável. A poesia desta contigüidade, módulo sempre repetido, é ideologia barata – como facilmente se percebe (...) uma vez levado em conta o outro Brás, o de classe, cuja presença, insidiosa ao extremo, entretanto é discreta.[67]

A posição de Schwarz é a de que quando Brás Cubas nos quer vender a idéia de que o amor ao privilégio seria uma característica de todos os homens, que para isso estariam dispostos a qualquer coisa, sua intenção é, através dessa universalização de *seu* amor a *seus* privilégios, justificar metafisicamente a corrupção das elites brasileiras. Ao mesmo tempo, ao pregar a impotência do homem, de *todos* os homens, diante do inelutável, compondo uma obra na qual a melancolia – e a inação a ela correlata – seria a única alternativa ao ridículo, Brás Cubas estaria insidiosamente defendendo a inutilidade de qualquer luta que pudesse transformar a iníqua estrutura social brasileira e assim roubar à elite os seus privilégios. De acordo com essa leitura da ideologia implícita nos argumentos de Brás Cubas, se não se pode fugir ao egoísmo universal, a chegada ao poder de oprimidos como Prudêncio, Dona Plácida ou Lula não alteraria nada; e, se nada pode escapar à voracidade da Natureza ou do Capitalismo Globalizado, qualquer luta é não apenas inútil, mas ridícula, e ignorante o homem que não percebe que o único imperativo é aceitar as coisas como elas são, adequando-se ao sistema. A interpretação de Roberto Schwarz revolucionou o estudo de Machado de Assis por dois motivos. Em primeiro lugar, tornou visível um interessantíssimo "Machado brasileiro",[68] grande crítico da ideologia das elites nacionais, que, ao criar um personagem como Brás Cubas e, sobretudo, ao lhe dar voz – uma voz cujo tom de bazófia caracteriza à perfeição a postura dos poderosos que se julgam no controle da situação, até serem flagrados por um romancista ou... uma câmera escondida –, tornou possível uma crítica imanente da ideologia das elites nacionais, a qual, dada a nossa posição periférica, possibilita a desconstrução da ideologia que subjaz ao capitalismo supostamente civilizado do "Primeiro Mundo". Em segundo lugar, Schwarz colocou na berlinda todas as "interpretações filosóficas" de Machado de Assis que, ao superestimarem a influência de um determinado filósofo da tradição sobre o seu pensamento, em geral Schopenhauer, passam por cima da especificidade de sua obra sem sequer discutir o problema da autonomia da obra de arte. Ao fazer isso, ele simultaneamente expôs a vacuidade das interpretações baseadas na literatura comparada, cujos autores ficam tão ocupados em exibir a própria erudição, em descobrir parentescos insuspeitos entre Machado e outros grandes nomes da ficção, que sequer cuidam do que há de irredutível em seu estilo.

A interpretação de Schwarz das *Memórias póstumas de Brás Cubas* é sem dúvida uma daquelas interpretações que necessariamente geram uma certa "angústia de influência"[69] em todos os intérpretes que, depois dele, vierem a se aventurar pelo terreno da crítica machadiana. Porém, se não é honesto ignorá-la – a história da recepção de uma obra de arte é em larga medida responsável pela sua produção –, tampouco o seria não apontar aquilo que, a despeito da meticulosidade do autor, permanece problemático em sua abordagem.

Paradoxalmente, o problema central da interpretação de Schwarz é a sua excessiva consistência, a sua desmedida fidelidade a seu ponto de partida hermenêutico (e ideológico).⁷⁰ Essas consistência e coerência, como quem quer que tenha acompanhado a interpretação fenomenológica das *Memórias póstumas* logo percebe, exige a violenta exclusão de todos aqueles elementos do romance que permitem uma identificação simpática com o protagonista. No âmbito da leitura de Schwarz, *todos* os episódios narrados por Brás Cubas, absolutamente *tudo* o que ele diz, deve ser lido com uma irônica (ou antipática) desconfiança, condição para tornar visível, em sentido inverso ao pretendido pelo narrador, que o mecanismo de universalização, que ele compulsivamente emprega, na verdade não diz *nada* sobre o universo, mas apenas sobre a sua própria posição: a posição de um representante das elites unicamente ocupado em conservar seus privilégios. Assim, não é de se espantar que um episódio como o da morte da mãe de Brás Cubas, central para a compreensão da gênese de sua melancolia como uma resposta ao absurdo que ali se lhe descortinou, sequer seja considerado seriamente por Schwarz, que, não dando a esse episódio a importância que ele tem, vê-se incapaz de propor uma interpretação minimamente consistente sobre a questão do "defunto autor", que vê como mera impostura de classe.

Ironicamente, porém, essa leitura tão antipática a Brás Cubas acaba por ser simpática a ele em um nível mais sutil: ao valer-se de tamanha violência para calar inteiramente a filosofia trágica de Brás Cubas, que não consegue ler senão como desconversa ideológica, Schwarz acaba sendo tão paranóico quanto ele, e, por maior que seja a admiração que se deve devotar à sua composição, nela são visíveis os vestígios de uma certa filosofia da ponta do nariz. Em suma: ao escrever *Um mestre na periferia do capitalismo*, parece-nos que o autor privilegiou excessivamente a contribuição de Machado de Assis a uma reflexão sobre (e a partir de) a periferia do capitalismo, mas silenciou violentamente um aspecto de seu pensamento que, ultrapassando a sua circunstância sociopolítica imediata, o transforma em um clássico – um mestre.

Se, ao contrário de Schwarz, levarmos seriamente em conta a tensão que, na obra machadiana, se estabelece entre a universalidade de seu autor e a particularidade de sua inscrição social, veremos que, por mais consistente que seja a caracterização de Brás Cubas – baseada em seu romance de (de)formação como apresentado (especialmente) entre os capítulos X e XXII – como um típico representante das elites brasileiras, obrigado a conciliar inconciliáveis – o liberalismo teórico e a prática da escravatura –, essa inscrição social do narrador não anula inteiramente a verdade de sua filosofia do trágico. O fato de que a melancolia pode ser manipulada não anula a sua existência e menos ainda a dor que lhe dá origem. Simultaneamente, porém, e este é o motivo pelo qual a interpretação de Schwarz não pode de forma alguma ser negligenciada, a consideração da filosofia do trágico de Brás Cubas tampouco deve abstrair a sua inscrição social, condição para que assumamos a distância irônica necessária com relação ao narrador e não nos deixemos enredar tão facilmente por sua justificação da legitimidade ontológica da melancolia.

Lida sob chave ideológica, a melancolia, como a incapacidade de esquecer o passado, é de fato uma disposição afetiva conservadora, de modo que uma filosofia como a de Brás Cubas, que justifica a impossibilidade de superá-la – lembre-se de que Brás Cubas morreu antes de chegar à fórmula de seu emplasto anti-hipocondríaco, ou, pelo menos, de divulgá-la; "e aí vos ficais eternamente hipocondríacos" (MP, CLX), diz-nos ele no fecho de suas *Memórias* –, pode efetivamente servir a interesses que nada têm de melancólicos, como, por exemplo, o interesse de usufruir eternamente privilégios sociais que, em princípio, o progresso da civilização já nos deveria ter feito esquecer – e aqui é inevitável lembrar da veneranda instituição brasileira da empregada doméstica. Por outro lado, a dor da finitude; o trauma do encontro com a morte como aquilo que não se deixa simbolizar – prever, controlar, justificar; o choque de quem esbarra com a alteridade radical; "a dor-homem", em suma, "é a dor mais profunda".[71] A concretude dessa dor não pode ser negada pela simples consideração de que uma determinada maneira de senti-la e de se relacionar com ela, como a melancolia, pode servir a interesses espúrios.

Se, finalmente, as considerações de Roberto Schwarz nos permitem refrear a nossa tendência ingênua a nos identificarmos imediatamente com Brás Cubas, levando-nos a perceber como o conservadorismo tende a usar a melancolia como uma de suas principais armas;[72] por outro lado, seria igualmente ingênuo querer simplesmente negar a dor fundamental, a dor-homem, a partir da qual essa melancolia brota e, assim, de certa forma, fundamenta metafisicamente. Afinal, a (gênese da) melancolia seria ininteligível se não houvesse de fato uma Natureza que, sendo a um só tempo mãe e inimiga, resguarda em si a ambigüidade que está na origem da revolta de Brás Cubas, fundamento da filosofia do trágico por ele enunciada no capítulo do delírio.*

Crítica ao relativismo hermenêutico

O longo comentário à interpretação paranóica que Roberto Schwarz faz das não menos paranóicas memórias de Brás Cubas justifica-se pelo fato de chamar a atenção para a paranóia embutida na interpretação fenomenológica, construída em torno da melancolia, apresentada por nós no capítulo anterior e concluída na última seção, sobre o crepúsculo dos ídolos promovido por Brás. Assim como, em sua interpretação, Roberto Schwarz privilegia o "Brás de classe" e negligencia todos os elementos que desestabilizam esse privilégio, em nossa interpretação, por mais que em algumas passagens tenhamos sustentado a tensão entre o Brás de classe e o Brás

---

* Entre a abordagem existencial da fenomenologia, que coloca tamanha ênfase na análise da melancolia de Brás Cubas, e a abordagem histórico-sociológica de Schwarz, que a despreza como ideologia barata, há pelo menos um ponto de contato: a percepção de que o tema da revolta, seja ela concebida metafisicamente e atribuída a Brás Cubas, seja ela concebida politicamente e atribuída a Machado de Assis, é central para a interpretação das *Memórias póstumas*. Embora essa hipótese não tenha sido analisada com o rigor que mereceria ao longo deste livro, seria interessante considerar se a revolta de Brás Cubas, à primeira vista uma revolta metafísica contra o tempo que a tudo devora, não poderia ser lida como germe de uma potencial revolta política contra uma estrutura social que, analogamente ao tempo, não é o que deveria ser. Uma vez que se assume que a melancolia de Brás Cubas, por meio da qual a sua revolta se expressa, tem também um matiz político subversivo, a sua tragédia ganha uma dimensão inaudita: trata-se da tragédia de um homem cujo potencial de protesto é tragado pelos condicionamentos sociais inerentes à sua classe, os quais em última instância fazem-no pagar o preço pelo seu temperamento crítico e o seu potencial revolucionário convertendo-o em um homem incapaz de agir. Sob esta ótica, o "Machado brasileiro" de Schwarz conciliar-se-ia com o "Machado existencialista" que a análise fenomenológica traz à luz.

trágico,⁷³ em geral deixamos de lado aqueles elementos mais sociológicos que não interessavam diretamente à caracterização da melancolia metafísica de Brás Cubas. Nesse sentido, a exemplo da interpretação do narrador da (sua própria) história, dificilmente a interpretação fenomenológica proposta até aqui e a de Roberto Schwarz poderiam refutar a acusação de ser paranóicas. A interpretação fenomenológica, por sustentar uma simpatia, uma identificação excessiva com Brás Cubas, seja como personagem ou como narrador, herói trágico ou tragediógrafo. A de Roberto Schwarz, por sustentar uma antipatia, uma distância excessivamente irônica com relação a ele(s).

Essa constatação aparentemente endossa uma interpretação deste trabalho como um digno representante da moda do tempo: o relativismo. Não é disso, entretanto, que se trata. A defesa da polissemia hermenêutica, do fato de que os fenômenos naturais e, sobretudo, os fenômenos humanos, como a arte, podem receber múltiplas significações, foi necessária em um certo momento da história, quando o inimigo, o autoritarismo do senso comum, alimentava-se de um positivismo obtuso, da crença de um acesso imediato aos fenômenos, pensados como dados positivos e independentes do movimento hermenêutico.⁷⁴ Atualmente, porém, depois da "virada hermenêutica", as coisas se complicaram. Embora o positivismo conserve grande influência em meio à desorientação do presente, e o cérebro seja possivelmente o deus mais popular, a antropologia, filha do século XX, ensinou-nos a respeitar cegamente a cultura do(s) outro(s) e nos acusa de etnocentrismo, ou coisa pior, sempre que defendemos *a* verdade. O problema é que, neste trabalho, que não por acaso gira em torno de uma obra de arte – lugar privilegiado para o "vir-a-ser e acontecer da verdade",⁷⁵ na bela definição de Heidegger – é justamente da verdade que se trata. E a verdade, como "vir-a-ser e acontecer", não pode ser nada de positivo, fechado, acabado. Assim, não há nada mais estranho à verdade do que a paranóia. Ou melhor: a verdade da paranóia não pode ser, ela mesmo, nada de paranóico. Cumpre-nos portanto tornar visível aquilo que, em nossa interpretação, vai além da paranóia, descobrindo-lhe o limite e portanto a verdade, que permaneceu estranha a Schwarz e permanecerá sempre estranha à polissemia hermenêutica, na medida em que, pelo menos a princípio, defendê-la é o mesmo que defender a legitimidade de interpretações contraditórias, complementares e... paranóicas.

A defesa da polissemia hermenêutica, sob essa ótica, nasce de uma certa má consciência com relação à própria paranóia. Incapaz de se deixar transformar pela participação na dinâmica da obra, de deixá-la produzir qualquer transformação substancial em seu ponto de partida, o intérprete, para encobrir o violento mecanismo de identificação que elimina qualquer elemento que não se deixe adequar à sua armação paranóica, acaba por tornar-se um árduo defensor da polissemia hermenêutica. Essa aparente aceitação do outro, porém, é um mero estratagema para legitimar a exclusão do outro no âmbito de sua própria interpretação.

O parentesco entre a crítica (de arte) e a paranóia

Se, valendo-nos da preciosa indicação de Schwarz, assumimos que é preciso considerar uma distância fundamental entre o sentido visado pelo Brás Cubas tragediógrafo – a demonstração da destinação melancólica do homem – e o sentido do romance *Memórias póstumas de Brás Cubas*, alcançamos o nível mais essencial da tragédia de Brás Cubas.

Em uma primeira abordagem, da qual é interessante fugir tanto quanto possível, a tragédia de Brás Cubas é uma tragédia pelo fato óbvio, ao menos para aqueles que não se entregam a uma identificação total com o protagonista, de que Brás Cubas é um personagem. Não apenas, como mostramos anteriormente, um personagem de si mesmo, um herói trágico manipulado pelo autor da tragédia, o narrador Brás Cubas, mas um personagem de outro autor: Machado de Assis. Em seu nível mais superficial, portanto, a tragédia de Brás Cubas tem a ver com o fato de ele ser um personagem-narrador ou um narrador-personagem – aqui a distinção não importa – de outro narrador (ou romancista),[76] Machado de Assis. Assim, o furo mais imediatamente visível em sua armadura paranóica tem a ver com o fato de, sem o saber, ele não ter o controle do sentido daquilo que diz.

A partir da constatação desse primeiro nível da tragédia de Brás Cubas, os intérpretes tradicionais foram sempre fiéis imitadores do defunto autor, e, tão exasperados quanto ele diante da impossibilidade de criar uma armadura sem furos, assumiram a tarefa de remendar o furo na armação paranóica de Brás Cubas. A sua hipótese fundamental foi sempre a seguinte: Brás Cubas, de fato, não podia ter o controle daquilo que diz, mas sem dúvida alguém haveria de tê-lo. Esse alguém, naturalmente, só poderia ser o seu autor, Machado de Assis.

O problema desse raciocínio, além de converter Machado de Assis em um paranóico sem qualquer pudor, é que ele o convertia simultaneamente em um personagem de uma tragédia mais ampla. Afinal, como sabem todos os biógrafos, só é possível compreender as intenções de um autor compreendendo aquilo que as motiva, as suas influências familiares, sociais, filosóficas, literárias etc. E assim, na tentativa de resolver o problema, já em si mesmo complexo, de determinar o sentido das *Memórias póstumas de Brás Cubas*, o que fizeram muitos críticos de Machado de Assis? Assumiram como condição a resolução de um outro problema, ainda mais complexo: determinar o sentido da vida de Machado de Assis. Este, como foi influenciado por autores tão díspares quanto Sterne e o Padre Antônio Vieira, Montaigne e Schopenhauer, para não falar de sua madrasta doceira, só poderia ser entendido, de acordo com a interessante lógica embutida no raciocínio de seus biógrafos, se, antes de mais nada, tais influências fossem esmiuçadas. Que daí é um passo para a necessidade de esmiuçar as influências das influências, o leitor já terá percebido. Em suma: se o homem fosse imortal, talvez até fosse um passatempo interessante escrever biografias. Como, entretanto, preferimos sempre biografias de gente morta...

A segunda abordagem da tragédia de Brás Cubas é aquela que, recusando a tentação de explicar o sentido daquilo que diz Brás Cubas a partir de uma instância exterior às *Memórias póstumas*, reconhece, com base em uma meticulosa atenção aos elementos presentes na própria obra, vestígios da mão invisível de uma ideologia, como é o caso de Schwarz, ou de uma disposição afetiva fundamental, como foi o nosso caso até aqui. É então a partir de uma explicitação imanente dessa ideologia ou da gênese desse afeto fundamental que tais críticos ver-se-ão capacitados a determinar o sentido daquilo que Brás Cubas, embora sem o saber, quis dizer. Ou, se se preferir, a determinar o sentido da "obra em si mesma". Ainda que sejam muito mais consistentes do que as precedentemente mencionadas, o problema dessas abordagens é que elas continuam imitando o modo de ser de Brás Cubas, continuam insistindo em remendar o furo de sua armadura construindo uma armadura sem furos, continuam fazendo menção a um sentido mais profundo – que não necessariamente precisa ser atribuído à intenção do autor Machado de Assis. Tais críticos, em suma, dispõem-se a estabilizar a ironia das *Memórias póstumas* a qualquer preço.

Já o terceiro nível da abordagem da tragédia de Brás Cubas é aquele em que a fenomenologia, pensada a princípio como explicitação de uma disposição afetiva fundamental, salta para além de si mesma e, nesse salto, chega onde já sempre esteve: o princípio de que "a obra em si mesma é tudo" (MP, AL). Diferenciando-se de todas as abordagens não fenomenológicas e também da abordagem fenomenológica (puramente formal) que, embora reconheça a evidência do círculo hermenêutico, fica presa a um círculo hermenêutico paranoicamente vicioso, a abordagem fenomenológica que rompe a paranóia sem romper o círculo é aquela que torna visível a dinâmica das *Memórias póstumas de Brás Cubas* como uma encenação da tragédia da linguagem.

Para além da paranóia: a tragédia da linguagem

Falar em uma tragédia da linguagem, no âmbito de um trabalho que não se propõe a tematizar explicitamente o problema da essência da linguagem, é um empreendimento decerto fadado à superficialidade, mas que não pode ser negligenciado por dois motivos: em primeiro lugar, porque revela como qualquer interpretação de uma obra de arte singular, se levada às últimas conseqüências, acaba confrontando o intérprete com o problema da essência da linguagem;[77] em segundo lugar, porque qualquer encaminhamento de um problema tão abissal quanto esse não deve se deixar contaminar pelo paralisante ideal (universitário) de uma preparação perfeita (especialização).

Nunca se estará plenamente preparado para abordá-lo, de modo que, com relação a esse problema, como aliás com relação a qualquer verdadeiro problema (filosófico), as idéias de aposta e de salto são imprescindíveis.

Nas *Memórias póstumas de Brás Cubas*, a tragédia da linguagem, como já foi apontado em nossas breves considerações acerca da oposição estabelecida por Lukács entre a linguagem da tragédia e a linguagem do romance, torna-se visível a partir da complexidade do conceito de ironia (trágica). Nelas, a ironia ora aparece como a determinação ontológica da Natureza, cuja ambigüidade escarnece dos homens, convertendo sempre o sentido de uma ação em seu oposto;[78] ora aparece como o determinante da pena do narrador, que, se a princípio ri *com* a Natureza, escarnecendo de si mesmo como personagem e dos demais personagens de sua narrativa, de modo a mostrar ao leitor como uma ação (moral ou desinteressada) nunca é o que parece, logo se revela como alguém que ri *da* Natureza, que deixa de agir apenas para colocar-se em uma posição superior a ela; ora aparece, nas constantes parábases do narrador desde o seu "prólogo ao leitor", como a atitude interpretativa que é exigida do leitor, uma atitude de distanciamento com relação ao que é narrado, ainda que a princípio não com relação ao próprio ato de narrar.

A partir dessa distinção entre os três níveis da ironia nas *Memórias* – a ironia da Natureza, a do narrador e a do leitor – propusemos, na esteira do estudo de Christoph Menke sobre o presente da tragédia,[79] uma analogia com os três níveis da ironia trágica perceptíveis na tragédia de Sófocles: a ironia da ação trágica, a ironia do poeta trágico e a ironia da linguagem trágica.

A ironia da ação trágica é aquela que converte o Brás Cubas personagem – como evocado postumamente pelo narrador – em um joguete da Natureza, e que, portanto, se confunde com a supracitada ironia da própria Natureza. A ironia do poeta trágico seria mais fundamental do que a ironia da ação trágica, na medida em que a torna visível. Como mostramos, esse segundo nível da ironia engloba tanto o poeta quanto o espectador da tragédia, porque, ao menos nas *Memórias póstumas de Brás Cubas*, a tragédia do Brás Cubas personagem, isto é, do Brás que é lembrado, é a encenação dramática da filosofia do trágico do Brás Cubas narrador. Tal filosofia só se torna passível de sistematização, e se converte em algo próximo a uma visão de mundo capaz de dar forma a uma obra de arte, quando Brás Cubas assume uma distância irônica com relação a si mesmo, a seu passado e, em última instância, à sua vida. Apenas quando assume a posição de narrador, defunto autor, espectador de si mesmo, é que Brás Cubas torna-se capaz de ver o que, enquanto ainda vivia e acreditava na possibilidade de engajar-se existencialmente, enquanto era ainda apenas um joguete ou personagem da Natureza, não tinha condições de ver.

O problema é que, não contente com ser a um só tempo espectador de si mesmo, e, a partir dessa posição pretensamente privilegiada que é a do memorialista póstumo, poeta de si mesmo, tragediógrafo de sua própria tragédia, Brás Cubas entendeu que cumpria "evangelizar" os outros homens, transmitir-lhes (retoricamente) a sua filosofia do trágico, a um só tempo universalização de suas experiências particulares e condição para a sua memória póstuma como memória seletiva – o que, em seu passado, pudesse subverter a sua visão melancólica da existência, precisava ser necessariamente eliminado.

Essa missão de evangelização, cuja ironia[80] Brás degusta em suas constantes referências à Bíblia, é o que, em última instância, torna possível o nível mais radical da tragédia de Brás Cubas: a tragédia do narrador, indissociável da ironia da linguagem trágica, que, devendo ser considerada como uma espécie de ironia instável, configura o que anteriormente chamamos de tragédia da linguagem.

A tragédia do narrador começa prosaicamente, quando Brás resolve "expedir alguns magros capítulos para esse mundo". Mas deixemos que ele mesmo nos explique, ainda que sem o saber – ou não haveria tragédia! –, qual foi a sua "falta trágica".

> Começo a arrepender-me deste livro. Não que ele me canse; eu não tenho que fazer; e, realmente, expedir alguns magros capítulos para esse mundo sempre é tarefa que distrai um pouco da eternidade. Mas o livro é enfadonho, cheira a sepulcro, traz certa contração cadavérica; vício grave, e aliás ínfimo, porque o maior defeito deste livro és tu,

leitor. Tu tens pressa de envelhecer, e o livro anda devagar; tu amas a narração direita e nutrida, o estilo regular e fluente, e este livro e o meu estilo são como os ébrios, guinam à direita e à esquerda, andam e param, resmungam, urram, gargalham, ameaçam o céu, escorregam e caem...

E caem! – Folhas misérrimas do meu cipreste, heis de cair, como quaisquer outras belas e vistosas; e, se eu tivesse olhos, dar-vos-ia uma lágrima de saudade. Esta é a grande vantagem da morte, que, se não deixa boca para rir, também não deixa olhos para chorar... Heis de cair. (MP, LXXI)

O "senão do livro", título do capítulo LXXI, acima reproduzido na íntegra, é, segundo o próprio Brás Cubas, o leitor. Como, entretanto, a condição para a existência do leitor é o livro, o senão do livro é o próprio livro. O título do capítulo, portanto, poderia ser igualmente "o livro como senão". Essa interpretação da "falta trágica" de Brás Cubas, que o converte em joguete de uma força superior – a linguagem – análoga à força da Natureza da qual ele tentou escapar justamente através do recurso à escrita (de sua tragédia), é corroborada pelo capítulo imediatamente posterior ao supracitado, que faz par com ele e, não por acaso, se intitula "o bibliômano".

Talvez suprima o capítulo anterior; entre outros motivos, há aí, nas últimas linhas, uma frase muito parecida com despropósito, e eu não quero dar pasto à crítica do futuro.
Olhai: daqui a setenta anos, um sujeito magro, amarelo, grisalho, que não ama nenhuma outra coisa além dos livros, inclina-se sobre a página anterior, a ver se lhe descobre o despropósito; lê, relê, treslê, desengonça as palavras, saca uma sílaba, depois outra, mais outra, e as restantes, examina-as por dentro e por fora, por todos os lados, contra a luz, espaneja-as, esfrega-as no joelho, lava-as, e nada; não acha o despropósito.
É um bibliômano. Não conhece o autor; este nome de Brás Cubas não vem nos seus dicionários biográficos. Achou o volume por acaso, no pardieiro de um alfarrabista. Comprou-o por 200 réis. Indagou, pesquisou, esgaravatou, e veio a descobrir que era um exemplar único... Único! Vós, que não só amais os livros, senão que padeceis a mania deles, vós sabeis mui bem o valor desta palavra, e adivinhais, portanto, as delícias do meu bibliômano. Ele rejeitaria a coroa das

Índias, o papado, todos os museus da Itália e da Holanda, se os houvesse de trocar por esse único exemplar; e não porque o seja das minhas *Memórias*; faria a mesmo coisa com o *Almanaque* de Laemmert, uma vez que fosse único.
O pior é o despropósito. Lá continua o homem inclinado sobre a página, com uma lente no olho direito, todo entregue à nobre e áspera função de decifrar o despropósito. Já prometeu a si mesmo escrever uma breve memória, na qual relate o achado do livro e a descoberta da sublimidade, se a houver por baixo daquela frase obscura. Ao cabo, não descobre nada e contenta-se com a posse. Fecha o livro, mira-o, remira-o, chega-se à janela e mostra-o ao sol. Um exemplar único! Nesse momento, passa por baixo da janela um César ou um Cromwell, a caminho do poder. Ele dá de ombros, fecha a janela, estira-se na rede e folheia o livro devagar, com amor, aos goles... Um exemplar único! (MP, LXXII)

As duas longas citações em seqüência justificam-se porque, além de "o senão do livro" não poder ser compreendido satisfatoriamente sem a acusação ao "bibliômano",[81] elas revelam à perfeição a articulação entre os diversos níveis da tragédia de Brás Cubas analisados ao longo deste capítulo, simultaneamente descortinando qual é a tarefa do leitor das *Memórias póstumas*.

No capítulo em que aborda "o senão do livro", depois de mencionar que começa a se arrepender de sua obra, cujas monotonia e "contração cadavérica", além do "cheiro de sepulcro", seriam um "vício grave", Brás Cubas interrompe o que parecia o preâmbulo a mais uma de suas pregações melancólicas e, jocosamente, quebra a expectativa do leitor acostumado à "flor amarela e mórbida" (MP, XXV) que traz em sua lapela, e não raro também em seu discurso. Afirma que o vício mais grave do livro seria o leitor, ou melhor, o descompasso entre o que Brás acredita ser a expectativa do leitor – uma "narração direita e nutrida, o estilo regular e fluente", que, como tal, chegue logo ao fim, ao que interessa, ao sentido último que justificaria o ato de leitura – e o que ele diz ser a sua marca autoral: um estilo como o dos ébrios, que, em imitação fiel de sua própria representação do estilo da Natureza e do curso da História, faz seus personagens serem chacoalhados por uma série de sensações contraditórias – "resmungam, urram, gargalham" – até, por fim, apresentar pomposamente a absoluta falta de sentido de toda essa azáfama, a queda inexorável, a morte.

Entre o preâmbulo melancólico e a conclusão melancólica do parágrafo, um senão emperra a marcha inexorável da retórica de Brás Cubas: o leitor. Será que, pergunta-se o narrador, a expectativa de sentido do leitor, que não por acaso tem "pressa de envelhecer", terá a força de subverter o absoluto não-sentido de qualquer narração, cuja explicitação é o que move o narrador Brás Cubas e, ao mesmo tempo, responde pelo "cheiro de sepulcro" dos "magros capítulos" de seu livro? A resposta consoladora que Brás dá a si mesmo, depois, é claro, de nos brindar com mais uma de suas frases de efeito – "Esta é a grande vantagem da morte, que, se não deixa boca para rir, também não deixa olhos para chorar..." –, é sintética: "Heis de cair". "Heis de cair." Se, sob a ótica de Brás, essa "profecia" aponta para o fato de a inevitabilidade da morte inevitavelmente legitimar a vitória derradeira de sua filosofia do trágico, justificando a sua visão de uma inexorável destinação melancólica do homem, há que se perguntar por que, nas primeiras linhas do capítulo seguinte, ele cogita a possibilidade de excluir o capítulo anterior. "Talvez suprima o capítulo anterior; entre outros motivos, há aí, nas últimas linhas, uma frase muito parecida com despropósito, e eu não quero dar pasto à crítica do futuro." Por que Brás Cubas continuaria inquieto face à possibilidade de o leitor subverter o sentido que se esforça por emprestar à sua obra se, como é certo, todos hão de cair?

A inquietude de Brás Cubas, cuja origem ele não consegue chegar a formular – não chega a nos explicar por que não quer "dar pasto à crítica do futuro" –, é para nós uma indicação suficiente de que, nas *Memórias póstumas de Brás Cubas*, a linguagem tragicamente se volta contra ele.[82] Ele percebe que algo não soa bem, que "o senão do livro" devia ser simplesmente excluído, que o melhor mesmo era sequer jamais ter chegado a mencioná-lo. Mas, para ele, era tarde demais. A despeito de seu perigoso "despropósito", o capítulo anterior já não poderia mais ser eliminado. E o pasto à crítica do futuro, que Brás Cubas de fato deveria ter evitado fornecer, caso ele realmente tivesse um controle absoluto sobre (o sentido de) sua obra, acabou sendo dado.

"Heis de cair", disse Brás Cubas. Mas a crítica do futuro – ao menos desde Roberto Schwarz – não caiu. Não caiu nas malhas da armação paranóica de Brás Cubas. Soube guardar a devida distância com relação a ela, e, voltando ironicamente o procedimento do narrador contra ele próprio, tornou-se finalmente capaz de surpreender um aspecto das *Memórias póstumas de Brás Cubas* que o defunto autor não teria como enxergar, mas que, não obstante, está lá. E assim o leitor, mais superficial senão do livro, torna-se capaz de surpreender o livro como o seu próprio senão. O livro em sua materialidade, o livro em seu despropósito, o livro em sua negatividade, o livro em sua equivocidade: o livro.

Evidentemente, porém, assim como resiste a se deixar submeter aos propósitos retóricos de Brás Cubas, o despropósito contido no aforismo "heis de cair" não pode ser simplesmente reinterpretado de modo a propiciar a negação absoluta do sentido inicial – melancólico – visado por Brás Cubas e servir, por exemplo, ao propósito sociológico da leitura de Schwarz. Não. "A inversão da metafísica é ainda metafísica".[83] Aqui, como já terá ficado claro, a prioridade ontológica é da tensão fundadora da obra de arte, no seio da qual o excluído é justo o princípio do terceiro excluído, isto é, aquilo que permitiria estancar o movimento hermenêutico.

O leitor, com o livro nas mãos, encara-o, busca um novo propósito, um novo sentido ao qual submetê-lo, mas, ainda que por breves instantes, emudece diante do olhar com que o livro, em seu despropósito, mira-o de volta (MP, VII).[84] Nesse jogo de olhares, o leitor se aproxima da verdade das *Memórias póstumas de Brás Cubas*. Um exemplar que não se deixa reduzir a nenhum sentido previamente dado. Um exemplar cuja ironia não se deixa estabilizar definitivamente. "Um exemplar único!"

Brás Cubas, porém, imaginando o leitor do futuro a se aproximar do furo em sua armadura paranóica, reage. Se, Brás Cubas bem o sabe, não está mais em seu poder não "dar pasto à crítica do futuro", ao menos ainda estaria em seu poder valer-se de sua ironia corrosiva para denunciar o ridículo da crítica, que, como qualquer afã humano, só se deixaria compreender como sintoma da ignorância dos homens que a exercitam com relação à sua própria condição. Usando mais uma vez a sua estratégia de minar uma atividade humana chamando a atenção para suas manifestações mais risíveis e vãs, Brás Cubas identifica a crítica à bibliomania. A partir dessa identificação, cuja aparência de naturalidade encobre a violência de seu martelo, discutida em maior detalhe na seção "O crepúsculo dos ídolos", será fácil para o narrador realçar o que há de ridículo no seu potencial inimigo do futuro, pelo qual, como bom paranóico que é, ele já se sente antecipadamente perseguido.

O crítico, ou melhor, o bibliômano, tem, segundo a descrição de Brás, duas características que o tornam digno de desdém: o amor da raridade pela raridade, que não cuidaria do verdadeiro valor da obra que se tem em mãos – "ele rejeitaria a coroa das Índias, o papado, todos os museus da Itália e da Holanda, se os houvesse de trocar por esse único exemplar; e não porque seja o das minhas *Memórias*; faria a mesma coisa com o almanaque de *Laemmert*, uma vez que fosse único"; e a alienação, a indiferença aos acontecimentos sociais e políticos de seu tempo, que o faria dar de ombros, fechar a janela, estirar-se na rede e folhear o livro devagar, "com amor, aos goles", mesmo quando "passa-lhe por baixo da janela um César ou um Cromwell, a caminho do poder".

Mas, diz-nos o narrador, para arrematar o retrato derrisório do crítico do futuro:

> O pior é o despropósito. Lá continua o homem inclinado, com uma lente no olho direito, todo entregue à nobre e áspera função de decifrar o despropósito. Já prometeu a si mesmo escrever uma breve memória, na qual relate o achado do livro e a descoberta da sublimidade, se a houver por baixo daquela frase obscura. Ao cabo, não descobre nada, e contenta-se com a posse. Fecha o livro, mira-o, remira-o, chega-se à janela e mostra-o ao sol. Um exemplar único!
> (MP, LXXII)

Essa é a provocação que os críticos do futuro, e não apenas Roberto Schwarz, jamais conseguiram aceitar. Mordidos pela afirmação do duplo despropósito que seria inerente à crítica – o despropósito de investigar despropósitos e o despropósito de, ao cabo, não chegar a nenhuma conclusão, não realizar qualquer propósito, tendo de se contentar com a ambígua posse de um exemplar inutilmente único –, tomaram para si a tarefa de desmentir o defunto autor, legitimando a sua própria posição através da construção de uma visão da crítica de arte como uma ciência, uma teoria voltada para a estabilização do sentido das obras de arte – o que, no caso das *Memórias póstumas*, implica a estabilização da ironia instável inerente a esse romance, ao "estilo de ébrio" de Brás Cubas.

Alguns o fizeram encontrando, "por baixo daquela frase obscura", daquele oracular "heis de cair", o propósito de transmitir uma filosofia trágica, melancólica, niilista, geralmente atribuída a um suposto pessimismo de Machado de Assis; outros, ainda mais radicais em não cair na esparrela do narrador, encontraram, "por baixo daquela frase obscura", uma sofisticada e coerente crítica da ideologia, realizada por Machado de Assis através e a despeito de seu protagonista, cujo propósito seria contribuir para a construção de um pensamento de esquerda no Brasil.

Ao contrário desses críticos, parece-nos que, a despeito de suas intenções paranóicas, as palavras de Brás Cubas devem ser ouvidas sem qualquer trincar de dentes. Será que devemos ficar vexados pelo fato de a nossa tarefa como críticos ou leitores apaixonados poder ser contada entre os despropósitos? Olhado sob uma luz distinta da que ele se esforça em produzir, o bibliômano ridicularizado por Brás Cubas, que "lê, relê, treslê, desengonça as palavras, saca uma sílaba, depois outra, mais outra, e as restantes, examina-as por dentro e por fora, por todos os lados, contra a luz, espaneja-as, esfrega-as no joelho, lava-as, e nada; não acha o despropósito", não é muito distinto de nós.

O fato de que, "ao cabo, por baixo daquela frase obscura, não descobre nada", é o mais vigoroso indício de que, lidas, relidas e treslidas, aquilo que de mais precioso as *Memórias póstumas de Brás Cubas* têm a nos oferecer é a experiência, fugidia mas absolutamente necessária, da sua insuperável negatividade. "O único sentido íntimo das cousas", dizia o guardador de rebanhos, "é elas não terem sentido íntimo nenhum."[85]

O fato de que algo, nas *Memórias póstumas*, resiste a nossas investidas paranóicas, negando-se a compactuar com nossos mais elevados propósitos, retraindo-se a qualquer atribuição de sentido, é, em última instância, aquilo que, quebrando o caráter potencialmente vicioso do círculo hermenêutico, deixa finalmente luzir a alteridade radical da obra de arte, que é não apenas o fundamento de sua autonomia, mas de nossas sempre renovadas tentativas de subjugá-la.

Apenas quando o intérprete das *Memórias póstumas de Brás Cubas* é capaz de incorporar a negatividade inerente à tragédia do narrador à sua própria interpretação, recusando a tentação de eliminar de sua leitura aqueles elementos cuja alteridade tende a desestabilizá-la, é que, indo além de uma problemática aceitação tácita da polissemia hermenêutica, ele poderá fazer uma experiência desta obra de arte como "o lugar de vir-a-ser e acontecer da verdade".[86] Se, em vez de se ocupar em estabilizar violentamente a instabilidade inerente à ironia trágica das *Memórias póstumas*, o leitor se empenhar em participar da dinâmica da obra em si mesma, não se sentindo nauseado pela oscilação a que a tensão que constitui a obra lhe obrigará, talvez lhe seja dado, ao cabo de sua leitura, vislumbrar a verdade que a obra põe em obra: o saldo de Brás Cubas.

O saldo de Brás Cubas

"Não tive filhos, não transmiti a nenhuma criatura o legado de nossa miséria." (MP, CLX) Esse é o "pequeno saldo" de Brás Cubas, "derradeira negativa de um capítulo de negativas", segundo consta do último capítulo de suas memórias. Como mostramos na seção "O crepúsculo dos ídolos", essa célebre afirmação confirma a leitura fenomenológica que vê na melancolia a disposição afetiva fundamental que modula tudo o que é lembrado pelo defunto autor. O fato de ele ser um memorialista, sob essa ótica, deve ser lido como uma espécie de reiteração de sua incapacidade de esquecer um acontecimento decisivo do passado – no caso, os sucessivos encontros com a finitude e a radical alteridade que configuram a tragédia do Brás Cubas que é lembrado, do Brás Cubas-personagem e objeto de si mesmo –, incapacidade estreitamente ligada à (in)disposição melancólica e ao ressentimento que lhe é correlato. Esse ressentimento, que se manifesta através de uma ironia que a tudo corrói, é o que em última instância o teria levado a afirmar que, face a uma Natureza que "só dá a vida para poder dar a morte", a única vitória possível, o único "pequeno saldo" é não realizar nada. Só o que já não é, segundo a lógica do narrador, seria capaz de resistir ao movimento de vir-a-ser como um vir-a-não-ser, o qual caracteriza, isto é, macula a vida. Não ter filhos, de acordo com essa compreensão, é a única verdadeira realização, já que concorre para que alguma criatura possa usufruir do maior de todos os bens: não ter nascido.

Essa abordagem do saldo de Brás Cubas, como mostramos em diversos momentos deste trabalho, repousa sobre uma identificação excessiva com a trajetória do personagem e, conseqüentemente, com a filosofia do trágico do narrador, como se, depois de tudo por que passou, ele não tivesse qualquer outra saída senão a prostração e a ira dos melancólicos. Além disso, ela elide uma pergunta que advém da leitura mais superficial da última frase das *Memórias póstumas*: será que a identificação efetuada por Brás Cubas entre não ter filhos e não transmitir a nenhuma criatura o legado de nossa miséria procede? Não haveria outras maneiras de transmiti-la?

Na seção anterior, sugerimos que a simpatia – disposição crítica exigida pela fenomenologia e também reivindicada pelo próprio Brás Cubas em seu prólogo "ao leitor" – por um romance como as *Memórias póstumas de Brás Cubas*, cujo protagonista permanece ironicamente distante de si mesmo – seja enquanto ainda vivia, e se mostrava incapaz de qualquer engajamento; seja já defunto, quando seu passatempo era, a partir da distância privilegiada e (pretensamente) desinteressada dos mortos, revelar o absurdo e o ridículo de todas as ocupações humanas –, implica que se assuma com relação ao narrador o mesmo tipo de distância irônica que ele assume com relação a seus personagens.

Vista a distância, após uma segunda leitura, ou, de acordo com a indicação do próprio título da obra, postumamente, a melancolia que serve de motor às memórias do narrador aparece como o fundamento de uma armação paranóica destinada a fundamentar ontologicamente a destinação melancólica do homem – e não apenas de Brás Cubas. A autoridade do argumento biográfico utilizado por Brás revela-se, sob essa perspectiva simpaticamente irônica, como um estratagema retórico, na medida em que dificilmente o leitor cogitaria a possibilidade de um homem perder a própria vida apenas para não perder a razão. Lidas postumamente, portanto, como aliás a própria composição da obra nos obriga a lê-la, as memórias de Brás Cubas, ao menos no entender de seu narrador, perfazem um círculo perfeito. Perfeitamente vicioso. A compreensão da destinação melancólica do homem e do fracasso do protagonista em criar um "emplasto anti-hipocondríaco", apresentada ainda nas primeiras páginas do romance, vê-se confirmada sem arestas na última página, quando Brás regozija-se todo ao afirmar que "aí vos ficais eternamente hipocondríacos".

O fato de que essa confirmação pressupõe, da parte do narrador, um controle absoluto da própria memória, um controle absoluto da significação de suas palavras, e, fundamentalmente, uma visão absolutamente transparente de si mesmo, é incontestável. "Ao verme", escreve Brás na célebre dedicatória de seu livro, "que primeiro roeu as frias carnes do meu cadáver, dedico como saudosa lembrança estas Memórias póstumas". A tensão estabelecida pelo autor através desse jogo de palavras entre a reflexão, o ato de ver-me, e os vermes, que a tudo corroem, condensa genialmente a idéia de que a auto-reflexividade levada por Brás Cubas às últimas conseqüências – a hipertrofia de sua própria consciência e a sua incansável ironia – é o fundamento último de sua visão da vida como corrosão, e, conseqüentemente, de suas inação e reação, de sua morte e de suas contrações cadavéricas.

O problema é que, ao contrário de sua presunção – eis a tragédia do narrador –, Brás Cubas jamais chegou a ter o controle absoluto da situação, jamais chegou a ver-se de modo tão transparente quanto gostaria e, por mais que recuasse ironicamente, tentando expor as suas próprias motivações e as de seus personagens, sempre acabou esbarrando em algo que resistia até mesmo às violentas pretensões hermenêuticas de sua consciência hipertrofiada. Esse núcleo resistente, duro, esse resto indevassável, esse excesso que condena sempre a reflexão ao fracasso, respondendo em última instância por seu caráter potencialmente infinito, é, em seu sentido mais próprio, o saldo de Brás Cubas, o qual não pode ser definitivamente eliminado pelo simples fato de que não preexiste à reflexão e à interpretação, mas é produzido por elas, em um movimento essencialmente dialético.

Na realidade, esse resto, esse rastro, esse furo na consciência paranóica do narrador não é propriamente o saldo de Brás Cubas, mas o saldo das *Memórias póstumas de Brás Cubas*, cuja verdade encontra-se na diferença, na tensão que se estabelece entre os propósitos paranóicos de seu (pseudo-)autor – em alguma medida, também os (pseudo-)leitores das *Memórias* devem ser considerados como pseudo-autores – e aquilo que, em sua obra, resiste ao sentido que ele quer impor.

Na primeira parte deste trabalho, que engloba os capítulos 1 e 2, tentamos pensar esse saldo, esse resto, a partir da noção fenomenológica de disposição afetiva (*Stimmung*). A exposição de disposições afetivas, pensadas como aquilo que, preexistindo a toda e qualquer reflexão, modulam o nosso relacionamento com as pessoas e as coisas que povoam a nossa paisagem existencial, ou que, no caso de Brás Cubas, dão o tom de sua(s) memória(s), determinando o que será lembrado e o que será esquecido, foi a nossa primeira tentativa de aproximação do ponto cego do narrador, daquilo que, não se deixando positivar, resiste à sua auto-reflexão. Mostramos então como a melancolia era o acesso privilegiado à perspectiva do narrador e, portanto, à compreensão do sentido das *Memórias póstumas*, na medida em que a visão brascubiana da destinação melancólica do homem só é verdadeira a partir de uma perspectiva... melancólica, ou seja, não pode reivindicar a universalidade almejada pelo filósofo Brás Cubas.

A segunda parte deste trabalho, como consta das primeiras páginas da última seção, brotou de um incômodo. Se uma anatomia da melancolia de Brás Cubas era mesmo o acesso privilegiado ao ponto cego do narrador e, conseqüentemente, ao sentido de sua obra, como entender as constantes referências explícitas de Brás Cubas à sua própria melancolia como a tinta com a qual teria redigido as suas memórias? Essas referências não demonstrariam que também a sua melancolia estaria a serviço de um ponto cego mais fundamental, este sim o determinante do sentido da obra? Na resposta a essas questões, fomos inevitavelmente reconduzidos a um embate com Roberto Schwarz, para quem a filosofia melancólica do narrador não seria nada além de um estratagema para fundamentar ontologicamente a impossibilidade de transformar uma sociedade cuja injustiça garantia os privilégios da elite personificada por Brás Cubas. Sob essa ótica, em que a melancolia aparece como um instrumento ideológico, tal instrumento estaria na verdade a serviço da crítica da ideologia visada por Machado de Assis, que, como autor, seria o verdadeiro ponto cego do narrador.

A partir da insuportável tensão que experimentamos enquanto oscilávamos entre essas duas propostas contraditórias de interpretação das *Memórias póstumas*, ambas absolutamente consistentes, tornou-se-nos subitamente claro o que, a despeito de todas as suas diferenças, as unia: a pretensão, aliás idêntica à de Brás Cubas, segundo a leitura fenomenológica, ou de Machado de Assis, segundo a leitura sociológica, de eliminar de suas respectivas armações paranóicas qualquer elemento, qualquer resto, qualquer excesso que as pudesse desestabilizar.

"Louco não é quem perdeu a razão, mas sim quem perdeu tudo, menos a razão." A partir deste célebre mote de Chesterton, que sintetiza bastante bem a tensão hermenêutica fundamental entre a aceitação do círculo hermenêutico e a sua transformação em um círculo vicioso, ou paranóico, formulamos finalmente a idéia de que o saldo das *Memórias póstumas de Brás Cubas* não é a absoluta negação da existência, nem tampouco a absoluta desconstrução do pensamento conservador que associa ideologicamente Natureza e Sociedade.

O saldo das *Memórias póstumas de Brás Cubas* é o fato de que, a despeito de Brás Cubas, cuja paranóia contaminou a maior parte de seus leitores, ele acabou por nos transmitir o legado de nossa miséria através de seu livro – o filho que teve quando já parecia tarde demais para realizar o que quer que seja. Esse legado, porém, ao contrário do que a um melancólico como ele possa ter parecido, nada tem de insuportável. Afinal, é a nossa miséria diante da natureza (e) da linguagem, a nossa incapacidade de estabilizar definitivamente o seu sentido, que, em uma obra de arte como as *Memórias póstumas de Brás Cubas*, motiva-nos a sempre de novo retomar a tarefa da interpretação.

O fato de que toda interpretação baseia-se em uma seleção daqueles elementos (ou episódios) que, na obra interpretada, seriam significantes e daqueles que não seriam, constitui, por si só, uma tensão dialética no seio da qual qualquer interpretação, por mais consistente que seja, sempre produzirá um resto – os elementos selecionados como não significantes. Esse resto, ou saldo, ao ser ouvido em sua (in)significação própria – diferente, estranha, estrangeira, inassimilável –, necessariamente causará dissonâncias no seio da violenta harmonização de elementos díspares da qual depende a produção de (um) sentido.

O que as *Memórias póstumas de Brás Cubas* nos revelam é que, ao menos no âmbito da arte, o postulado ético do acolhimento da alteridade não depende de qualquer justificação moralista ou expectativa de punição para se impor. Afinal, o jogo livre entre imaginação e entendimento que a inesgotável complexidade das *Memórias* põe em movimento faz da mera busca pelo sentido prometido, mas sempre adiado, ou do sentido encontrado, mas logo subvertido por um elemento que não havia sido considerado, a fonte de um prazer que se torna cada vez mais raro: o prazer do verdadeiro *entre*tenimento, que transfigura a melancolia de Brás Cubas, face à finitude constitutiva da existência, na alegria de seus leitores, face à finitude constitutiva da compreensão.

Brás Cubas, enfim, acabou por nos legar, ainda que à revelia de si mesmo, a fórmula do emplasto anti-hipocondríaco: as *Memórias póstumas de Brás Cubas*, "um exemplar único", evidência de que a tragédia da linguagem é a vida da interpretação.

EPÍLOGO

Da autonomia à soberania da obra de arte

"Apenas o incompleto pode ser compreendido, pode nos levar mais além. O completo pode ser apenas desfrutado."[1]

Friedrich Schlegel

A idéia de uma tragédia de Brás Cubas introduzida no último capítulo permitiu-nos mostrar como as *Memórias póstumas de Brás Cubas*, redigidas por um narrador-personagem, exigem do intérprete uma consideração atenta do que está em jogo no próprio ato de narrar, que, tragicamente, muitas vezes ilumina o que é narrado por meio de uma subversão do seu sentido imediato ou aparente. Esse deslocamento subversivo do sentido, se muitas vezes serve apenas à sua inversão, outras serve à sua proliferação, de modo que se torna impossível para o narrador controlar ou mesmo prever com segurança as possíveis interpretações a que a sua obra dará ensejo. Quando a subversão do sentido de um dizer iguala-se à sua simples inversão, é possível identificar a presença de uma ironia estável; quando, por outro lado, serve de fundamento à sua proliferação, a ironia de que se trata tem de ser pensada como uma espécie de ironia instável.

Inspirados pela célebre afirmação de Lukács de que "a ironia é a objetividade do romance"[2] mostramos, no último capítulo, como uma reflexão sobre as diferentes interpretações do uso da ironia no romance machadiano pode ser um fio condutor privilegiado para a exposição de sua verdade, aqui pensada como aquilo que não se deixa positivar, imobilizar, instrumentalizar.

Se, a partir da leitura fenomenológica empreendida ao longo deste trabalho, a ironia das *Memórias* apareceu como um instrumento para a imitação, no plano da escritura, da relação entre geração e corrupção, cuja consciência dilacera e revolta um melancólico Brás Cubas, ao qual não restaria nenhuma outra saída senão a vingança; com base no questionamento da excessiva simpatia pelo narrador-personagem que essa leitura pressuporia, a ironia passou a aparecer como um instrumento utilizado por Machado de Assis,[3] para, através e contra o seu narrador-personagem, empreender uma crítica da ideologia. Apesar de sua aparente disparidade, mostramos que ambas essas leituras definem a ironia machadiana como uma espécie de ironia estável, assim emperrando o movimento da obra, isto é, da interpretação. O irônico em ambas essas leituras, cabe repetir, é o fato de, ao terem exposto o ponto cego do narrador, a sua melancolia ou a sua ideologia, não terem problematizado o seu próprio ponto cego: a sua paranóica expectativa de sentido.

Quando se atenta, no entanto, para o fato de que, no ato mesmo de negar a vida, Brás Cubas a afirma com a criação de uma obra de arte, e, também, para o fato de que, apesar de sua classe social, Brás Cubas ainda assim toca em uma sabedoria trágica cuja origem, a "dor-homem",[4] dificilmente se deixaria reduzir à mera necessidade de conservar seus privilégios sociais, as leituras melancólica e ideológica, sem perderem a sua força, esbarram em algo que, na obra, resiste à estabilização de seu sentido.

Essa resistência é o que mais propriamente caracteriza a ironia machadiana, que é instável na medida em que, contrariamente a suas intenções, o narrador também afirma a vida quando queria unicamente negá-la, enquanto o autor também encontra a contradição humana onde queria encontrar apenas a contradição brasileira. Entre um pólo e outro, não é já o (pseudo-)autor (MP, XXVI),[5] mas o leitor quem hesita. Descobre, boquiaberto, que tem em mãos "um exemplar único" ou, nos termos deste trabalho, autônomo.

Único justamente porque resistente ao império do sentido previamente projetado pelo leitor. Autônomo porque, não se deixando domesticar pelo mecanismo de identificação que a atribuição de um sentido estável para a obra de arte pressupõe, produz em seu leitor um choque, um "empacamento" (MP, XXI; XXIII; XXXII; XL; XLI)

A SEGUNDA VIDA DE BRÁS CUBAS 253

não muito distinto daquele experimentado diversas vezes por Brás Cubas ao longo de sua trajetória.

Boquiaberto embora, o leitor, como aliás imaginado pelo próprio Brás no capítulo sobre o bibliômano, não tem pressa. Sorve a obra "aos goles" (MP, LXXII), tirando desse estranhamento, dessa hesitação ou dessa oscilação a que as *Memórias póstumas* o obrigam, aquele excelso prazer desinteressado que Kant associa à experiência estética e que qualquer leitor da obra machadiana tão bem conhece.

Se, para o narrador e os leitores mais afoitos da obra, essa trágica instabilidade que ela ironicamente expõe é a origem de uma dor insuportável, para a qual é necessário dar um fim o quanto antes, o leitor que se deixa inundar pelo prazer estético proporcionado por ela acaba reconhecendo que a materialidade das *Memórias póstumas de Brás Cubas*, a sua existência tátil como um "exemplar único", é "o legado de nossa miséria" (MP, CLX) e exatamente por isso – eis o saldo (que escapa ao controle) de Brás Cubas! – a fórmula do "emplasto anti-hipocondríaco" (MP, II) que Brás Cubas tragicamente acabou por nos transmitir.

O que o prazer derivado da experiência de ler uma obra de arte como as *Memórias póstumas de Brás Cubas* nos ensina, portanto, é que, em "um mundo abandonado por deus",[6] a melancolia face àquilo que não se deixa apreender, ao nada que habita o âmago do ser, pode dar lugar a uma "virilidade madura",[7] nutrida pela sabedoria de que o cultivo da interpretação de uma obra como essa vale mais do que a posse de quaisquer de seus frutos, ou sentidos.

Esse cultivo, de que esperamos este trabalho tenha sido um exemplo, tem a ver com a necessidade de retornar sempre e de novo à obra mesma, às palavras-coisas que a conformam, para, deixando vir à tona os elementos significantes excluídos que tendem a subverter a paranóia embutida em qualquer interpretação, mantê-la viva, ou melhor, intensificá-la.* Se Brás Cubas esforçou-se ao máximo por

---

* A morte do narrador das *Memórias póstumas*, em antecipação das reflexões benjaminianas sobre o ocaso da narrativa (e a ascensão do romance) e a pobreza de experiência (substituída pelas vivências e o império da informação), aponta para uma segunda vida em que

apagar, em sua narrativa, todos os rastros que contradissessem a sua idéia fixa de uma destinação melancólica do homem, o fato de que tenha fracassado é o maior sucesso que as *Memórias póstumas de Brás Cubas* poderiam almejar. É o fracasso de Brás Cubas, e também de seus mais célebres leitores, que permite descobrirmos na ironia tragicamente instável das *Memórias* o caráter ironicamente trágico da própria linguagem e, conseqüentemente, da própria realidade.

O mistério de Brás Cubas, como o nomeamos na introdução deste trabalho, dizia respeito à dificuldade em conciliar a negação sistemática da existência empreendida pelo narrador do romance e o prazer estético que essa negação proporcionou a tantas gerações de leitores. Se levarmos em conta a leitura fenomenológica anteriormente exposta, que apresenta as memórias póstumas como uma armação paranóica de seu narrador com vistas a comprovar a destinação melancólica do homem, como explicar o prazer causado pela destruição sistemática de todos os ídolos da humanidade?

Em uma primeira abordagem, esse prazer deriva da impossibilidade de Brás Cubas, dada a irônica instabilidade da linguagem, que ele julgava dominar mas que acabou por lográ-lo, alcançar o seu propósito. O fracasso de Brás Cubas é a origem do prazer gerado pelo inacabamento das *Memórias póstumas*, que encenam magistralmente a vida da interpretação, expondo como o círculo hermenêutico só deixa de ser um círculo vicioso quando as expectativas de sentido do

---

o narrador não será apenas o defunto autor condenado ao subsolo da própria interioridade, mas o leitor responsável por recolher os restos (como o *Lumpensammler* ou o *chiffonier*) excluídos de sua narrativa, deixando com que nela cintile algo outro. Em seu mais recente livro, *Lembrar escrever esquecer*, Jeanne-Marie Gagnebin sintetizou uma possível compreensão da tarefa do narrador contemporâneo: "Ao juntar os rastros/restos que sobram da vida e da história oficiais, poetas, artistas e mesmo historiadores, na visão de Benjamin, não efetuam somente um ritual de protesto. Também cumprem a tarefa silenciosa, anônima mas imprescindível, do narrador autêntico e, mesmo hoje, ainda possível: a tarefa, o trabalho de *apokatastasis*, essa reunião paciente e completa de todas as almas no Paraíso, mesmo das mais humildes e rejeitadas, segundo a doutrina teológica (julgada herética pela Igreja) de Orígenes, citado em mais de uma passagem por Benjamin."

intérprete são subvertidas por elementos que não se deixam integrar à sua armação paranóica.

As memórias de Brás Cubas podem ser lidas, em vocabulário kantiano, como um múltiplo (sensível) de episódios que, sintetizados por sua memória (ou imaginação), prometem a cada passo um conceito determinante que permitiria fixar o seu sentido, isto é, o absoluto não sentido de toda a faina dos homens. Essa promessa, entretanto, não é cumprida. A complexidade das lembranças de Brás Cubas é apenas em princípio harmonizável com o sentido que ele lhes quer impor, mas não de fato, de modo que o leitor das *Memórias póstumas* é obrigado a prosseguir indeterminadamente em sua reflexão. Dessa reflexão potencialmente infinita, norteada pelo princípio da finalidade sem fim, ensina Kant, brota o prazer associado à experiência estética.

Esse prazer, cumpre salientar, não implica um simples apagamento da dor sentida por Brás Cubas após o(s) seu(s) encontro(s) com a Natureza, cuja incontornabilidade acabou por convertê-lo em um melancólico. Implica, ao contrário, uma outra maneira de senti-la.[8] O que haveria de insuportavelmente doloroso na descoberta da finitude para um homem que pressupõe que a Natureza deveria ser "só mãe, não inimiga" (MP, VII), há de prazerosamente doloroso na descoberta da finitude da interpretação de uma obra de arte, ponto de partida para que sempre possamos voltar a ela e descobrir algo que anteriormente nos escapara.

A questão é que, se em Kant o prazer desinteressado face à impossibilidade de determinar de uma vez por todas o sentido de uma obra de arte caracteriza exclusivamente a experiência estética, já que no âmbito das experiências teórica e prática seria possível encontrar um conceito determinante que poria um fim à reflexão, de acordo com as *Memórias póstumas de Brás Cubas*, "a obra (de arte) em si mesma é tudo". Uma obra singular como a de Machado de Assis, de acordo com o sumo desse aforismo, não encenaria unicamente a vida da interpretação de uma obra de arte ou a dinâmica que constitui a experiência estética, mas sim a vida da interpretação em geral, a experiência em sentido próprio,[9] revelando finalmente que "a obra em si mesma é tudo" (MP, AL), porque tudo em si mesmo é obra.

Essa consideração, que, remontando ao romantismo alemão, está à base da hermenêutica fenomenológica, acaba por dinamitar a topologia kantiana da experiência, permitindo um novo desdobramento do problema da autonomia da obra de arte. Se, a princípio, a contribuição kantiana é fundamental, na medida em que permite atribuir à obra de arte uma lei própria e assim arrancá-la às estratégias filosóficas tradicionais de desautorizá-la, que pensam a arte como "uma versão menos profunda da verdade",[10] a qual caberia apenas à filosofia expor em toda a sua profundidade, por outro lado Kant nos lega o problema de determinar "a função disso que não tem função".[11] Afinal, se a "gente grave" (MP, AL)[12] passa ao largo da arte quando se esforça por remontar o sentido da obra a uma realidade extra-artística, a "gente frívola" fica igualmente distante da experiência estética quando pensa a obra de arte como uma mercadoria a ser consumida pelo freguês, que, como diz aquele venerando adágio comercial, tem sempre razão, ou seja, não deve ter as suas expectativas (de sentido) contrariadas.

Se Kant está correto quando diz que o prazer oriundo da experiência estética é um prazer desinteressado, esse desinteresse tem menos a ver com o apático diletantismo do consumidor de arte, que não se deixa transformar por aquilo que apenas desfruta, do que com o fato de o mais próprio da arte ser a sua capacidade de resistir sempre aos interesses e propósitos de seus intérpretes. Desse modo, o prazer desinteressado proporcionado pela experiência estética é condicionado pela quebra do interesse que ela propicia, cuja textura é a de um choque, um estranhamento, um "empacamento" diante daquilo que, de início, não se submete ao império do mecanismo de identificação.

A questão é que, ao concordarmos com a afirmação brascubiana de que tudo em si mesmo é obra, de que a reflexividade potencialmente infinita inerente à experiência estética revela o que, nas experiências teórica e prática, é violentamente recalcado pela idéia de leis necessárias e universais anteriores a toda e qualquer experiência possível, a afirmação da autonomia da obra de arte, que de início aparecia como uma resistência aos interesses colonialistas da filosofia metafísica, acaba por conduzir a periferia a colonizar a metrópole. Em sua recusa da vigência irrestrita do princípio de identidade que está à base da filosofia sistemática, a arte acaba por trazer à tona o fato de que não é mais possível à própria filosofia ignorar a violência (paranóica) sobre a qual repousa o seu pretenso "impulso desinteressado ao conhecimento".[13]

Confrontada pela arte, a filosofia é obrigada a reconhecer que o seu "impulso desinteressado ao conhecimento" é uma construção histórica que serviu sempre à proliferação da violência moralista do império do sentido, que, assim ensina uma obra como as *Memórias póstumas de Brás Cubas*, sucumbirá sempre diante da "mescla de força e juventude" (MP, VII) da Natureza. Afrontado por essas caricaturas de filósofos que são Brás Cubas e Quincas Borba, o seu duplo,* que fracassam em uma empresa que não é distinta daquela assumida por muitos dos filósofos da tradição, cabe ao pensamento contemporâneo reconhecer que a articulação entre a onipresença do círculo hermenêutico e a ironia instável da linguagem aponta para o caráter trágico da própria realidade, assim convertendo a obra de arte no lugar privilegiado para a participação no acontecimento do real, cuja gratuidade ou horror,** aí dependendo apenas da perspectiva do intérprete, é a sua verdade mais superficial e profunda.

---

* A relação entre Brás Cubas e Quincas Borba, a filosofia trágica do primeiro e o humanitismo do segundo, não pode ser negligenciada, na medida em que o filósofo que acaba por sucumbir à própria loucura é o duplo de Brás e de sua paranóia, ainda que na leitura mais superficial da obra apareça como a imagem dos filósofos da tradição, que Brás Cubas desprezaria justamente por construírem uma totalidade de sentido onde esta seria pura e simplesmente impossível. Como mostramos, porém, o esforço de Brás é construir uma totalidade de não sentido que, ao fim e ao cabo, é tão delirante quanto a de seu amigo.
** Ver o filme *Apocalypse now* (USA, 1979), de Francis Ford Coppola, em que o Coronel Kurz, vivido por Marlon Brando, homem que conseguiu habitar o "coração das trevas", título da obra de Joseph Conrad na qual o filme é baseado, afirma o seguinte: "É preciso que nos tornemos íntimos do horror. Do contrário, ele é um inimigo a ser temido."

A partir dessas considerações, torna-se claro como o prazer estético gerado por uma obra de arte como as *Memórias póstumas de Brás Cubas* atua em sentido oposto ao daquele imaginado por Platão,[14] acostumando tanto o homem comum quanto o filósofo sistemático, inicialmente irmanados na paranóia, a suportarem galhardamente o caráter trágico, insuperavelmente ambíguo, da própria realidade.

Um romance como as *Memórias póstumas de Brás Cubas*, sob essa ótica, traz à luz o parentesco essencial entre ontologia e estética, que, em vez de ser violentamente denegado, deve ser assumido como o ponto de partida indispensável para uma reflexão ontológico-epistemológica sobre as condições para uma experiência da realidade efetivamente liberta dos pressupostos moralistas da metafísica tradicional, ou, nos termos de Nietzsche, "para além do bem e do mal".

A articulação entre ontologia, epistemologia e estética, cuja separação, ausente entre os gregos, é tardia, contém ainda pelo menos mais um item, que, em uma obra como a *República* de Platão, é inclusive o mais fundamental: a ética. Retomemos a questão anteriormente esboçada: como, a partir de uma leitura das *Memórias póstumas de Brás Cubas*, é possível dissociar a afirmação da autonomia da obra de arte de sua conversão em simples mercadoria que *serve* à preservação do *status quo*? Como compreender, a partir do relato do defunto autor, aquela paradoxal afirmação de Adorno, segundo a qual "o protesto, mesmo que mudo e reificado, é a função disso que não tem função",[15] isto é, da obra de arte?

O encaminhamento dessa questão talvez possa ser iluminado por uma passagem de Brecht, cujas reflexões sobre a necessidade do "efeito de distanciamento" no teatro podem ser lidas como uma fecunda ampliação do efeito das parábases constantemente empregadas por Machado de Assis nas *Memórias póstumas*. Escreve o dramaturgo alemão acerca da relação entre o verdadeiro *entre*tenimento, isto é, a arte, e o falso:

> (...) ao criticarmos o teatro adverso como um espetáculo meramente culinário, damos talvez a impressão de que o nosso é inimigo de todo prazer, como se não pudéssemos conceber o processo de aprendizado

a que nos dedicamos senão como uma fonte de desprazer. Muitas vezes enfraquecemos nossas próprias posições para combater nosso adversário e, para obtermos vantagens imediatas, privamos nossa causa de suas dimensões mais amplas e mais válidas. Exclusivamente voltada para a luta, nossa causa pode talvez vencer, mas não pode substituir a que foi vencida. No entanto, o processo de conhecimento de que falamos é ele próprio agradável. O fato de que o homem pode ser conhecido de determinado modo engendra um sentimento de triunfo, e também o fato de que ele não pode ser conhecido inteiramente, nem definitivamente, mas é algo que não é facilmente esgotável, e contém em si muitas possibilidades (daí sua capacidade de desenvolvimento), é um conhecimento agradável. O fato de que ele é modificável por seu ambiente e de que pode modificar esse ambiente, isto é, agir sobre ele, gerando conseqüências – tudo isso provoca um sentimento de prazer. O mesmo não ocorre quando o homem é visto como algo de mecânico, substituível, incapaz de resistência, o que hoje acontece devido a certas condições sociais. O assombro, que devemos incluir na teoria aristotélica dos efeitos da tragédia, deve ser visto como uma capacidade que pode ser aprendida.[16]

Desconsideradas as diferenças terminológicas entre Brecht e Kant, por exemplo, que não entendem os conceitos de "conhecimento" e de "agradável" da mesma forma, o que essa bela passagem do dramaturgo alemão dá a entender é que a arte, sem perder a sua capacidade de gerar prazer, ou melhor, exatamente por causa de sua capacidade de *entre*ter no sentido que a palavra *entre*tenimento adquiriu ao longo deste trabalho, está "exclusivamente voltada para a luta". Essa luta, ao contrário do que uma leitura preconceituosa do fragmento acima daria a entender – uma leitura por exemplo baseada na informação de que Brecht era comunista –, não implica qualquer transmissão de uma doutrina através da arte, como se esta fosse apenas um instrumento transparente para a veiculação de uma mensagem ideológica qualquer. Implica, ao contrário, justamente a quebra da naturalidade da obra de arte, a qual paradoxalmente constitui o que nela há de mais artificial, na medida em que encobre os pressupostos sobre os quais assenta e o próprio processo criativo. Ao propor uma resistência à arte como entretenimento em sentido vulgar, ao que ele chama de "espetáculo meramente culinário", o qual se baseia nos mecanismos infantis de projeção e identificação, que, ao levarem a platéia a uma identificação excessiva com os personagens, inviabiliza a distância necessária à reflexão e à crítica, Brecht não está negando a necessidade de algum nível de empatia entre personagens e espectadores. Justamente porque pressupõe a tendência à identificação como dada, e é capaz de entrever a naturalização ideológica dos mecanismo sociais que, quando permanece invisível detrás das identificações, converte o homem em "algo de mecânico, substituível, incapaz de resistência", Brecht aposta que o "assombro (...) deve ser visto como uma capacidade que pode ser aprendida."

Aprender o assombro, se nos é permitido retomar os termos deste trabalho, é aprender a suportar que nenhuma identificação, nenhuma tentativa de atribuição de um sentido familiar previamente dado, é capaz de eliminar a alteridade radical que constitui o imo da obra de arte, ao qual ela, em certo sentido, apenas serve de moldura. Isso significa que, em Machado como em Brecht, a autonomia da obra de arte depende de todas as tentativas de colonizá-la heteronomamente, de conferir alguma transitividade à sua radical intransitividade − o fato mais superficial de que, em última instância, só se pode dizer que a obra de arte é −, mas depende, igualmente, de que o intérprete tenha sido educado para suportar a participação nessa experiência sempre assombrosa que é viajar para além dos limites do previamente conhecido, familiar, dado.

A função da experiência estética, portanto, é a função de, acostumando o homem a um encontro prazeroso com o que não tem função, com o que não se deixa instrumentalizar, com o inteiramente outro, servir de ponto de partida para que o encontro com o outro não precise ser necessariamente traumático, não precise gerar a necessidade de evitá-lo, como o faz Brás Cubas, ou a necessidade de eliminá-lo, como fizeram os nazistas.

Exatamente por preservar a sua autonomia, a leitura aqui proposta de uma obra de arte como as *Memórias póstumas de Brás Cubas* garante à estética a possibilidade de reivindicar uma interessante soberania sobre a ontologia, a epistemologia, a ética e a política. Ela permite, em última instância, que nos seja dado cultivar um pensamento que, transcendendo a tradicional divisão metafísica das disciplinas filosóficas e a especialização acadêmica, seja eficiente na luta pela realização do ideal supremo da educação: "evitar que Auschwitz se repita".[17]

NOTAS

Apresentação

1 CALVINO, I. *Por que ler os clássicos*. São Paulo: Companhia das Letras, 1998, pp. 9-16.
2 BORGES, J. L. "Pierre Menard, autor do Quixote". In: *Ficções*. São Paulo: Globo, 1997, p. 57.
3 Ibidem, p. 61.
4 Cf. ASSIS, J. M. Machado de. "A segunda vida". In: *Histórias sem data*. Rio de Janeiro, Porto Alegre, São Paulo: Jackson, 1952, pp. 213-228.

Introdução

1 SCHLEGEL, F. "Athenäums-Fragment, n. 44". In: *Kritische und theoretische Schriften*. Stuttgart: Reclam, 2002, p. 81: "Jede philosophische Rezension sollte zugleich Philosophie der Rezensionen sein". Márcio Suzuki, principal tradutor brasileiro de Schlegel, traduz "Rezension" por "resenha" e Márcio Seligmann-Silva traduz por "recensão". Embora ambas essas traduções sejam mais fiéis à letra do original de Schlegel, optei por uma tradução que chamasse a atenção para a tendência de o primeiro romantismo alemão pensar a crítica de arte como paradigma da interpretação em geral.
2 NIETZSCHE, F. *Além do bem e do mal*. São Paulo: Companhia das Letras, 1993, p. 7.
3 VICARIO, M. *Esposamante* (Mogliamante). Itália, 1977, 106 minutos.
4 HEGEL, G. *A fenomenologia do espírito*. Petrópolis: Vozes, 1992, p. 59: "Assim, hoje, um filosofar natural que se julga bom demais para o conceito, e devido à falta de conceito se tem em conta de um pensar intuitivo e poético, lança no mercado combinações caprichosas de uma força

de imaginação somente desorganizada por meio do pensamento – imagens que não são carne nem peixe, que nem são poesia nem filosofia."
5 PLATÃO. *A república*. Lisboa: Calouste Gulbenkian, 1990, p. 475 (607a).
6 Ibidem, pp. 466-473 (602b-605e).
7 Idem. "Íon". In: *Plato* (Britannica Great Books, vol. 7). Chicago, Londres, Toronto: Benton, 1952, p. 147 (540c).
8 HEGEL, G. *Cursos de Estética I*. São Paulo: Edusp, 1999, p. 34.
9 KANT, I. *Crítica da faculdade do juízo*. Rio de Janeiro: Forense Universitária, 1995, p. 13.
10 Ibidem, p. 14.
11 Cf. ADORNO, T. *Ästhetische Theorie*. Frankfurt am Main: Suhrkamp, 2003, p. 475: "Ele [Hegel] e Kant foram os últimos que, grosso modo, puderam escrever grandes estéticas sem entender nada de arte."
12 NIETZSCHE, F. *Unzeitgemässe Betrachtungen. Zweites Stück: Vom Nutzen und Nachteil der Historie für das Leben*. München, Berlim, Nova York: Deutscher Taschenbuch, De Gruyter, 1988, p. 245.
13 DANTO, A. *The philosophical disenfranchisement of art*. Nova York: Columbia, 1986.
14 COUTINHO, A. *A filosofia de Machado de Assis*. Rio de Janeiro: Vecchi, 1940, p. 87.
15 SCHWARZ, R. "As idéias fora do lugar". In: *Ao vencedor as batatas*. São Paulo: Duas Cidades; Ed. 34, 2000, p. 30s.
16 MP, "Ao leitor": "Acresce que a gente grave achará no livro umas aparências de puro romance, ao passo que a gente frívola não achará nele o seu romance usual; ei-lo fica aí privado da estima dos graves e do amor dos frívolos, que são as duas colunas máximas da opinião." Daqui em diante, todas as referências à nota "Ao leitor" que abre as *Memórias póstumas de Brás Cubas* aparecerão com a seguinte abreviatura entre parênteses no próprio corpo do texto: (MP, AL).
17 BENJAMIN, W. "A obra de arte na era de sua reprodutibilidade técnica: Primeira versão". In: *Obras escolhidas* (vol. I). São Paulo: Brasiliense, 1994, p. 170.
18 ADORNO, T. *Notas de literatura I*. São Paulo: Duas Cidades, Ed. 34, 2003, p. 37.
19 GADAMER, H. *Die Aktualität des Schönen*. Stuttgart: Reclam, 1977, p. 44.
20 NIETZSCHE, F. "Da visão e do enigma". In: *Assim falou Zaratustra*. Rio de Janeiro: Bertrand, 1989, p. 164ff.

21 EAGLETON, T. *A ideologia da estética*. Rio de Janeiro: Jorge Zahar, 1993, p. 262.
22 CAMUS, A. *Le mythe de Sisyphe*. Paris: Gallimard, 1996, p. 168.
23 ADORNO, T. *Ästhetische Theorie*. Frankfurt am Main: Suhrkamp, 2003, p. 9.
24 MACEDO, J. "Posfácio". In: LUKÁCS, G. *A teoria do romance*. São Paulo: Duas Cidades; Ed. 34, 2000, p. 174-190.
25 LUKÁCS, G. *A teoria do romance*. São Paulo: Duas Cidades; Ed. 34, 2000, p. 60.
26 SCHWARZ, R.*Um mestre na periferia do capitalismo*. São Paulo: Duas Cidades; Ed. 34, 2000, p. 31.
27 Ibidem, pp. 56-62.
28 Ibidem, p. 42.
29 Ibidem, p. 82.
30 CONRAD, J. *Coração das trevas*. São Paulo: Nova Alexandria, 2001, p. 123. Não terá escapado ao leitor que me vali de uma licença poética para fundir a precisa análise de Conrad da dialética civilização-barbárie com a força de Marlon Brando ao encarnar Kurz no filme *Apocalypse now*, de Francis Ford Coppola. Ainda que no livro Kurz seja um mercador de marfim, é como o coronel Kurz de Coppola que ele habita o meu imaginário.
31 ADORNO, T. *Notas de literatura I*. São Paulo: Duas Cidades; Ed. 34, 2003, p. 22.
32 SCHWARZ, R. *Um mestre na periferia do capitalismo*. São Paulo: Duas Cidades; Ed. 34, 2000, p. 68.
33 Ibidem, p. 173: "Nos esforçamos por mostrar que as piruetas deste último só brilham, ou melhor, só escapam de ser metafísica insossa graças à figura entre especiosa e lamentável que fazem uma vez levado em conta o outro Brás, o de classe, cuja presença, insidiosa ao extremo, entretanto é discreta."
34 Ibidem, p. 175: "(...) uma das virtualidades conformistas do livro se poderia resumir pelo amor ao privilégio, quando se trata dos vivos; e pela melancolia metafísica, quando se trata do inelutável. A poesia desta contigüidade, módulo sempre repetido, é ideologia barata, como facilmente se percebe – desde que haja esforço de unificação, ou resistência ao prestígio da inconseqüência formal."
35 MENKE, C. *Die Gegenwart der Tragödie: Versuch über Urteil und Spiel*. Frankfurt am Main: Suhrkamp, 2005.

Capítulo 1

1 MP, IX.
2 BENJAMIN, W. "A obra de arte na era de sua reprodutibilidade técnica: Primeira versão". In: op. cit., p. 170: "Retirar o objeto de seu invólucro, destruir sua aura, é a característica de uma forma de percepção cuja capacidade de captar o 'semelhante no mundo' é tão aguda que, graças à reprodução, ela consegue captá-lo até no fenômeno único."
3 DESCARTES, R. "Discurso do método". In: *Descartes* (Col. Os pensadores). São Paulo: Abril, 1979, p. 29: "O bom senso é a coisa mais bem partilhada do mundo, pois cada qual pensa estar tão bem provido dele, que mesmo os que são mais difíceis de contentar em qualquer outra coisa não costumam desejar tê-lo mais do que o têm."
4 NIETZSCHE, F. *Crepúsculo dos ídolos (ou como filosofar com o martelo)*. Rio de Janeiro: Relume Dumará, 2000, p. 41.
5 MACHADO DE ASSIS, J. M. "O espelho". In: *Papéis avulsos*. Rio de Janeiro, São Paulo, Porto Alegre: Jackson, 1952, p. 269.
6 CERVANTES, M. *O engenhoso fidalgo D. Quixote de La Mancha*. São Paulo: Ed. 34, 2002, p. 55.
7 MACEDO, H. "Machado de Assis: entre o lusco e o fusco". In: *Revista Colóquio/Letras*, n. 121-122. Lisboa: 1991.
8 HERÁCLITO. *Fragmentos contextualizados*. Rio de Janeiro: Difel, 2002, p. 109, Fr. 53: "De todos a guerra é pai, de todos é rei; uns indica deuses, outros homens; de uns faz escravos, de outros, homens livres". A noção heraclítica de guerra é sumamente útil para a compreensão da idéia de luta (ou jogo) que se está aqui tentando caracterizar.
9 PESSOA, F. "Nota preliminar a *Mensagem*". In: *Obra poética*. Rio de Janeiro: Nova Aguilar, 1994, p. 69.
10 PESSOA, F. "Ficções do interlúdio". In: op. cit., p. 217.
11 SCHLEGEL, F. apud SONDEREGGER, R. *Für eine Ästhetik des Spiels: Hermeneutik, Dekonstruktion und der Eigensinn der Kunst*. Frankfurt am Main: Suhrkamp, 2000, p. 143.
12 GADAMER, H. *Die Aktualität des Schönen*. Stuttgart: Reclam, 1977, p. 44.
13 MACHADO DE ASSIS, J. M. "O espelho". In: *Papéis avulsos*. Rio de Janeiro; São Paulo; Porto Alegre: Jackson, 1952, p. 259.
14 Ibidem, p. 263.
15 Ibidem, p. 269.
16 Ibidem, p. 270.

17 MACHADO DE ASSIS, J. M. "O espelho". In: op. cit., p. 271.
18 Para uma discussão aprofundada do problema, ver PUCHEU, A. "Literatura, para que serve?" In: CASTRO, M. A. (Org.) *A Construção Poética do Real*. Rio de Janeiro: 7 Letras, 2004, pp. 224-242.
19 HEIDEGGER, M. *Sein und Zeit*. Tübingen: Max Niemeyer, 1993, p. 64. Ao conjunto desses princípios tradicionais – conceitos, normas, valores – Heidegger chama de "mundo", deixando claro que a expressão "ser-no-mundo" indica menos uma filiação geográfica do homem a seu ambiente do que um pertencimento essencial de cada homem à tradição cultural de seu povo.
20 Essa formulação da tarefa do intérprete foi inspirada pela comunicação do prof. Bernardo Barros Coelho de Oliveira, intitulada "Crítica e interpretação: aproximando Benjamin e Gadamer", apresentada na ANPOF de 2006, realizada em Salvador.
21 HUSSERL, E. apud HEIDEGGER, M. *Sein und Zeit*. Tübingen: Niemeyer, 1993, p. 27.
22 HEIDEGGER, M. *Ser e Tempo*. Petrópolis: Vozes, 1993. p. 65.
23 Ibidem, p. 66.
24 Ibidem.
25 PASOLINI, P. P. *Medéia* (Medea). Itália, 1969, 118 minutos.
26 O termo alemão *Stimmung* foi o termo escolhido por Heidegger para traduzir o termo grego *páthos*. O filósofo explica sua tradução: "É ousado, como sempre em tais casos, traduzir *páthos* por *Stimmung*, palavra com que procuramos expressar uma tonalidade de humor que nos harmoniza e nos con-voca por um apelo. Devemos, todavia, ousar essa tradução porque só ela nos impede de representar *páthos* psicologicamente no sentido da modernidade." A representação psicológica do termo está na base de sua tradução para o português como "paixão", que inviabilizaria a compreensão da "leitura simpática" das *Memórias póstumas* que se está aqui tentando caracterizar. (Cf. HEIDEGGER, M. "Que é isto – a filosofia?" In: *Heidegger* (Col. Os pensadores). São Paulo: Abril, 1979, p. 21ff.)
27 MP, AL: "Que Stendhal confessasse haver escrito um de seus livros para cem leitores, coisa é que admira e *consterna*. O que não admira, nem provavelmente *consternará* (...)."

Capítulo 2

1 GOETHE, J. W. von. *Fausto*. Tradução de Jenny Klabin Segall. Belo Horizonte: Itatiaia, 1981, p. 436.

2 MACHADO DE ASSIS, J. M. "Crítica a Eça de Queirós: O primo Basílio". In: *Obras completas* (Vol. III). Rio de Janeiro: Nova Aguilar, 1997, p. 912: "Não peço, decerto, os estafados retratos do Romantismo decadente; pelo contrário, alguma coisa há no Realismo que pode ser colhida em proveito da imaginação e da arte. Mas sair de um excesso para cair em outro não é regenerar nada; é trocar o agente de corrupção. (...) Voltemos os olhos para a realidade, mas excluamos o realismo, assim não sacrificaremos a verdade estética."
3 Idem. "A nova geração". In: *Obras completas* (Vol. III). Op. cit., p. 826.
4 Idem. "A nova geração". In: op. cit., p. 813: "Um crítico, Taine, escreverá que se a exata cópia das coisas fosse o fim da arte, o melhor romance ou o melhor drama seria a reprodução taquigráfica de um processo judicial."
5 ARISTÓTELES. *Métaphysique*. Paris: Vrin, 1991, p. 54 (Livro IX, 10).
6 MP, "Dedicatória", p. 13.
7 PLATÃO. "Fédon". In: *Platão* (Col. Os pensadores). São Paulo: Abril, 1979, p. 126: "Sócrates já se tinha tornado rijo e frio em quase toda a região inferior do ventre, quando descobriu sua face, que havia velado, e disse estas palavras, as derradeiras que pronunciou: 'Críton, devemos um galo a Asclépio; não te esqueças de pagar essa dívida.'"
8 SCHWARZ, R. *Um mestre na periferia do capitalismo: Machado de Assis*. São Paulo: Duas Cidades, Ed. 34, 2000, p. 31: "(...) a volubilidade (...) é o princípio formal do livro."
9 Ibidem, p. 20.
10 MP, "Prólogo da quarta edição".
11 MEYER, A. *Machado de Assis: 1935-1958*. Rio de Janeiro: Livraria São José, 1958, p. 13.
12 BENJAMIN, W. "O narrador: considerações sobre a obra de Nikolai Leskov". In: op. cit., pp. 165-196.
13 HOUAISS, A. *Dicionário Houaiss da língua portuguesa*. Rio de Janeiro: Objetiva, 2001, p. 2434.
14 MACHADO DE ASSIS, J. M. "O segredo do bonzo". In: *Papéis avulsos*. Op. cit., p. 196.
15 HOUAISS, A. *Dicionário Houaiss da língua portuguesa*. Rio de Janeiro: Objetiva, 2001, 531.
16 MACHADO DE ASSIS, J. M. "A segunda vida". In: *Histórias sem data*. Rio de Janeiro, São Paulo, Porto Alegre: Jackson, p. 221: "Vivo como Eurico, atado ao próprio cadáver... Não, a comparação não é boa. (...) vivo assim como um pássaro, batendo as asas e amarrado pelos pés..."

17 Idem. "Teoria do medalhão". In: *Papéis avulsos*. Op. cit., p. 104.
18 MP, XII: "Um episódio de 1814".
19 SCHWARZ, R. *Um mestre na periferia do capitalismo*. Op. cit., p. 82.
20 MP, CXLIX: "O prazer do beneficiador é sempre maior que o do beneficiado."
21 MP, XXXV. Neste capítulo, intitulado "O caminho de damasco", Brás explica prosaicamente por que abandonou Eugênia: "Ora, aconteceu que, oito dias depois, como eu estivesse no caminho de Damasco, ouvi uma voz misteriosa, que me sussurrou as palavras da Escritura (*At.* IX 7): 'Levanta-te, e entra na cidade.' Essa voz saía de mim mesmo, e tinha duas origens: a piedade, que me desarmava ante a candura da pequena, e o terror de vir a amar deveras, e desposá-la. Uma mulher coxa!"
22 SÓFOCLES. *Édipo rei*. Porto Alegre: L&PM, 2002, p. 106.
23 MP, VI: "Ninguém se fie da felicidade presente; há nela uma gota de baba de Caim."
24 MP, XXV: "Volúpia do aborrecimento: decora esta expressão, leitor; guarda-a, examina-a, e, se não chegares a entendê-la, podes concluir que ignoras uma das sensações mais sutis desse mundo e daquele tempo."
25 ARISTÓTELES. *Retórica das paixões*. São Paulo: Martins Fontes, 2000, p. 7-9: "Os que estão nessa situação, portanto, facilmente são levados à cólera e se enraivecem contra os que escarnecem, zombam e troçam [deles], porque ultrajam. (...) A causa do prazer para os que ultrajam é pensarem que aumentam sua superioridade sobre os ultrajados."
26 LUKÁCS, G. *A teoria do romance*. Op. cit., p. 89.
27 Essa fusão, porém, assim como no cinema, não anula as duas distintas imagens da qual provêm.
28 HEGEL, G. *A fenomenologia do espírito*. Petrópolis: Vozes, 1992, p. 131: "Nesses dois momentos vem-a-ser para o senhor o seu Ser-reconhecido mediante uma outra consciência [a do escravo]. (...) Mas, para o reconhecimento propriamente dito, falta o momento em que o senhor opera sobre o outro o que o outro opera sobre si mesmo; e o escravo faz sobre si o que também faz sobre o Outro. Portanto, o que se efetuou foi um reconhecimento unilateral e desigual. (...) Assim, o senhor não está certo do ser-para-si como verdade; mas sua verdade é de fato a consciência inessencial e o agir inessencial dessa consciência."
29 "Por que todos os homens que foram *excepcionais* (*perittoi*) no que concerne à filosofia, à política, à poesia ou às artes aparecem como seres melancólicos?" (Cf. ARISTÓTELES. "Problema XXX". In: KLIBANSKY, R; PANOFSKY, E; SAXL, F. *Saturn und Melancholie*. Frankfurt am Main: Suhrkamp, 1992, p. 59.)

Capítulo 3

1 SISCAR, M. apud OSÓRIO, L. C. *Razões da crítica*. Rio de Janeiro: Jorge Zahar, 2005, p. 6.
2 Cumpre notar que o conceito (concreto, em sentido hegeliano) de obra como tensão, guerra ou jogo de forças, distingue-se do conceito (abstrato, em sentido hegeliano) de obra como o pólo que se opõe ao pólo leitor. Este pode ser identificado "à obra em sua pura materialidade", àquilo que antecederia e portanto excluiria o movimento hermenêutico do leitor, ao passo que aquele inclui todas as mediações necessárias para que uma obra de arte venha a ser o que é, inclusive a necessidade (ontológica) de ser interpretada e conseqüentemente a história de sua recepção.
3 MACHADO DE ASSIS, J. M. "A igreja do diabo". In: *Histórias sem data*. Rio de Janeiro, São Paulo, Porto Alegre: Jackson, 1952, p. 22: "Que queres tu, meu pobre Diabo? As capas de algodão têm agora franjas de seda, como as de veludo tiveram franjas de algodão. Que queres tu? É a eterna contradição humana."
4 ARISTÓTELES. *Poética*. São Paulo: Ars Poetica, 1992, p. 37 (1449b).
5 LUKÁCS, G. *A teoria do romance*. São Paulo: Duas cidades; Ed. 34, 2000, p. 55: "Epopéia e romance, ambas as objetivações da grande épica, não diferem pelas intenções configuradoras, mas pelos dados histórico-filosóficos com que se deparam para a configuração."
6 ARISTÓTELES. Op. cit., p. 33 (1449a).
7 Ibidem, p. 127 (1459b): "Quanto à métrica, prova a experiência que o verso heróico é o único adequado à epopéia (...) o verso heróico é o mais grave e o mais amplo, e, portanto, se presta melhor do que qualquer outro a acolher vocábulos raros e metafóricos (...)."
8 HOLANDA, L. "Narração e drama em Aristóteles". In: *Revista Artefilosofia* (número 3). Ouro Preto: IFAC, 2007, p. 73.
9 ARISTÓTELES. Op. cit., p. 129 (1460a).
10 MP, LXXI: "(...) o maior defeito deste livro és tu, leitor. Tu tens pressa de envelhecer, e o livro anda devagar; tu amas a narração direita e nutrida, o estilo regular e fluente, e este livro e o meu estilo são como os ébrios, guinam à direita e à esquerda, andam e param, resmungam, urram, gargalham, ameaçam o céu, escorregam e caem..."
11 Importante notar que a atenção a (mais) essa diferença encontra-se ela própria numa encruzilhada: apesar de ter como propósito conspícuo a tentativa, motor de todo este trabalho, de fazer justiça à série de ambigüidades que perfazem a complexidade das *Memórias póstumas de Brás*

Cubas, nada garante que ela não acabe operando em sentido oposto, caindo no estabelecimento de (mais) uma dicotomia estanque.
12 SZONDI, P. *Ensaio sobre o trágico*. Rio de Janeiro: Jorge Zahar, 2004, p. 23.
13 Ibidem.
14 Ibidem.
15 Ibidem, p. 29.
16 Ibidem, p. 23: "Mesmo quando vai além da obra de arte concreta, ao perguntar pela origem e pelo efeito da tragédia, a *Poética* permanece empírica em sua doutrina da alma, e as constatações feitas – a do impulso de imitação como origem da arte e a da catarse como efeito da tragédia – não têm sentido em si mesmas, mas em sua significação para a poesia, cujas leis podem ser derivadas a partir dessas constatações."
17 SCHELLING, F. apud SZONDI, P. Op. cit., p. 29.
18 Ibidem, p. 31.
19 MURICY, K. *A razão cética: Machado de Assis e as questões de seu tempo*. São Paulo: Companhia das Letras, 1988, p. 101.
20 THIRWALL, C. apud MENKE, C. *Die Gegenwart der Tragödie: Versuch über Urteil und Spiel*. Frankfurt am Main: Suhrkamp, 2005, p. 63.
21 SZONDI, P. "Versuch über das Tragische". In: *Schriften I*. Frankfurt am Main: Suhrkamp, 1978, p. 213.
22 ARISTÓTELES. *Poética*. São Paulo: Ars Poetica, 1992, p. 61.
23 Ibidem, p. 61: "O Reconhecimento (*anagnórisis*), como indica o próprio significado da palavra, é a passagem do ignorar ao conhecer, que se faz para a amizade ou inimizade das personagens que estão destinadas para a dita ou para a desdita."
24 Como em *Édipo rei*, a mais perfeita das tragédias segundo Aristóteles, também na tragédia de Brás Cubas a peripécia se dá simultaneamente ao reconhecimento.
25 MP, VI: "Ninguém se fie da felicidade presente; há nela uma gota da baba de Caim."
26 NIETZSCHE, F. *O nascimento da tragédia*. São Paulo: Companhia das Letras, 1992, p. 36.
27 COUTINHO, A. *A filosofia de Machado de Assis*. Op. cit.
28 SCHOPENHAUER, A. *Metafísica do amor*. São Paulo: Martins Fontes, 2000, p. 15: "O egoísmo é uma qualidade tão profundamente enraizada em toda individualidade em geral que, para estimular a atividade de um ser individual, os fins egoísticos são os únicos com os quais se pode contar com segurança."

29 MP, XLVII: "Marcela, Sabina, Virgília... aí estou eu a fundir todos os contrastes, como se esses nomes e pessoas não fossem mais do que modos de ser da minha afeição interior."
30 O caráter paradoxal da narração como ação de narrar, que para Brás Cubas corresponde a uma forma de inação, precisa ser investigado melhor adiante. Será que, como parece acreditar Brás Cubas, aquele que narra conseguiria manter-se à margem do poder corrosivo que ele atribui à Natureza, "mãe e inimiga"?
31 Veja-se o seu romance com Virgília, absolutamente não oficial, narrado entre os capítulos L e CXIV.
32 Veja-se a sua ridícula entrada para a Câmara dos Deputados, narrada no capítulo CXXVIII, "Na câmara", em que, ao reencontrar Lobo Neves anos depois do término de seu caso com Virgília, registra o narrador: "A onda da vida trouxera-nos à mesma praia, como duas botelhas de náufragos (...)."
33 Por mais que se defenda a idéia de que a morte, mais cedo ou mais tarde, arrasta a tudo e a todos, o fato é que a sua irrupção não aconteceria sempre tão oportunamente para os propósitos retóricos de Brás se ele não a manipulasse narrativamente como manipula a tudo o mais.
34 MP, XCIX. Para uma análise mais detalhada desta passagem, ver a seção "Depois da melancolia: da volúpia do aborrecimento ao desdém dos finados".
35 Como nos relata Plutarco, Alexandre "ocupou a cidade de Górdio (...), onde viu aquela afamada carroça, cujo jugo estava amarrado com uma casca de sorveira. Explicaram-lhe que, segundo uma antiga tradição, tida pelos bárbaros como certa, o destino reservara o império do universo ao homem que desatasse aquele nó. O nó era tão bem-feito e se compunha de tantas voltas que não se podia perceber-lhe as pontas. Alexandre (...) cortou-o com um golpe de espada". (In: PLUTARCO. *Alexandre e César*. São Paulo: Ediouro, 2001, p. 53.)
36 Cf. nota 29 do capítulo 2.
37 MP, XXXIII: "(...) a natureza é às vezes um imenso escárnio."
38 HOUAISS, A. Op. cit., p. 1419.
39 Cumpre notar que, para Nietzsche, a pretensa vitória de Apolo sobre Dionísio, almejada e propiciada pelo moralismo socrático, faz perecer, ao anular a tensão que os constitui a ambos, também Apolo.
40 Vale lembrar que, depois dos livros de Roberto Schwarz, nenhuma descrição da filosofia trágica de Brás Cubas pode se deixar levar inteiramente pela identificação com o protagonista. Assim, por mais que, a essa altura de nossa análise, estejamos privilegiando a sua voz, não podemos

esquecer que o movimento de naturalização dos processos sociais – que, por exemplo, o levaram a converter o nascimento espúrio de Eugênia em um defeito natural – é um dos pilares da ideologia (conservadora) do narrador.

41 MP, VII: "O minuto que vem é forte, jucundo, supõe trazer em si a eternidade, e traz a morte, e perece como o outro, mas o tempo subsiste." Essa descrição do trágico talvez possa ser iluminada pelo fragmento LXII de Heráclito, que diz: "Imortais mortais, mortais imortais, vivendo a morte destes, morrendo a vida daqueles." (In: *Heráclito: Fragmentos contextualizados*. Rio de Janeiro: Difel, 2002, p. 206.)

42 MP, LXXI: "Começo a arrepender-me deste livro. Não que ele me canse; eu não tenho que fazer; e, realmente, expedir alguns magros capítulos para esse mundo sempre é tarefa que distrai um pouco da eternidade. Mas o livro é enfadonho, cheira a sepulcro, traz certa contração cadavérica (...)."

43 ARISTÓTELES. *Problema XXX*. In: KLIBANSKY, R; PANOFSKY, E; SAXL, F. *Saturn und Melancholie*. Frankfurt am Main: Suhrkamp, 1992, p. 59.

44 Acerca da distinção entre a ironia da ação trágica (correspondente ao conceito aristotélico de peripécia) e a ironia do poeta trágico (correspondente ao conceito aristotélico de reconhecimento), rever a seção deste trabalho "Brás Cubas como herói trágico".

45 Cf. SHAKESPEARE, W. *Hamlet*. Porto Alegre: LP&M, 2001, p. 48: "POLÔNIO (*À parte, referindo-se a Hamlet*): Loucura embora, tem lá o seu método."

46 Cumpre lembrar que uma das características que, segundo a crítica tradicional, marcam a transição de Machado de Assis, de uma primeira fase pretensamente romântica, que se encerraria com *Iaiá Garcia* (1878), para uma segunda fase essencialmente realista, inaugurada pelas *Memórias póstumas* (1881), é a guinada em sua visão do amor e sobretudo do casamento, que, se na primeira fase de sua produção, ainda era visto como potencialmente redentor, na segunda fase é encarado sob a égide de uma associação estrita entre matrimônio e patrimônio.

47 MP, V: "Tinha saúde e robustez. (...) Vinha a corrente de ar, que vence em eficácia o cálculo humano, e lá se ia tudo. Assim corre a sorte dos homens. Com esta reflexão me despedi eu da mulher, não direi mais discreta, mas com certeza mais formosa entre as contemporâneas suas, a anônima do primeiro capítulo, a tal, cuja imaginação, à semelhança das

cegonhas do Ilisso... Tinha então 54 anos, era uma ruína, uma imponente ruína."

48 Na realidade, só se depreende a importância da ironia, ao menos de um de seus níveis, nas *Memórias póstumas*, quando se percebe que o mecanismo de antecipação que as constitui é essencialmente irônico, na medida em que inverte o significado daquilo que é narrado: o vivo ganha a marca do morto; o nobre do abjeto; o moral do imoral.

49 MP, CXXXVIII: "Meu caro crítico, Algumas páginas atrás, dizendo eu que tinha cinqüenta anos, acrescentei: 'Já se vai sentindo que o meu estilo não é tão lesto como nos primeiros dias.' Talvez aches esta frase incompreensível, sabendo-se o meu atual estado; mas eu chamo a tua atenção para a sutileza daquele pensamento. O que eu quero dizer não é que esteja agora mais velho do que quando comecei o livro. A morte não envelhece. Quero dizer, sim, que em cada fase da narração da minha vida experimento a sensação correspondente. Valha-me Deus! é preciso explicar tudo."

50 MP, CXXXVI: "Mas, ou muito me engano, ou acabo de escrever um capítulo inútil."

51 MP, CLVII: "O cristianismo", diz-lhe Quincas, "é bom para as mulheres e os mendigos, e as outras religiões não valem mais do que essa: orçam todas pela mesma vulgaridade ou fraqueza. O paraíso cristão é um digno êmulo do paraíso muçulmano; e quanto ao nirvana de Buda, não passa de uma concepção de paralíticos." Só o que restaria, segundo o eminente filósofo, seria então a "religião humanística", ou, segundo o raciocínio implícito no distanciamento irônico de Brás Cubas com relação a seu amigo, nada.

52 Esses encontros de certa forma fecham, em estrita obediência à sua representação da Natureza (e da Sociedade), o livro de seus encontros com a morte, sempre apresentada em sua narrativa com um nome de mulher.

53 TEIVE, Barão de. *A educação do estóico*. São Paulo: A girafa editora, 2006, p. 58.

54 MEYER, A. *Machado de Assis: 1935-1958*. Op. cit., p. 14.

55 SÓFOCLES. *Édipo rei*. Op. cit., pp. 19-21.

56 Cf. BOOTH, W. *A rhetoric of irony*. Chicago e Londres: University of Chicago Press, 1974.

57 LUKÁCS, G. *A teoria do romance*. São Paulo: Duas Cidades; Ed. 34, 2000, p. 45s: "O caráter criado pelo drama (...) é o eu inteligível do homem; o criado pela épica, o eu empírico. O dever-ser, em cuja deses-

perada intensidade busca refúgio a essência proscrita da terra, pode objetivar-se no eu inteligível como psicologia normativa do herói; no eu empírico, ele permanece um dever-ser."
58 SCHLEGEL, F. apud SZONDI, P. "Friedrich Schlegel und die romantische Ironie". In: *Schriften II*. Frankfurt am Main: Suhrkamp, p. 24: "Ironia é a clara consciência da eterna agilidade, do caos infinitamente pleno."
59 Ibidem, p. 18: "Como auto-referencialidade, a reflexão é a expressão do isolamento do sujeito e parece confirmá-lo. Enquanto o sujeito torna-se objeto de si mesmo, porém, ele ganha distância de si mesmo, vê-se a si mesmo e ao mundo e novamente supera através dessa visão conjunta a divisão que a reflexão produzira. É verdade que o mundo ainda está presente nessa síntese apenas como aparência, e a divisão interior, que o tornar-se-objeto significa, só pode ser superada em uma segunda reflexão. Como esta, igualmente, não desaparece, o processo continua, como uma sempre renovada potenciação da reflexão. O caráter aparente do mundo e do próprio ser aumenta, a reflexão torna-se cada vez mais vazia."
60 LUKÁCS, G. *A teoria do romance*. Op. cit., p. 27.
61 Ibidem, p. 93ff. "A ironia do escritor é a mística negativa dos tempos sem deus: uma *docta ignorantia* com relação ao sentido; uma amostra da manobra benéfica e maléfica dos demônios; a recusa de poder conceber mais do que o fato dessa manobra, e a profunda certeza, exprimível apenas ao configurar, de ter na verdade alcançado, vislumbrado e apreendido, nesse não querer saber e nesse não poder saber, o fim último, a verdadeira substância, o deus presente e inexistente. Eis por que a ironia é a objetividade do romance. (...) A ironia, como auto-superação da subjetividade que foi aos limites, é a mais alta liberdade possível num mundo sem deus."
62 Ibidem, p. 55: "O romance é a epopéia de uma era para a qual a totalidade extensiva da vida não é mais dada de modo evidente, para a qual a imanência do sentido à vida tornou-se problemática, mas que ainda assim tem por intenção a totalidade."
63 Ibidem, p. 90.
64 Ibidem, p. 96.
65 HEIDEGGER, M. "A questão da técnica". In: op. cit., p. 37: "Composição (*Gestell*) denomina, portanto, o tipo de desencobrimento que rege a técnica moderna, mas que, em si mesmo, não é nada de técnico. (...) Não sendo nada de técnico a essência da técnica, a consideração

essencial do sentido da técnica e a discussão decisiva com ela têm de dar-se num espaço que, de um lado, seja consangüíneo da essência da técnica, e, de outro, lhe seja fundamentalmente estranho."
66 SCHWARZ, R. *Um mestre na periferia do capitalismo*. Op. cit., p. 82.
67 Ibidem, pp. 173-175.
68 BOSI, A. "Brás Cubas em três versões". In: *Brás Cubas em três versões: estudos machadianos*. São Paulo: Companhia das Letras, 2006, pp. 40-41: "A leitura sociológica trouxe contribuições relevantes para a construção da imagem de um Machado brasileiro. O seu olhar poderá ser cada vez mais iluminador na medida em que se abstiver de assumir uma função totalizante e monocausal e na medida em que reconhecer o caráter multiplamente determinado do texto, no sentido proposto pela dialética hegeliano-marxista para a compreensão do concreto individual."
69 BLOOM, H. *A angústia de influência: uma teoria da poesia*. Rio de Janeiro: Imago, 2002.
70 BOSI, A. Op. cit., p. 43: "Creio que o que se ganha aqui em coesão metodológica arrisca-se a perder-se na restrição do alcance efetivo de processos formais específicos e do *pathos* de amarga melancolia que permeia a narrativa e enforma o seu tom humorístico."
71 NIETZSCHE, F. *Assim falou Zaratustra*. Rio de Janeiro: Bertrand Brasil, 1989, p. 165.
72 Aqui vale lembrar de todas as campanhas contra a violência que se alimentam da construção de um passado pacífico, ideal, de um Rio de Janeiro feliz, onde a favela e o asfalto conviveriam em paz, mas, sobretudo, onde o pobre sabia o seu lugar, como naquele *funk* infame: "eu só quero é ser feliz/ viver tranqüilamente na favela onde eu nasci/ e poder me orgulhar/ e ter a consciência de que o pobre tem seu lugar."
73 Ver, por exemplo, a seção "Eugênia e a borboleta preta", em que a coxidão da "bem nascida" é a um só tempo analisada como expressão da ideologia de Brás, cuja memória transforma um defeito social em natural, e como expressão da tragicidade da Natureza, cujas manifestações são sempre marcadas pela ambigüidade de Eugênia, bela e coxa, coxa e bela.
74 Niels Bohr, o eminente físico, escreveu na primeira metade do século XX que "o oposto de uma pequena verdade é uma mentira, mas o oposto de uma grande verdade é outra grande verdade".
75 HEIDEGGER, M. *Der Ursprung des Kunstwerkes*. Stuttgart: Reclam, 1995, p. 73: "A arte é então: a salvaguarda criadora (*Schaffende*

Bewahrung) da verdade na obra. A arte é, pois, um vir-a-ser e acontecer da verdade."

76 Voltaremos à distinção entre narrador e romancista, central na especulação de Walter Benjamin, na próxima e última seção deste capítulo.

77 A progressiva consciência da centralidade do problema da (tragédia da) linguagem na reflexão contemporânea aparece nas polêmicas "viradas" na trajetória filosófica de pensadores tão distintos quanto Heidegger e Wittgenstein. O primeiro foi se interessando cada vez mais por pensar a linguagem, em detrimento dos afetos (como angústia e tédio); o segundo assumiu, em sua obra tardia, que calar não era uma solução da tragédia da linguagem, e reviu a posição antifilosófica, no dizer de Adorno, enunciada no *Tractatus*.

78 A definição clássica de ironia como aquilo que torna possível ao leitor experiente interpretar um enunciado como significando o seu oposto é, segundo Wayne Booth, imprecisa. Em vez de tropo da inversão do sentido, ele prefere ver na ironia o tropo do deslocamento do sentido. Essa moderna definição de ironia amplifica a instabilidade de qualquer dizer irônico. Quando se tratava de uma mera inversão, o significado de um enunciado permanecia controlado, mas agora, que se trata de deslocamento, insinua-se a possibilidade de uma proliferação de sentido infinita.

79 MENKE, C. *Die Gegenwart der Tragödie: Versuch über Urteil und Spiel.* Frankfurt am Main: Suhrkamp, 2005.

80 Etimologicamente, o "evangelho" é a "boa nova". Brás Cubas, entretanto, crê que a nova que tem a transmitir aos homens, como fica claro na passagem citada logo a seguir, não é propriamente boa.

81 Há um fenômeno curioso nas *Memórias póstumas de Brás Cubas*, que, até onde eu sei, recebeu pouca atenção dos críticos e, não obstante, mereceria um estudo minucioso: o fenômeno dos capítulos-casados, que vêm em seqüência, e, apesar de poderem ser lidos individualmente, ganham um sentido muito mais consistente quando analisados em conjunto. Três exemplos, além do agora em questão, me vêm imediatamente à memória: o dos capítulos XXIII e XXIV; dos capítulos XXXVIII e XXXIX (analisados no capítulo anterior deste trabalho); e o dos capítulos LXVIII e LXIX (analisados por Roberto Schwarz em seu livro).

82 Quando afirmamos que a linguagem se volta contra o narrador, poderíamos igualmente, como é costume na bibliografia secundária sobre as *Memórias*, falar que Machado de Assis se volta contra Brás Cubas. Mas, como esperamos ter mostrado ao longo deste trabalho, pensar a tragédia

da linguagem é um empreendimento muito mais concreto (em sentido hegeliano) do que postular quais seriam as intenções de um certo Machado de Assis. Até porque, em última instância, também essas intenções estariam sujeitas à mesma ironia instável que configura a tragédia (da linguagem) de Brás Cubas.
83 Cf. HEIDEGGER, M. "Brief über den 'Humanismus'". In: *Wegmarken*. Frankfurt am Main: Vittorio Klostermann, 1996, p. 328.
84 MP, VII: "O silêncio daquela região era igual ao do sepulcro: dissera-se que a vida das coisas ficara estúpida diante do homem." Dissera-se que a vida das coisas vive de sua recusa às pretensões hermenêuticas do homem, só assim podendo conservar a sua aura.
85 PESSOA, F. "O guardador de rebanhos". In: *Obra poética*. Rio de Janeiro: Nova Aguilar, 1994, p. 207.
86 HEIDEGGER, M. *Der Ursprung des Kunstwerkes*. Stuttgart: Reclam, 1995, p. 73.

Epílogo

1 SCHLEGEL, F. apud BENJAMIN, W. *O conceito de crítica de arte no romantismo alemão*. São Paulo: Iluminuras, 2002, p. 76.
2 LUKÁCS, G. *A teoria do romance*. Op. cit., p. 93.
3 A menção a Machado de Assis, além de evocar o modo como Schwarz constrói o seu argumento, não indica de forma alguma que tenhamos pretendido devassar as intenções do autor. Machado de Assis, aqui, é antes o nome daquilo que, na obra, se faz tragicamente à revelia do narrador.
4 NIETZSCHE, F. *Assim falou Zaratustra*. Rio de Janeiro: Bertrand Brasil, 1989, p. 165: "A dor-homem é a mais profunda dor."
5 MP, XXVI: "O autor hesita."
6 LUKÁCS, G. *A teoria do romance*. Op. cit., p. 90: "O romance é a epopéia do mundo abandonado por Deus; psicologia do herói romanesco é a demoníaca; a objetividade do romance, a percepção virilmente madura de que o sentido jamais é capaz de penetrar inteiramente a realidade, mas de que, sem ele, ela sucumbiria no nada da inessencialidade."
7 Ibidem. O grande exemplo literário dessa virilidade madura é o de Santiago, o pescador de *O velho e o mar*, de Hemingway.
8 NIETZSCHE, F. *Assim falou Zaratustra*. Op. cit., p. 57: "Dizeis: 'A vida é dura de suportar.' Mas para que teríeis, de manhã, a vossa altivez, e, de noite, a vossa submissão? A vida é dura de suportar; mas, por favor, não

vos façais de tão delicados! Não passamos, todos juntos, de umas lindas bestas de carga. Que temos em comum com o botão de rosa, que estremece ao sentir sobre o corpo uma gota de orvalho?"

9 A palavra alemã para experiência, *Erfahrung*, diz respeito ao ato de viajar (*fahren*) para além dos limites do habitual e previamente conhecido, constituindo portanto a idéia de um atravessamento que não é possível para aqueles que ficam presos ao mecanismo de identificação.

10 HEGEL, G. *Cursos de Estética I.* São Paulo: Edusp, 1999, p. 34.

11 ADORNO, T. *Notas de literatura I.* São Paulo: Duas Cidades; Ed. 34, 2003, p. 22.

12 MP, AL: "Acresce que a gente grave achará no livro umas aparências de puro romance, ao passo que a gente frívola não achará nele o seu romance usual; ei-lo aí fica privado da estima dos graves e do amor dos frívolos, que são as duas colunas máximas da opinião."

13 Cf. NIETZSCHE, F. *Além do bem e do mal.* São Paulo: Companhia das Letras, 1993, p. 9: "O que, em nós, aspira realmente 'à verdade'? (...) Nós questionamos o valor dessa vontade. Certo, queremos a verdade: mas por que não, de preferência, a inverdade? Ou a incerteza? Ou mesmo a insciência?"

14 Ver a introdução deste trabalho, especialmente as pp. 24-25.

15 ADORNO, T. *Notas de literatura I.* São Paulo: Duas Cidades; Ed. 34, 2003, p. 22.

16 BRECHT, B. apud BENJAMIN, W. "Que é o teatro épico: um estudo sobre Brecht". In: *Obras escolhidas* (vol. 1). São Paulo: Brasiliense, 1994, p. 89.

17 ADORNO, T. "Educação após Auschwitz". In: *Educação e emancipação.* São Paulo: Paz e Terra, 2003, p. 119. Cumpre ressaltar que, em tempos de paranóia antiterrorista (isto é, antialteridade) como o nosso, a experiência da autonomia da obra de arte torna-se imprescindível.

REFERÊNCIAS BIBLIOGRÁFICAS

ADORNO, Theodor. *Ästhetische Theorie*. Frankfurt am Main: Suhrkamp, 2003.
_____. *Dialética do esclarecimento*. Trad. Guido Antônio da Almeida. Rio de Janeiro: Jorge Zahar, 1985.
_____. *Educação e emancipação*. Trad. Wolfgang Leo Maar. São Paulo: Paz e Terra, 2003.
_____. *Notas de literatura*. Trad. Jorge de Almeida. São Paulo: Duas Cidades; Ed. 34, 2003.
_____. "Skoteinos oder Wie zu lesen sei". In: *Drei Studien zu Hegel*. Frankfurt am Main: Suhrkamp, 2003.
_____. "Valery Proust Museum". In: *Prismen: Kulturkritik und Gesellschaft*. Frankfurt am Main: Suhrkamp, 1976.
ARISTÓTELES. *Métaphysique*. Trad. J. Tricot. Paris: Vrin, 1991.
_____. *Poética*. Trad. Eudoro de Souza. São Paulo: Ars Poética, 1992.
_____. "Problema XXX". In: KLIBANSKY, R; PANOFSKY, E; SAXL, F. *Saturn und Melancholie*. Trad. Christa Buchendorf. Frankfurt am Main: Suhrkamp, 1992.
_____. *Retórica das paixões*. Trad. Isis Borges B. da Fonseca. São Paulo: Martins Fontes, 2000.
ASSIS, Joaquim Maria Machado de. "Memórias póstumas de Brás Cubas". In: *Memórias póstumas de Brás Cubas e Dom Casmurro*. São Paulo: Abril Cultural, 1978.
_____. *Obras completas em 3 volumes*. Org. Afrânio Coutinho. Rio de Janeiro: José Aguilar, 1997.
_____. *Obras completas em 30 volumes*. Org. Ary de Mesquita e Henrique Campos. Rio de Janeiro, Porto Alegre, São Paulo: Jackson, 1952.
AUERBACH, Erich. *Mimesis: A representação da realidade na literatura ocidental*. São Paulo: Perspectiva, 2001.
BANDEIRA, Manuel. "A vida assim nos afeiçoa". In: *Estrela da vida inteira*. Rio de Janeiro: Nova Fronteira, 1993.

BENJAMIN, Walter. *Obras escolhidas* (vol. I). Trad. Sérgio Paulo Rouanet. São Paulo: Brasiliense, 1994.

_____. *O conceito de crítica de arte no romantismo alemão*. Trad. Márcio Seligmann-Silva. São Paulo: Iluminuras, 2002.

BLANCHOT, Maurice. *O espaço literário*. Trad. Álvaro Cabral. Rio de Janeiro: Rocco, 1987.

BLOOM, Harold. *A angústia de influência: uma teoria da poesia*. Trad. Marcos Santarrita. Rio de Janeiro: Imago, 2002.

BOOTH, Wayne. *A rhetoric of irony*. Chicago e Londres: University of Chicago Press, 1974.

BORGES, Jorge Luis. *Ficções*. Trad. Carlos Nejar. São Paulo: Globo, 1997.

BOSI, Alfredo. *Brás Cubas em três versões: estudos machadianos*. São Paulo: Companhia das Letras, 2006.

_____. *Machado de Assis: o enigma do olhar*. São Paulo: Ática, 2000.

BRECHT, Bertolt. *Estudos sobre teatro*. Trad. Fiama Pais Brandão. Rio de Janeiro: Nova Fronteira, 2005.

BRESSANE, Júlio. "Brás Cubas". In: *Cinemancia*. Rio de Janeiro: Imago, 2000.

CALDWELL, Helen. *O Otelo brasileiro de Machado de Assis*. Trad. Fábio Fonseca de Melo. São Paulo: Ateliê Editorial, 2002.

CALVINO, Italo. *Por que ler os clássicos*. Trad. Nilson Moulin. São Paulo: Companhia das Letras, 1998.

CAMUS, Albert. *Le mythe de Sisyphe*. Paris: Gallimard, 1996.

_____. *O estrangeiro*. Trad. Valerie Rumjanek. Rio de Janeiro: Record, 1999.

_____. *Caligula, pièce en quatre actes*. In: *Théâtre, récits, nouvelles*. Paris: Gallimard, 1962.

CANDIDO, Antônio. "Esquema de Machado de Assis". In: *Vários escritos*. São Paulo; Rio de Janeiro: Duas Cidades; Ouro Sobre Azul, 2004.

CERVANTES, Miguel de. *O engenhoso fidalgo D. Quixote de La Mancha*. Trad. Sérgio Molina. São Paulo: Editora 34, 2002.

CONRAD, Joseph. *Coração das trevas*. Trad. Juliana L. Freitas. São Paulo: Nova Alexandria, 2001.

COUTINHO, Afrânio. *A filosofia na obra de Machado de Assis*. Rio de Janeiro, São José: 1940.

DANTO, Arthur. *The philosophical disenfranchisement of art*. Nova York: Columbia, 1986.

_____. *The transfiguration of the commonplace*. Cambridge: Harvard University Press, 1981.

DESCARTES, René. "Discurso do método". In: *Descartes* (Col. Os pensadores). Trad. J. Guinsburg e Bento Prado Júnior. São Paulo: Abril, 1979.
DUVE, Thierry de. *Kant after Duchamp*. Cambridge: MIT Press, 1998.
EAGLETON, Terry. *A ideologia da estética*. Trad. Mauro Sá Rego Costa. Rio de Janeiro: Jorge Zahar, 1993.
FAORO, Raimundo. *A pirâmide e o trapézio*. São Paulo: Nacional, 1974.
FOGEL, Gilvan. *Conhecer é criar*. São Paulo: Editora Unijuí, 2003.
_____. *Da solidão perfeita: escritos de filosofia*. Petrópolis: Vozes, 1999.
FREUD, Sigmund. "Trauer und Melancholie". In: *Psychologie des Unbewussten*. Studienausgabe Band III. Frankfurt am Main: Fischer Taschenbuch Verlag, 2000.
GADAMER, Hans-Georg. *Die Aktualität des Schönen*. Stuttgart: Reclam, 1977.
GAGNEBIN, Jeanne Marie. *Lembrar escrever esquecer*. São Paulo: Ed. 34, 2006.
GOETHE, Johann Wolfgang von. Trad. Jenny Klabin Segall. Belo Horizonte: Itatiaia, 1981.
HEGEL, Georg-Wilhelm-Friedrich. *A fenomenologia do espírito*. Trad. Paulo Meneses. Petrópolis: Vozes, 1992.
_____. *Cursos de Estética I*. Trad. Marco Aurélio Werle. São Paulo: Edusp, 1999.
HEIDEGGER, Martin. *Der Ursprung des Kunstwerkes*. Stuttgart: Reclam, 1995.
_____. *Sein und Zeit*. Tübingen: Max Niemeyer, 1993.
_____. *The fundamental concepts of metaphysics*. Trad. William McNeill e Nicholas Walker. Bloomington, Indianapolis: Indiana University Press, 1995.
_____. *Unterwegs zur Sprache*. Stuttgart: Neske, 1993.
_____. *Vorträge und Aufsätze*. Stuttgart: Neske, 1994.
_____. "A linguagem". In: *A caminho da linguagem*. Trad. Márcia Cavalcante Schuback. Petrópolis: Vozes, 2003.
_____. "A questão da técnica". In: *Ensaios e conferências*. Trad. Emmanuel Carneiro Leão. Petrópolis: Vozes, 2006.
HERÁCLITO. *Fragmentos contextualizados*. Trad. Alexandre Costa. Rio de Janeiro: Difel, 2002.
HOLANDA, Luisa. "Narração e drama em Aristóteles". In: *Revista Artefilosofia* (número 3). Ouro Preto: IFAC, 2007.
HOUAISS, Antônio. *Dicionário Houaiss da língua portuguesa*. Rio de Janeiro: Objetiva, 2001.

KANT, Immanuel. *Crítica da faculdade do juízo*. Trad. Valerio Rohden e Antônio Marques. Rio de Janeiro: Forense Universitária, 1995.
KLIBANSKY, Raymond; PANOFSKY, Erwin; SAXL, Fritz. *Saturn und Melancholie*. Trad. Christa Buchendorf. Frankfurt am Main: Suhrkamp, 1992.
LUKÁCS, Georg. *A teoria do romance*. Trad. José Marcos Mariani de Macedo. São Paulo: Duas Cidades, Ed. 34, 2000.
MACEDO, Hélder. "Machado de Assis: entre o lusco e o fusco". In: *Revista Colóquio/Letras*, n. 121-122. Lisboa: 1991.
MARINS, Álvaro. *Machado de Assis e Lima Barreto: da ironia à sátira*. Rio de Janeiro: Utópos, 2004.
MATTOS, Anita. *A genealogia de Nietzsche: razão e violência*. Dissertação de mestrado em Filosofia. PUC-RJ, 2006.
MENKE, Cristoph. *Die Souveranität der Kunst: Ästhetische Erfahrung nach Adorno und Derrida*. Frankfurt am Main: Athenäum, 1988.
_____. *Die Gegenwart der Tragödie: Versuch über Urteil und Spiel*. Frankfurt am Main: Suhrkamp, 2005.
MEYER, Augusto. *Machado de Assis: 1935-1958*. Rio de Janeiro: Livraria São José, 1958.
MONTAIGNE, Michel de. *Ensaios* (vols. I, II, III). Trad. Rosemary Costhek Abílio. São Paulo: Martins Fontes, 2000.
MURICY, Katia. *A razão cética: Machado de Assis e as questões de seu tempo*. São Paulo: Companhia das Letras, 1988.
NIETZSCHE, Friedrich. *Assim falou Zaratustra*. Trad. Mário da Silva. Rio de Janeiro: Bertrand, 1989.
_____. *Além do bem e do mal*. Trad. Paulo César de Souza. São Paulo: Companhia das Letras, 1993.
_____. *A genealogia da moral*. Trad. Paulo César de Souza. São Paulo: Companhia das Letras, 1999.
_____. *O nascimento da tragédia*. Trad. J. Guinsburg. São Paulo: Companhia das Letras, 1992.
_____. *Segunda consideração intempestiva: da utilidade e desvantagem da história para a vida*. Trad. Marco Antônio Casanova. Rio de Janeiro: Relume Dumará, 2003.
_____. *Crepúsculo dos ídolos (ou como filosofar com o martelo)*. Trad. Marco Antônio Casanova. Rio de Janeiro: Relume Dumará, 2000.
OLIVEIRA, Bernardo Barros Coelho de. *Olhar e narrativa: leituras benjaminianas*. Vitória: Edufes, 2006.
_____. "Walter Benjamin e as narrativas: algumas considerações a partir de Machado de Assis". In: *Arte no pensamento: Seminários internacionais*. Museu Vale do Rio Doce, 2006.

OSÓRIO, Luiz Camillo. *Razões da crítica*. Rio de Janeiro: Jorge Zahar, 2005.
PASCAL, Blaise. *Pensamentos*. Trad. Mário Laranjeira. São Paulo: Martins Fontes, 2000.
PEREIRA, Lúcia Miguel. *Machado de Assis: estudo crítico e biográfico*. São Paulo: Edusp, 1988.
PESSOA, Fernando. *A educação do estóico*. (Barão de Teive) São Paulo: A girafa editora, 2006.
_____. "Nota preliminar a *Mensagem*". In: *Obra poética*. Rio de Janeiro: Nova Aguilar, 1994.
_____. "O guardador de rebanhos". (Alberto Caeiro) In: *Obra poética*. Rio de Janeiro: Nova Aguilar, 1994.
_____. "Tabacaria". In: *Obra poética*. Rio de Janeiro: Nova Aguilar, 1994.
PLATÃO. "Fédon". In: *Platão* (Col. Os pensadores). Trad. Jorge Paleikat e João Cruz Costa. São Paulo: Abril, 1979.
_____. "Íon". In: *Plato* (Britannica Great Books, vol. 7). Trad. Benjamin Jowett. Chicago, Londres, Toronto: Benton, 1952.
_____. *A república*. Trad. Maria Helena da Rocha Pereira. Lisboa: Calouste Gulbenkian, 1990.
PLUTARCO. *Alexandre e César*. Trad. Hélio Vega. São Paulo: Ediouro, 2001.
PUCHEU, Alberto. "Literatura, para que serve?" In: *Pelo colorido, para além do cinzento (a literatura e seus entornos interventivos)*. Rio de Janeiro: Beco do Azougue, 2007.
ROHDE, Erwin. *Psyche: The cult of souls and belief in immortality among the greeks*. Trad. W. B. Hillis. Nova York: Harcourt, Brace & Company, 1925.
SCHLEGEL, Friedrich. *Kritische und theoretische Schriften*. Stuttgart: Reclam, 2002.
_____. *O dialeto dos fragmentos*. Trad. Márcio Suzuki. São Paulo: Iluminuras, 1997.
SCHOPENHAUER, Arthur. *Metafísica do amor*. Trad. Jair Barboza. São Paulo: Martins Fontes, 2000.
SCHWARZ, Roberto. *Um mestre na periferia do capitalismo*. São Paulo: Ed. 34, 2000.
_____. *Ao vencedor as batatas*. São Paulo, Ed. 34, 2000.
SENNA, Marta de. *O olhar oblíquo do bruxo: ensaios em torno a Machado de Assis*. Rio de Janeiro: Nova Fronteira, 1998.
SHAKESPEARE, William. *Hamlet*. Trad. Millôr Fernandes. Porto Alegre: L&PM, 2001.

SÓFOCLES. *Édipo rei*. Trad. Paulo Neves. Porto Alegre: L&PM, 2002.
SONDEREGGER, Ruth. *Für eine Ästhetik des Spiels: Hermeneutik, Dekonstruktion und der Eigensinn der Kunst*. Frankfurt am Main: Suhrkamp, 2000.
SZONDI, Peter. "Versuch über das Tragische". In: *Schriften I*. Frankfurt am Main: Suhrkamp, 1978.
_____. *Ensaio sobre o trágico*. Trad. Pedro Süssekind. Rio de Janeiro: Jorge Zahar, 2005.
_____. "Friedrich Schlegel und die romantische Ironie". In: *Schriften II*. Frankfurt am Main: Suhrkamp, 1978.
WEBER, Max. "Ciência como vocação". Trad. Leonidas Hagenberg e Octany Silveira da Morta. In: *Ciência e Política: duas vocações*. São Paulo: Cultrix, 2004.

Este livro foi impresso na Editora JPA Ltda.,
Av. Brasil, 10.600 – Rio de Janeiro – RJ,
para a Editora Rocco Ltda.